北大招生考试研究丛书

CHAOYUE ZHUOYUE
DE PINGFAN
Beida Rencai Xuanba Zhidu Yanjiu

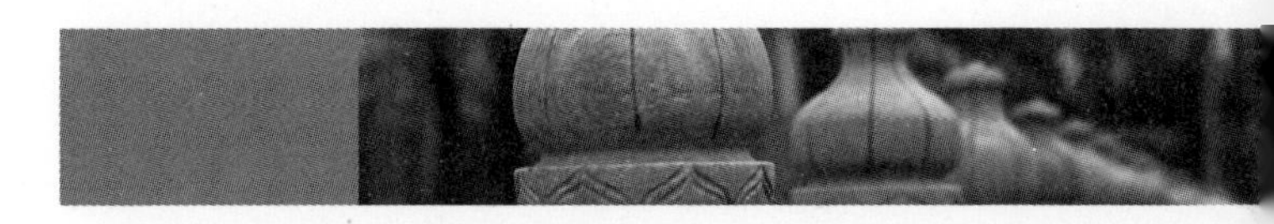

超越卓越的平凡

北大人才选拔制度研究

秦春华 /著

北京大学出版社
PEKING UNIVERSITY PRESS

图书在版编目(CIP)数据

超越卓越的平凡:北大人才选拔制度研究/秦春华著. —北京:北京大学出版社,2015.6
(北大招生考试研究丛书)
ISBN 978-7-301-25976-4

Ⅰ. ①超… Ⅱ. ①秦… Ⅲ. ①高等学校—招生制度—教育改革—研究—北京市 Ⅳ. ①G647.32

中国版本图书馆 CIP 数据核字(2015)第 139073 号

书　　名 超越卓越的平凡——北大人才选拔制度研究
著作责任者 秦春华 著
责任编辑 高桂芳
标准书号 ISBN 978-7-301-25976-4
出版发行 北京大学出版社
地　　址 北京市海淀区成府路 205 号 100871
网　　址 http://www.pup.cn 新浪微博:@北京大学出版社
电子信箱 zyjy@pup.cn
电　　话 邮购部 62752015 发行部 62750672 编辑部 62754934
印 刷 者 北京鑫海金澳胶印有限公司
经 销 者 新华书店
730 毫米×1020 毫米 16 开本 16 印张 238 千字
2015 年 6 月第 1 版 2015 年 6 月第 1 次印刷
定　　价 42.00 元

致女儿霖霖和她这一代的孩子们

总　　序

中国是世界上最早通过考试制度选拔人才的国家。长达一千三百多年的科举制度，曾经在古代中国的历史上发挥过重要作用。时至今日，中国依然是世界上考试规模最大的国家之一，每年仅参加高考的人数就接近一千万。

然而，无论在考试技术、命题水平，还是测试效果和考试研究等方面，中国与一些发达国家相比尚有较大差距。特别是在高校招生问题上，多年来我们习惯于通过单一的笔试成绩排序来选拔学生，这种方式固然有利于维护公平，但不可避免地丧失了许多对于人才选拔和培养而言至为宝贵的信息。

大学的根本任务在于立德树人，这是大学的历史使命和时代重任。本科人才培养，更是世界顶尖大学重点关注的核心。一所大学的质量和声誉，主要建立在她所培养的本科人才质量及其在全球人才市场上的国际竞争力。近年来，世界高等教育发展的一个重要趋势就是更加重视本科教学模式的改革和创新，并为此投入了大量资源。尤其在亚洲，一些新兴大学，通过组建新型的本科住宿学院，正在推动着一场深刻的变革。相比而言，多年来，我国重视科研甚于教学，强调研究生教育多于本科生教育，使得本科教育水平相对薄弱，对于本科人才培养的理念、目标以及实现方式的认识还有待进一步提高和深化。

改革本科人才培养模式的第一步是改革招生考试制度。高水平的本科人才培养质量，必有赖于第一流的生源质量。高质量的生源，不一定完全通过高考脱颖而出。更重要的因素在于，学生是否与大学的文化和传统相匹配、相适应，学生是否具备成为优秀人才所必备的价值观和潜质等等。对于北京大学而言，就是要选对“好苗子”，通过培育合适的土壤，为学生提供宽松的环境和自由的氛围，努力将学生培养成为既有浓厚的爱国情怀和人文关怀、又具备很强的实践能力和创新能力，既有高尚的信念追求和百折不挠的意志、又具备建立在理性思维、批判性思维和创造性思维之上的远见卓识，既有扎实的专业技能、又对文学艺术和科学技术有浓厚兴趣和广泛涉猎的领军人才。

人才培养是世界上最艰巨最复杂的事业。这一挑战首先在于成效时间长。对于科研工作而言，“板凳要坐十年冷”是能够做到的，但“十年树木，百年树人”，人才培养的效应至少要数十年甚至更长的时间才能显现。这就需要教育工作者必须摒弃短视眼光，沉下心来、脚踏实地，通过日积月累的言传身教和润物无声的潜移默化，真正立足于人的成长成才去开展扎扎实实的工作。第二个原因是面临复杂的不可测因素。对于科研工作而言，科学家的成就来自于对思维和实验的控制，尽管实验结果常常难以预料，但总是可以通过调整方案和计划不断尝试。而教育的效果必须通过受教育者本身来体现，培养成效的变化和结果极大地受到教育者的影响，这就使不确定性大大增加了。因此，要把一个人真正培养成为杰出的优秀人才，不仅取决于教育者和受教育者自身的努力，还取决于其他一些外部因素。第三个原因是教育不允许失败。科学研究是允许和容忍失败的，所有科学研究上的伟大成就无不建立在无数次的失败之上。教育则不同，教育的对象是人，教育不能像做科研那样进行实验，也无法容忍失败。因为失败的后果会直接影响甚至改变一个人的一生。所以在进行教育改革的过程中，我们必须坚持“以人为本”，保持兢兢业业、尽职尽责的态度，可以大胆地想象，但在具体实施时一定要谨小慎微，看准了再做，稳步推进，最大可能地降低失败的几率。

2013 年 5 月，北京大学专门成立了考试研究院，致力于推动招生考试制度改革的探索研究，并按照中央要求，对推进高校招生的综合评价多元录取机制提供相应的政策研究和咨询支持。学校特别聘请在人才选拔方面具有丰富经验的秦春华先生出任院长。考试研究院十分重视理论研究工作，提出要出版一套“北大招生考试研究丛书”，特别是要先翻译一批国外顶尖学者在这一领域的有影响的著作。我认为这是很有价值很有必要的，有助于填补国内这方面研究的空白。我也希望,他们一方面能以此为基础做好理论研究,另一方面,还要结合中国的实际情况设计出具有中国特色的招生考试制度,科学合理地建立不同类型拔尖创新人才的录取途径,探索完善多元录取的招考机制。这是更重要,也是更为艰巨的任务。

是为序。

中国科学院副院长
北京大学前校长　王恩哥
2015年5月

序

当前，教育领域的综合改革正在中央的统一部署下积极稳步推进，其中一个重要方面是社会各界都非常关心的高考改革。党的十八届三中全会对此提出了明确要求："推进考试招生制度改革，探索招生和考试相对分离、学生考试多次选择、学校依法自主招生、专业机构组织实施、政府宏观管理、社会参与监督的运行机制，从根本上解决一考定终身的弊端。"

在此之前，在2010年7月正式颁布的《国家中长期教育改革和发展规划纲要（2010—2020年）》中，"考试招生制度改革"被单独列为一章，提出："以考试招生制度改革为突破口，克服一考定终身的弊端，推进素质教育实施和创新人才培养。按照有利于科学选拔人才、促进学生健康发展、维护社会公平的原则，探索招生与考试相对分离的办法，政府宏观管理，专业机构组织实施，学校依法自主招生，学生多次选择，逐步形成分类考试、综合评价、多元录取的考试招生制度。"

高考是我国科学选拔人才的重要途径，是实现教育公平乃至社会公平的重要制度，既关系到国家人才培养和青少年的未来发展，也关系到千家万户的切身利益与社会的和谐稳定。中央关于高考改革的方针是明确和一贯的，即一要坚持，二要改革。"坚持"是指必须坚持高考作为我国高校招生录取的基本制度和主体地位；"改革"是指必须改革现行高考制度中不能满足广大人民群众需要的不合理、不科学的部分，以利于更好地促进学生健康发展、维护教育和社会公平、推动高校科学选拔人才。

高考改革一方面需要宏观上的顶层设计，另一方面也需要微观教育单位的探索创新。多年来，以北大、清华等为代表的一大批高校，按照教育部的部署和要求，结合自身人才选拔和培养目标，积极稳妥地推进自主选拔录取改革试点工作，在实践中形成了许多行之有效的好经验、好办法和好制度，取得了显著成效。广大工作在招生录取一线的同志们既锐意进取，开拓创新，又能够遵循规律，稳健务实，为考试招生制度的改革付出了巨大的努力，做出了积极的贡献。

秦春华同志曾经担任过北京大学招生办公室主任，现在是北京大学考试研究院院长。他热爱招生工作，对业务流程熟悉，同时重视理论研究。工作之余，他把自己关于高校人才选拔工作的一些思考写成文章，在《人民日报》《光明日报》等媒体上发表后，在社会上产生了一些反响和关注。我很高兴地得知他要将这些文章结集出版，也希望他的思考能够激发更多有志有识之士的研究和实践，共同推动中国特色的考试招生制度的改革。

是为序。

教育部副部长　林蕙青

2014年4月

我们的工作才刚刚开始(代自序)

——致北京大学自主选拔录取专家委员会的一封信

尊敬的各位老师:

很抱歉我以这样一种中国人未必习惯的方式和你们道别。11月12日,学校正式宣布我卸任招办主任职务。六天以后,我即启程赴美进行为期一年的访学研修工作。临行匆匆,诸事繁杂,实在来不及与诸位师长一一当面话别,我的内心充满了歉疚和遗憾,敬请各位谅解。

此刻,我有许多心里话想对你们说。我清楚地记得,2009年10月15日,根据学校安排,我从党委办公室校长办公室调任招生办公室。四年多来,仰赖各位老师的鼎力支持,我们从北京大学人才培养的需求和特点出发,在既往工作的基础上,进一步深化了以“中学校长实名推荐制”为核心的自主选拔录取改革试点工作,初步建立起“元培综合评价系统”,正在努力探索一条具有中国特色和北大风格的优秀人才选拔新道路。近一千五百个日日夜夜里,我们共同分析问题,研判形势,制定政策,逐渐使北京大学自主选拔录取专家委员会从一个咨议性机构演化成为承担一定录取职能的决策性机构,并且为下一步北京大学人才选拔体系的建设积累了十分宝贵的经验。专家委员会的成员有的德高望重,有的学术深湛,有的经验丰富,你们既是我的师长,也是我一生的挚友。是你们给了我智慧、勇气、胆识、力量和无条件的支持,我内心的感激之情无以言表。

现在,虽然我离开了一线的具体招生业务,但从此走上了另外一条我更感兴趣的道路，有可能以更为从容、超然的视角去进一步深入研究高水平大学人才选拔的规律。学校此次安排我赴美访学研修一年，并非去某所大学的某个院系进行一般性专业知识的研究，而是要集中精力，点面结合，全面学习了解世界顶尖大学的人才选拔标准和体系。

大学最重要的使命是人才培养，人才培养的首要环节是人才选拔。没有世界一流的生源，就不可能建成世界上最好的大学。综观世界一流大学，无不对其人才选拔体系建设给予高度重视。始建于1892年的芝加哥大学——建校时间与北京大学相仿——在成立伊始用了20年时间（1892—1912年）确立了自身人才选拔的定量与定性标准。哈佛、耶鲁、斯坦福等世界顶尖大学也都形成了独具特色的人才选拔体系。与之相比，迄今为止北京大学尚未形成与自身人才培养特点相适应的人才选拔标准，更遑论构建整个人才选拔体系。恢复高考三十多年来，我们只会按照高考成绩从高到低录取学生，但对于如何发现、选拔适合自己培养的优秀学生，我们还缺乏起码的经验，至少是心里没底。在人才选拔问题上，我们与世界一流大学的差距几乎是一百年。

进入新世纪以来，伴随着中国经济的飞速增长和国际竞争格局的急剧变化，越来越多的世界一流大学开始直接从中国内地招收本科学生，越来越多的优秀中学生也开始选择直接去世界一流大学就读本科。这种双向力量的挤压对北大招生工作形成了前所未有的严峻挑战——我们再也不可能在一个封闭的环境中没有任何悬念地等待最优秀的学生蜂拥而至。北大的招生工作必须加倍努力，从加快建设世界一流大学步伐的战略出发，选拔最适合自己培养的优秀学生，积极寻求在全球顶尖大学中的定位，以适应未来最优秀生源的国际竞争和大学整体实力的变化。如果有一天，当中国的经济总量超过世界上所有国家，当北大已经跻身全球最好大学的行列，而我们的招生模式依然显得如此原始和粗糙，那么，我们将羞于面对世界同行并和他们在相同的水平上对话。

我有一个强烈的感觉，作为教育工作者，我们也许正在经历着一段非凡的历史。当前，中国的招生考试制度已经开始发生深刻的变革。党的十八届三中全会确立了今后一个时期中国深化改革的总体战略，其中，对考试招生制度改革也提出了明确的要求:“探索招生和考试相对分离、学生考试多次选择、学校依法自主招生、专业机构组织实施、政府宏观管理、社会参与监督的运行机制,从根本上解决一考定终身的弊端”,“逐步推行普通高校基于统一高考和高中学业水平考试成绩的综合评价多元录取机制。”可以预见,未来高考成绩作为高校招生录取的唯一依据将进一步被弱化,高校的招生自主权将会进一步扩大。但是,高校如何用好这一自主权,如何建立综合评价多元录取机制,对我们而言将是一个巨大的考验。挑战同时也意味着机遇。我们已经做了一部分工作,但真正的工作才刚刚开始。

我进入招生领域纯属异数。从毕业参加工作的第一天开始,我从事的就是党务工作。招生只是我在工作之余,出于对北大的热爱和责任而尽的一项义务。我从来没有想到过有一天我会把这项副业干成了主业,一不小心又把主业干成了一生的事业。我经常对学生们说,兴趣是最好的老师。现在,对人才选拔的痴迷,也引导我确立了自己的人生与事业方向。我曾经多次在人生选择的十字路口徘徊和迷茫,但今天我很庆幸有当初的那些徘徊和迷茫,它们使我有机会能够看清楚现在和以后所走的道路。教育是天底下最神圣最伟大的事业,能够为之奉献绵薄之力,此生不亏。人的一生中有的人能够做一件事,有的人只能做半件,许多人也许连半件也做不成。我愿意努力去做好这一件事,也期待着诸位师长能够继续给予我关心、支持和帮助。

今天是西方的传统节日感恩节,我周围的所有人都在以各种各样的形式表达感恩之心。身在异乡,入乡随俗,也借此良辰遥祝各位老师一切安好!

春　华

2013 年 11 月 28 日于芝加哥

目　　录

第一部分　自主招生与高考改革

第二部分　基础教育与人才培养

附录

第一部分　自主招生与高考改革

“招生乱象”的根源在于高考后知分填报志愿方式*

从2010年开始,一年一度的高考招生开始出现一些新的现象。先是北大和清华出现“高考状元”数据打架,后又出现复旦大学和上海交通大学先后发表声明,指责对方在招生中“挖墙脚”;接着南京大学因为未录取已签订预录取协议的考生而受到质疑。这一系列高校招生中出现的种种“乱象”引起了社会的广泛关注。许多人认为,之所以出现“招生乱象”,主要是因为高校招生部门把争夺“状元”和高分考生作为招生指标和“政绩”所致。因此,为了消除这一现象,一方面应当由教育行政部门加强对高校招生工作的管理,另一方面,高校招生部门自身也要加强自律,有序竞争。

这些建议都很正确,但不能从根本上解决问题。制度经济学的基本原理告诉我们,动机决定人们的行为方式。任何一个社会主体都要最大化自己的利益。问题的关键在于,人们是在什么样的制度环境下去追求自身的利益。制度环境构成了人们行为的外部约束条件。制度激励改变了,人们的行为也随之发生改变。改革开放以来发生在中国大地上的翻天覆地的变化,生动地说明了这一点:还是这一方土地,还是这方土地上的人,制度发生变化了,人们的创造性和活力也就被成百倍地被激发出来了。从制度的角度考察,本文认为,“招生乱象”的根源在于目前各省市普遍推行的高考后知分填报志愿的方

---

* 本文发表于《北京大学教育评论》2012年12月第10卷。

式。这一方式改变了考生和高校以及与高考招生有关的各社会主体的行为激励方向,使他们不得不走上目前这条他们自己也未必愿意走上的道路。要从根本上消除“招生乱象”,必须把考生和高校以及与高考招生有关的各社会主体的行为激励方向改变到回归教育本质的轨道上来。比较合理的方式是实行高考前或高考后估分填报志愿加平行志愿。

一、恢复高考以来高考志愿填报方式的历史变迁

目前,有三种高考志愿填报方式并存:一种是北京和上海实行的考前填报志愿方式;另一种是黑龙江、辽宁、新疆实行的高考后估分填报志愿的方式;最后一种是其他大多数省市实行的高考后知分填报志愿的方式。仔细观察一下就会发现,凡是出现“招生乱象”的地方,都是在实行高考后知分填报志愿的省市。那些高考前或高考后估分填报志愿的省市,虽然招生竞争也很激烈,但很少出现过度乃至混乱的局面。

高考志愿填报方式经历了一个不断发展变化的过程。1977 年恢复高考之后,最初实行的都是高考前填报志愿方式。那时候,考生先根据自己的兴趣和学习成绩填报志愿,然后参加高考,高校根据高考成绩进行录取。后来,随着考生人数的不断增加,部分省市开始实行高考后估分填报志愿的方式。考生先参加高考,根据估算出来的分数填报志愿,高校根据高考成绩进行录取。大约到了 21 世纪初,一些省市开始实行高考后知分填报志愿的方式。考生先参加高考,等分数出来后再填报志愿,高校根据高考成绩进行录取。近年来,部分省市对这一方式不断进行完善,发展为“三知”,即“知分、知位、知控制线”。实行高考后填报志愿方式的理由,据说是因为高考前和高考后估分填报志愿的方式,加大了考生的落榜风险。因为当你填报志愿时并不知道自己考了多少分,怎么能准确地填报志愿呢?如果当你填报志愿时清楚地知道自己的分数和排位,自然就不会出现落榜的情况了。一些省市的人大代表注意到这个问题,为了维护人民群众的根本利益,他们提出应该修改高考志愿填报方式,并作为议案提交各省市人民代表大会审议,通过后开始实行。最初只有

个别省市推行,后来,其他省市纷纷效仿,最后剩下少数省市还维持高考后估分填报志愿方式,只有北京和上海仍然坚持高考前填报志愿方式(这本身就是一个值得关注的现象。北京和上海的教育程度最发达,却实行了看上去最不合理的高考志愿填报方式)。可以预见的是,会有越来越多的省市顶不住压力,最后也将推行高考后知分填报志愿方式。

从表面上看,这一政策的初衷是良好的。但制度经济学告诉我们,政策结果并不取决于政策制定者的初衷。越是初衷良好的政策,往往由于它改变了人们的行为激励方向,却会导致最坏的结果。比如,为了降低交通事故的发生率,《道路交通法》规定,当行人和机动车相撞时,无论何种情况,机动车都要负全责。原因据说是,和机动车相比,行人是弱者。为了保护弱势群体的利益,机动车就要承担所有交通事故责任。结果反而导致交通事故发生率急剧上升。原因很简单,这一法律激励了行人不遵守交通规则的行为。当越来越多的行人不遵守交通规则时,无论机动车多么小心谨慎,都会增加交通事故发生的概率,反而加大了行人的损失。后来,无情的事实迫使各省市又相继修改了这一法律。

在高考志愿填报方式上,也存在类似情况。实行高考后知分填报志愿方式的初衷是为了避免考生的落榜风险。但很快,实行这一政策的省市就发现,即使考生准确地知道自己高考分数,仍然不能避免落榜风险。而且,落榜风险反而加大了。于是,政策制定者想到了另外一个方式:平行志愿。如果实行了平行志愿,即使你不能被第一志愿录取,仍然可以被水平相当的其他高校平行录取,这样就避免了落榜风险。这就是目前多数省市实行的高考后知分填报志愿加平行志愿的方式。后面我们将会看到,和政策制定者的良好初衷恰恰相反,这种方式反而是弊端最大从而损害考生利益最大的高考志愿填报方式。

二、高考后知分填报志愿的利弊分析

厘清了上述历史,现在我们可以分析高考后知分填报志愿的利弊了。正如上文所分析的,任何政策的出台都是为了解决某一方面的问题。但在政策的执行过程中，由于环境和条件的变化，在解决了某一方面的问题之后，往往会出现政策制定者当初始料不及的情况，甚至会出现完全相反的政策效果。高考志愿填报方式也是一样。

高考前和高考后估分填报志愿方式的最大问题在于落榜风险。自然，逻辑的推演就是，为了避免落榜风险，就应当在填报志愿时准确地知道自己的分数，甚至是排位。问题在于，即使准确地知道自己的高考分数甚至是排位，就一定能够避免落榜风险吗？事实告诉我们：不能。原因很简单：信息不对称。因为相对于庞大的考生人群而言，具体到每一所高校的招生计划是很少的。即使你准确地知道自己的高考分数甚至排位之后，你仍然不清楚报考某所高校的某个专业的人数到底是多少，其他人会不会也报考这所学校和这个专业。不但考生不清楚，高校招生老师自己也不清楚。所以当你填报志愿时，你只能大体上依照这所高校的这个专业往年的录取分数来参考。于是，高校招生中的“大小年”现象就出现了：今年这所高校的录取分数高，来年考生都害怕落榜，都不敢填报，这所高校的分数一定就低，甚至断档；再过一年，考生发现这所高校分数低，纷纷填报，结果导致该校录取分数线飙升，大量考生落榜；再过一年，情况重演。如此循环往复。也就是说，在高考后知分填报志愿的方式下，考生所面临的信息不对称情况和在高考前或高考后估分填报志愿方式下所面临的信息不对称情况是一样的。高考后知道自己的分数没有改变这一结果。

一个更深刻的悖论在于，实行高考后知分填报志愿方式后，考生的落榜风险反而增大了。为什么会出现这种情况呢？当实行高考前或高考后估分填报志愿时，考生参考的实际上是平时的学习成绩。一般说来，由于存在相当大的不确定性，为了规避风险，考生填报志愿时往往比较谨慎。当多数人都比较谨慎的时候（现实生活中的多数人都是风险规避者），落榜风险一般说来比较小。当实行高考后知分填报志愿后，考生在填报志愿时，由于已经明确知道自己的高考分数，在心理上自然把握性比较大——因为不确定性降低了。换句话说，比较敢填了。当所有人都比较胆大的时候，自然会“扎堆”到某一所高校，这所高校的报考人数一定远远大于招生计划数。由此，考生的落榜风险反而增大了。这就是经济学上的一个著名悖论——“囚徒困境”的涵义:个人的理性却导致了集体的非理性。为了避免风险却导致了更大的风险。

之所以出现这一悖论的更为根本原因在于,不同的高考志愿填报方式下,考生所面临的信息搜集成本不同。在高考前或高考后估分填报志愿的时候,考生搜集信息的成本是比较小的。他只需要了解自己的平时成绩、排位和自己所在中学最近几年考上某一所高校的人数,就可以做出一个大致准确的判断。比如,自己平时成绩在630分左右,在所在中学的位次大致为100名上下,以往处于这一位置的学长一般都会进入某一所高校。当他填报志愿时,就可以以此为依据。一般说来,由于成绩和位次都比较稳定,考生的落榜风险是不大的。他搜寻这几个数据的成本并不高,也不需要搜寻全省其他考生的数据。一是搜寻不到,二是搜寻到了也没有意义,因为可能是假信息,没有参考价值。他唯一能够相信和依赖的就是自己的实际情况,命运很大程度上可以掌握在自己手中。这时候,有一只“看不见的手”在数十万考生之间进行分流,把他们分流到各种不同层次和类型的高校中去。但是,在高考后知分填报志愿方式下,考生仅仅知道自己和周围同学的分数是没有用的,他必须要了解全省报考某一所高校的考生数量到底是多少,他才能做出准确的判断来填报志愿。当一个省市有几十万考生时,某个考生要想了解到这个信息,其成本显然是太高了。这个数据只有教育考试院知道。但教育考试院显然不可能把这个数据发布到每一个考生手上。而且,即使技术上可行,这也已经是考生填报志愿后的数据。考生无法根据这个数据进行二次填报。这样,考生在填报志愿时面临的是高度的不确定性,他不再能够根据自己的情况做出判断,不再能够把命运掌握在自己手中,命运已经掌握在别人手中了——你能否被某所高校的某个专业录取,完全取决于有多少个别人填报了这所高校的这个专业。这个风险显然是太大了。

——一个有趣但让人笑不出来的插曲是,内蒙古自治区意识到了这个问题,为了让考生更准确地掌握信息,提出了一种独特的高考志愿填报方式,即考生可以在一段时间内多次修改自己的志愿,内蒙古教育考试院则将考生填报信息即时发布,考生可以根据不断变化的信息随时动态调整自己的志愿。

比如,当某个考生发现他想报考的某所高校报考人数较多时,他可以修改自己的志愿,填报另外一所报考人数较少的高校。这被戏称为高考填报志愿的“炒股模式”。这仍然是一个初衷良好的模式,为了解决一方面的问题,却引发了更多的问题。这种模式的最大问题是,它假定考生只能修改一次志愿,而且只有在一次修改的情况下才能收到政策制定者想要看到的效果。但事实上,每一个考生都不傻,他们不会按照政策制定者设计的道路前进,会多次进行修改。而且,他们比政策制定者更为聪明。他们想到了一个绝妙的方法:占座。我先填报某一所高校,把位置先占住,等到最后一刻,比如关网前的半小时或十分钟再做最后的决定。如果那时候填报这所高校的人不多,我就坚持原来的选择;如果那时候填报这所高校的人太多,我就填报另一所高校。这在理论上是成立的,但现实却出现了让人始料不及的结果。最后一刻的节点在哪里呢?是最后一个小时、半个小时,还是最后一分钟?在最后一刻,全自治区几十万考生都会抓狂。明明自己不想修改了,可是突然发现报考的人数增多了;如果不修改,自己可能会面临灭顶之灾,如果要修改,改成哪一所学校呢?想填报自己原先想好的备用学校,结果发现报考人数可能更多;临时再换一所,面对数千所高校,到底选择哪一个啊?在最后一刻,全自治区几十万考生面临着空前的不确定性:他们只能把自己的命运交给上天。据说,内蒙古自治区已经意识到这个问题,他们把最后的时间限定在了关网前的半小时。但我认为这没有从根本上解决问题。

有没有办法减少甚至避免这种风险呢?政策制定者想到了,既然填报一所高校会导致落榜风险,那么,允许考生同时填报几所高校,相互之间为平行关系。即使一所高校没有录取,考生仍然可以同时被其他高校录取。这就是平行志愿的由来。

这个办法的确解决了考生落榜的风险,但让政策制定者始料不及的另一个情况出现了:高校叫苦不迭。在高考前或高考后估分填报志愿的时候,由于“看不见的手”的作用,报考某一所高校的考生成绩是比较分散的。高校可以招收到各种不同类型的学生。某些高校可能招收到分数比较低的学生,另外一所高校也可能招收到分数比较高的学生。生源多样化得到了保证。而生源多样化是保证高校人才培养质量的一个重要因素——只有不同类型的学生在一起学习，才能相互启发，相互砥砺，共同进步。每一个学生都从其他同学那里学到了更多的东西。但在高考后知分填报志愿且实行平行志愿方式下，某一分数段的学生都集中在某一所高校，甚至是某一个专业。最高分和最低分之间往往只有几分之差。某一专业的招生计划只有几个人，但报考这一专业的同分考生可能有上百人，连录取谁不录取谁都相当困难。换句话说，考生的落榜风险可能降低了，但考生被某一专业淘汰的风险却加大了。高校的生源变得高度同质化。而生源同质化是高校人才培养过程中最不愿意看到的情况——它会限制学生的创造力和活力，反而会损害学生的长远利益。最后一个但并非不重要的情况是，这种方式阻碍了不同成绩的学生在不同层次和不同特点的高校之间的分流，人为地把高校分为三六九等。在高考前或高考后估分填报志愿的情况下，北大、清华不一定能够全部招收到分数最高的学生，其他学校也可能会拿到一些求稳的高分考生。但在高考后知分填报志愿方式下，能考上北大、清华的学生绝不会去选择其他高校，每一个考生都根据自己的分数选择高校，每一所高校的录取分数都成为考生和社会判定该所高校教育质量高低的唯一依据。地方政府用尽各种方法提高本地考上北大、清华的人数；各高校用尽各种办法提高自己的录取分数线，抢夺高分考生。所谓“北清神话”由此而来，高校“招生乱象”根源于此。

上述讨论仅就高校招生的技术层面而言，并未深入涉及高校人才培养问题。但我们都知道，高校招生的根本目的在于人才培养。高考后知分填报志愿方式所带来的最严重的政策后果是，它违背了教育规律，改变了人们的心理和行为预期。

首先，高考后知分填报志愿方式把“唯分数论”推向极致，不利于素质教育的开展。高考作为国家组织的人才选拔考试制度，其最重要的优点在于公平性。公平性主要体现在两个方面。一方面，高考是全国范围覆盖，甚至小到某一个乡村都有考点。它保证了每一个高中毕业生，无论其家庭背景、经济条件如何，都可以平等地参加高考。这是一种参与机会的公平；另一方面，高校录取以高考分数为依据，无论考生的家庭背景、经济条件如何，分数面前人人平等。县长的孩子和农民的孩子没有区别。这是一种参与结果的公平。正是从这个意义上说,有人把高考录取看作是社会公平的最后底线,并不为过。但正如所有的政策都有两面性一样,高考在确保公平的同时,也损害了人才选拔的效率。分数是冷冰冰的,它反映的只是考生的智力水平,却掩盖甚至抹杀了考生的志趣爱好、特长优势等重要的非智力因素,而非智力因素是一切人才得以成功的重要条件。在目前的情况下,高考分数甚至连智力水平也不一定能反映出来,反映的可能只是考生对知识的严谨、细心和熟练程度。更为重要的是,由于高考成绩是高校录取的依据,为了进入更好的大学,增加入学的机会,考生、家长、中学和社会一定会围绕高考进行大规模的重复性训练。考试成为首要的目标,教育的根本目的被抛在了一边。这就是"应试教育"的由来和屡禁不止的根源所在。应试教育的最大危害在于,它把鲜活的教育培养变成了机械的技术培训,扼杀了学生的好奇心和创造力,把学生训练成为考试机器,变成了一个模子刻出来的"套子里的人",不利于人的全面发展和拔尖创新人才的培养,显然背离了教育的根本目的。

现在,高考后知分填报志愿方式进一步强化了高考分数的选拔功能,使它成为高校选拔人才的唯一依据。本来,在不清楚具体高考分数的情况下,考生还有可能根据自己的学习能力和兴趣爱好选择适合自己的高校。当高考分数出来以后,考生只能把分数和每一所具体的高校和每一个具体的专业一一对应起来,严格按照高考分数来填报志愿。高考分数变成了决定性的和唯一的考虑因素,"唯分数论"被推向了极致。

其次,高考后知分填报志愿方式改变了考生和高校的关系,使高校招生变成了市场交换。千百年来,知识和老师在人们心中是神圣的。古人求学,要行拜师礼,体现了对知识和老师的尊重。学成之后,学生要对培养他的老师和母校有感恩之心。现在,由于实行了高考后知分填报志愿,这一切都被颠倒了。由于知道了高考分数,考生变成了各高校竞相争取的对象。学生可以凭借一纸分数条待价而沽,和高校进行谈判。谁提供的条件好就选择谁。由于教育有其特殊性,教育质量只有当受教育者完成受教育过程后才能做出准确评估,因此,当考生对高校教育质量无法进行准确区分的时候,谈判条件很容易被转化为高额奖学金和所谓热门专业。学生求学由此变成了高校“求学生”。高校招生变成了一场依据分数高低进行的拍卖。由于考生当初进学校的时候是被“求”着来的,入校后稍有不满意,心理上就会失衡,就会把一切不如意的根源和学校联系在一起。自己的境遇顺利是因为自己考的分数高,自己的境遇不顺是因为他人或学校不对,对母校难有感恩之心。更令人担忧的是,由于高校招生在“求”学生,它会影响和改变中学的行为。中学为了将来能够增加考上著名高校的人数,在中考以后就会想尽一切办法来争取分数高的学生。所有在高校招生中发生的情况会在中学招生中重演。如果让十五六岁的孩子都懂得了用分数去交换自己想要的东西,长此以往,将极大地损害学生的健康成长,并对未来的社会构成威胁。

第三,高考后知分填报志愿方式强化了经济管理等所谓“热门专业”,不利于基础学科发展和创新人才培养。本来,在高考前或高考后估分填报志愿时,由于不清楚自己的高考分数到底是多少,考生虽然也会填报经济管理等专业,但考虑到风险因素,填报时会比较慎重。但在明确知道自己的高考分数以后,考生和家长的心理就发生了微妙的变化。一方面,产生了怕“吃亏”的心理。我考的分数很高,别人分数比我低都上了经济管理等“好”专业,我如果没上,岂不是吃亏了?为了怕吃亏,社会上认为什么专业“好”,我就填报什么专业,自己的兴趣爱好就放在第二位了。另一方面,考生和家长可以和高校进行谈判。我想上经济管理专业,如果你不答应,我就选择其他高校。其他高校当然也面临同样的谈判。于是,只要考生提出要上什么专业,高校为了争取生源,就必须答应。如果不答应,就只好眼睁睁看着这个学生被其他高校“挖”走。其结果,是高校不断扩大经济管理等“热门”专业的招生规模。一些基础学科或“冷门专业”,越发无人问津,面临关门的危险。而我们都知道,大学是培养不同类型人才的机构,要为社会各个行业的发展提供源源不断的人才支持。而且,基础学科对于大学、国家和社会的发展至关重要。基础学科的水平不高,一个国家和民族的创新能力最终会受到严重影响,会从根本上受制于人。我们不可能把所有的高校都变成经济管理学院,未来的社会也不会只需要经济管理人才。盲目迎合考生和家长的需求,会带来短视的危险,并进一步强化了社会急功近利的倾向,最终会损害考生的长远利益——当他们毕业以后走上工作岗位的时候,会发现由于供给远远大于需求,他们当初选择所谓"热门专业"却可能导致他们毕业后面临失业的危险。从根本上说,大学应当和社会保持一定的距离和独立性,并引领社会文化的发展趋势。只有这样,才能保证社会的良性发展。

三、实行高考前或高考后估分填报志愿加平行志愿

由于存在上述弊端,目前看来,比较合理和理想的方式是实行高考前或高考后估分填报志愿,同时,实行平行志愿。和高考后知分填报志愿相比,这种方式既避免了上述弊端,符合人才选拔培养规律,同时,也避免了考生的落榜风险。

首先,实行高考前或高考后估分填报志愿,一方面,考生在填报志愿时所凭借的判断依据是自己的平时成绩和高校的人才培养特点,从而淡化了一次性的高考分数对自己未来道路的影响。考生可以不受外界干扰,比较从容地根据自己的特点和兴趣,选择适合自己的高校。即使考生想去和高校进行谈判也没有资本。另一方面,高校因为不知道具体哪一位考生的高考分数高,没有具体的争取生源的目标,只能面向所有学生宣传自己的人才培养特点,以此来吸引学生报考,从而避免了使用高额奖学金、许诺热门专业等方式来拉拢收买学生。双方都没有对接的动力和途径。由此,制度设计迫使高校和学生都回归到教育的本质轨道上来。

其次,实行高考前或高考后估分填报志愿,考生和家长最为担心的是一旦高考分数出来以后和自己当初的估计有距离,会从"天堂"掉到"地狱",面临落榜风险。如果实行平行志愿,即使上不了最心仪的学校,由于还有其他同类型或同层次的高校"兜底",考生也不会面临落榜的境地,最大限度地保护了考生的利益。对于高校来说,由于有可能招收到不同分数的学生,也促进了生源的多样化,有利于学科建设和人才培养。

第三,实行高考前或高考后估分填报志愿加平行志愿,虽然高考分数仍然

是高校招生录取的依据,但是,由于高校和社会不再对高考分数给予过度关注,从而在一定程度上淡化了“唯分数论”和“应试教育”。考生和家长可以把注意力投入到实现人的全面发展,有利于素质教育的开展。

四、结语

本文的核心观点是,无论是考生、家长,还是中学、高校或社会其他机构或个人,任何社会主体都要追求自身利益的最大化,在这一追求过程中,他们会受到外部制度环境的制约。不同的制度环境提供了不同的激励。制度变化了,机构和个人的行为也会随之改变。高校招生中的“乱象”根源可能在于高考后知分填报志愿的方式。它改变了考生和高校的行为方式。在高考后知分填报志愿的方式下,一方面,高校为了争取最优秀的生源,一定会采取各种措施,确保目标学生能够填报本校。这是一场“零和博弈”,但由于生源竞争关系的存在,谁也无法从这场博弈中脱身。当前,高校在招生中的所有做法都和这一方式有关。比如,和考生签订预录取协议,人为减少公布的招生计划,甚至只在某个省市投放一个招生计划,等等。不是高校喜欢这样做,而是制度设计逼迫你只能采取这样的方式。另一方面,考生为了最大限度地实现自己的利益,确保自己被某一高校的某一专业录取,一定会采取各种措施,和高校进行谈判。如果你不答应我的条件,我就报考另一所高校。由于考生之间也存在竞争关系,因此,高校招生变成了一场依据分数高低进行的拍卖和交换。不是考生和家长喜欢这样做,而是制度设计逼迫你只能采取这样的方式。因此,不能责怪他们没有道德感,去做了不应该做的事。这和道德水准没有任何关系。如果制度的激励方向发生了变化,任何一个人或机构都会变得更有道德,就会去做社会认为他们应该去做的事情。关键在于制度设计的激励方向,不在于个人或机构的行为选择。

实时动态志愿不能解决“信息不对称”问题*

《高考知分报志愿方式的悖论》一文发表以后，许多学者从不同角度出发提出了商榷意见，认为高考知分填报志愿没有悖论。只要实行实时动态志愿，做到信息完全充分公开，就可以避免落榜风险，实现考生填报志愿的最优化目标。真理越辩越明，严肃认真的学术争鸣有助于深化我们对于某一问题的认识。因此，我乐于把我的观点提出来以供进一步的讨论，敬请方家不吝赐教。

我认为，高考知分填报志愿，除了违背教育规律，把“唯分数论”推向极致外，其本身的悖论在于，考生本来希望通过知分填报志愿避免落榜风险，却因为这一填报方式带来了更大的风险。之所以出现这种悖论的根源是，基于个人理性的决策常常与集体理性相冲突。社会是个体之间具有互动行为和相互依赖的群体。也就是说，一个人做决策的时候，不仅要考虑自己有什么选择，还需要考虑别人有什么选择。由于没有任何人的选择是给定的，每个人决策的结果都会受到别人决策的影响。高考填报志愿是考生之间的博弈，而且是一个多次重复博弈。虽然从表面上看来这只是每一个考生个体的单独决策，但这个决策不仅仅是个人的决策，其结果往往依赖于其他人的决策，其他人的决策反过来又会影响你的决策。由于存在信息不完备和信息不对称，当考生不清楚其他人的决策结果时，只能根据自己的分数以及高校的招生计划、往年分数线等因素进行判断。我在《高考知分报志愿方式的悖论》一文中指出，当所有考生基于确定的分数而变得比较“大胆”的时候，很容易出现填报志愿时

---

* 本文删节版发表于《科学新闻》2013年第6期，题目为《高考志愿填报之我见》。

的“扎堆”和“大小年”现象——考生的落榜风险反而由于知分而增大了。

有学者因此认为，只要实现信息充分透明和考生无限次选择，把填报志愿时最为关键的信息——别人的报考情况——通过互联网实时地披露出来，就可以使考生填报志愿的命中率大大提高，完全可以避免落榜风险。内蒙古自治区采纳了这种主张，在高考志愿填报中实行了独特的实时动态志愿方式。

所谓实时动态志愿，是指考生在获知自身高考成绩、投档分数及各高校、专业具体招生计划的前提下，由省级招生考试部门规定一定分数段的学生在某一时间段内进行网上实时填报志愿，同时考生可以通过互联网实时查询到报考某一高校、专业的学生人数及各自的投档分数，然后根据各高校、专业的实时报考态势确定自己的报考策略，并能根据报考态势的变化实时调整自己的高考志愿决策。如此可以通过不断调整始终使自己处于能够被某高校、专业录取的状态，直到规定的时间段结束。比如，当某个考生发现他想报考的某所高校某个专业报考人数较多时，他可以修改自己的志愿，填报另外一所报考人数较少的高校和专业。从形式上看，这种方式类似于证券交易市场的股票买卖，也类似于拍卖市场的竞价——高校的招生计划是标的物，考生的高考分数则是拍卖价格，价高者得。有人因此戏称其为高考填报志愿的“炒股模式”和“拍卖模式”。

实时动态志愿方式能够解决我提出的高考知分填报志愿的悖论吗？诚然，由于它实时披露了所有考生的志愿填报信息，从而有效缓解了考生面临的信息不完备问题，但却不能从根本上解决考生面临的信息不对称问题。也许它本身就是无解的。和所有政策问题一样，在我看来，实时动态志愿仍然是一个初衷良好的模式，但它在解决一方面的问题的同时，却引发了更多的问题。

这种模式的最大问题是，它假定所有考生提供的志愿填报信息都是真的，而且始终为真。另一个不现实的假定是，它只能修改一次志愿，而且只有在一次修改的情况下才能收到政策制定者预期的效果。但事实上，每一个考生都不傻，他们不会按照政策制定者预先设定的道路前进。为了使自己的志愿填报利益最大化，他们会进行欺骗，并且通过多次修改迷惑和误导他人，只有最后一次的决策才是真的——因为制度设计只能规定而无法确保考生提交的志愿填报信息都为真,也无法有效识别哪些考生提交的志愿填报信息是真的,哪些是假的。如果志愿填报的机会只有一次而且不能修改,就不会出现这个问题。每个人提交的志愿填报信息一定都为真。不仅如此,考生和家长比政策制定者更为聪明。他们想到了一个绝妙的方法:占座。我先填报某一所高校,把座位占好,等到最后一刻,比如关网前的半小时或十分钟再做出最后的决定。如果到那时填报这所高校的人不多,我就坚持原来的选择;如果到那时填报这所高校的人太多,我就改填另一所高校。当然,这在理论上是成立的,也是政策制定者预设的情况,但现实却出现了完全让人始料不及的结果。最后一刻的节点在哪里呢?是最后一个小时、半个小时,还是最后一分钟?在最后一刻,全自治区十几万考生都会抓狂。明明自己不想修改了,可是突然发现报考的人数增多了;如果不修改,自己可能会面临灭顶之灾;如果要修改,改成哪一所学校呢?想填报自己原先想好的备用学校,结果发现报考人数可能更多;临时再换一所,面对数千所高校,到底选择哪一个啊?在最后一刻,由于存在信息不对称,全自治区十几万考生面临着空前的不确定性:他们只能把自己的命运交给上天。为了解决这个难题,内蒙古自治区把考生提交志愿填报信息的最后确认时点限定在关网前的半小时,此后不得再进行修改。在我看来,尽管这是一个相当大胆并且产生了一定效果的制度创新,但由于解决不了关键的"信息不对称"问题,特别是只要仍然存在一个提交志愿填报信息的最后时刻——不管这个最后时刻在哪里,关网前半小时和关网前一分钟的性质是一样的,关网前半小时之前依然存在一个最后时刻——由于存在相互之间的博弈,考生依然无法规避落榜风险。这是一个典型的"囚徒困境"——个体理性导致了集体非理性。

如果把高校招生录取工作看作是一个市场的话,考生填报志愿和高校招生录取就构成了一对供求关系。在一般性市场中,由于存在价格体系的调节作用,当出现超额需求的时候,供给就会增加,价格就会回落;当出现超额供给的时候,需求就会增加,价格就会上升。这两种力量的相互作用,会导致消费者需求和生产者供给在一个稳定的价格上实现市场均衡。但在高校招生录取市场上,不存在这样一个价格体系——因为招生计划是刚性的,无法根据考生的报考情况进行实时调整。换句话说,高校招生录取工作更多体现的不是市场性,而是计划性——这正是在当代社会主义市场经济下的中国,高校招生计划仍然被称为"计划"的原因。显然,我们知道,计划经济是不可能通过计算机来处理成千上万的信息的,在奥斯卡·兰格时代不行,到了互联网时代仍然不行。那么,在高校招生计划刚性的前提下,如何实现考生和高校之间的有效对接呢?我认为,高考前或高考后估分填报志愿加平行志愿是一种更为科学和理想的方式。在这种方式下,由于面临信息不完备和有限知识,在考生填报志愿的时候,有一只"看不见的手"——可能是兴趣志向,也可能是心理素质——在考生之间进行分流,把他们分流到各种不同层次和类型的高校中去,其效果要比考生知道高考分数之后填报志愿还要好。

关于高考知分填报志愿对教育造成的危害,我在《高考知分报志愿违背教育规律》和《高考知分报志愿的悖论》两篇文章中已经阐述得很清楚了。实时动态志愿方式由于使高考分数的价值发挥到了极致,进一步加剧了这种危害。这是我不主张这种方式的另一个重要原因,在此不再赘述。

2013 年 1 月 31 日凌晨初稿于倚林佳园

2013 年 3 月 27 日定稿于德国列沃库森小镇

北大为何拒绝“索奖状元”？*

近来，关于北大拒绝索要巨额奖金“状元”的报道在社会上引起了广泛关注，各方评论不断。舆论观点大体上可以分为三类：赞同者有之，质疑之声不少，当然也不乏持中之论。应当说，这些争论体现了我们对于当下的招生考试制度、教育乃至时代的思考和认识。若干年后，回过头来再看这一事件，当可以读出更多的意味。从表面上看，这只是发生在2013年夏季的一件或许可以被称为“新闻”的事件而已，但实际上，从中我们必须回答一个带有根本性的问题：我们到底应该怎样教育孩子？

考试也好，招生也好，都只是教育的环节、阶段和手段，不是也不应该是教育的目的。每个人都愿意上大学，希望上好的大学，但升学不是也不应该是教育的全部意义。教育的本质，在我看来，应当是教育工作者努力通过各种方式发掘孩子自身的潜力与智慧，增加他（她）们对于自然、社会、他人和自身的认知，使他（她）们成为自己想成为的那个人，将一块块璞玉雕琢成器。知识的传授只是其中一个非常有限的方面，更重要的在于，帮助学生树立正确的人生观、世界观和价值观，使他（她）们更好地理解自己和周围的世界。事实上，一个人日后成就的大小，主要不取决于知识——知识可以随时获得，而且在不断变化——而取决于爱、梦想、信念、勇气等等更为基本的观念，取决于一个人在面对困难、挫折、失败、委屈甚至是诱惑时的立场和态度，取决于一个人的视野、胸襟、格局和底线。这正是中国古代先贤所揭示的“师者，所以传道、授

---

* 本文删节版发表于《科学新闻》2013年第12期，题目为《北大为何拒绝“索奖状元”？》。

业、解惑也”中把“道”的传授放在首位的根本原因——得不了“道”,即使得到了再多的“器”也没有意义。遗憾的是,我们的教育正在悄悄丧失这些宝贵的东西。知识知识,学校教育教给学生的只有“知”,却既没有远见,也没有卓“识”。当其他民族正在殚精竭虑研究未来的时候,我们却往往连脚下的路都看不清楚。

我们无意对招生过程中的任何人的行为进行道德评判,我们只是强调作为教育工作者自身的良知、责任和诚信。这是北大精神和北大文化带给我们骨子里的东西,作为大学,应当也有义务向社会和公众传递。有评论认为,这未免有些“小题大做”。在市场经济时代,学生和大学是平等的“契约关系”。世界各国大学都向学生提供了价值不菲的奖学金,学生也可以向大学申请奖学金,平等交易,你情我愿,又有何不妥呢?这个观点在逻辑上没有错,但是在中国的特殊国情下,却可能产生似是而非的误读。

这个问题的要害在于,中国具有和世界各国完全不同的高校招生录取制度:统一高考后知分填报志愿和单纯依赖高考分数集中录取。世界上没有哪个国家像中国这样举行如此大规模的考试和录取,牵动千家万户的神经和利益。在美国,虽然也有民间机构组织 SAT 和 ACT 一类的考试,但成绩并不作为大学招生录取的唯一依据,甚至在决定大学录取与否的诸多因素中影响因子并不高。每一所大学都会根据自身的历史传统、人才培养目标和需求以及校园文化特点等制定独具特色、各自不同的人才选拔标准。符合哈佛要求的,不一定适合耶鲁,也不一定满足斯坦福的需求。也就是说,每一所大学对学生的认同标准是不一样的。因此,虽然大学设立了吸引优秀学生的奖学金,但并不会导致学生用分数来和金钱进行交易。世界上没有哪所世界一流大学通过设立巨额奖学金去吸引所谓的“状元”,他们吸引的是适合自己培养的优秀学生。即使是“状元”,如果不符合自己的招生录取标准,一样会遭到拒绝。哈佛大学、斯坦福大学、耶鲁大学等世界一流大学曾拒绝了不止一个 SAT 满分的学生。2010 年,北京市理科“状元”申请 11 所美国大学被拒也是一个典型的例证。实际上,美国大学设立奖学金的目的千差万别,许多世界一流大学设立奖学金的目的是为了增强生源的多样化,用来帮助不同种族、不同民族、不同文化、不同社会阶层以及家庭经济困难的学生完成学业,奖学金的数额以满足学生学习和生活为限,单纯依赖高额奖学金吸引学生的情况极为罕见。其中比较典型的是哈佛大学,它提供全额奖学金的依据是家庭年收入在6.5万美元以下,家境富裕的学生则被排斥在奖学金之外,因此也被称为“劫富济贫”式奖学金。美国是一个视交易为当然的社会,但在教育的问题上,也不屑于单纯依赖金钱进行交换。

但中国的情况完全不同。由于所有高校录取学生的唯一依据是高考分数,也由于长期以来高校没有根据自身历史传统、人才培养目标、校园文化特色等制定出符合自身需求的人才选拔标准,因此,高考分数成了评价学生是否优秀的唯一标准。不仅高校这样看,社会也同样这样认为,由此,“高考状元”和录取分数线也就相应成为评价一所高校是否优秀的重要指标。高校招收的“状元”越多,录取分数线越高,似乎就向社会证明了你的实力越强。反之,似乎就证明了你的质量低下。为了争取到分数尽可能高的生源,高校只有通过各种方式——当然也包括提供巨额奖金——增强自身的吸引力,千方百计诱导学生来报考。这和美国大学提供奖学金,学生申请奖学金的背景完全不同。更为重要的是,这一情况随着高考后知分填报志愿方式而更加趋于恶化。在估分填报志愿的情况下,因为考生和高校谁都不知道盖子揭开后具体明确的分数,这个问题并不严重:高校没有用奖学金争取“状元”的动力——成本和收益不匹配,万一赌错了可能血本无归;“状元”们也没有凭借高考分数索要奖学金的资本——天知道你最后是不是“状元”,客观上抑制了这种行为。但在知分填报志愿的情况下,因为学生的分数已经明确,在分数崇拜的社会舆论驱动下,“状元”及其分数已经成为高校招生市场竞拍中明确的标的物。这时候,高校设立巨额奖金(远远超过学生学习和生活费用的奖学金),学生申请巨额奖金,就不再只是简单的双向选择,你情我愿,而是带有强烈的用分数去交换金钱的烙印,高校招生因此被异化为市场交易行为。这一点显然为害巨大。理论上,学生可以在任何高校之间进行谈判,坐看高校为自己竞价。如此一来,势必会导致学生在小小年纪,就学会了用高考分数去交换金钱,甚至在中考阶段就通过这种方式在各个中学之间游移。我们之所以不赞成为学生提供超过他们学习、生活之必要费用的巨额奖学金,这个问题之所以会涉及教育工作者的良知、责任和诚信,原因也正在于此。

关于学生用高考分数交换金钱的危害,有关评论已经很多,例如,将“唯分数论”推向极致,等等,我都同意。诚然,在市场经济社会,也许很多人已经把和金钱之间的交换视为理所当然,天经地义,但并不是所有的东西都可以和金钱进行“平等契约式的交换”。比如,权力就不可以,因此法律和道德禁止行贿和受贿;身体就不可以,因此法律和道德禁止卖淫嫖娼;生命和尊严就不可以,因此法律和道德禁止奴隶买卖。如果一个社会认为权力、身体、生命和尊严也可以和金钱进行“你情我愿”的平等交换,那么,这个社会将会陷入非常危险的“笑贫不笑娼”境地。我总是固执地认为,即使是在市场经济社会,也仍然有两个领域是不应当和金钱进行交换的:一个是教育,一个是医疗。这两个领域都要求从业者必须超越金钱,从良心出发去规范自己的行为,将其作为具有使命感的事业而非仅仅是谋生的职业。我的观点很明确:教育是天底下最神圣的事业,关系着国家和民族的未来,为了下一代的健康成长,至少在招生入学这一门槛上,不能让学生与金钱、市场、交易这些东西离得太近。市场不是万能的,科学和学术更需要大批具有使命感和献身精神的人才。即使其他一切都可以与货币交换了,教育、理想、科学使命感、创新的兴趣等等,这些值得人类永久珍视的价值还是应当保持自身的独立性。更为重要的是,交换会形成习惯。如果在上大学的问题上,学生将交换视为理所当然,那么,当他们日后面对每一次选择的时候,难免不会做出同样的选择。能够进入北大的学生,日后可能成为社会的中坚力量,至少会掌握重要的社会资源。当他们面对诱惑的时候,能坚守住自己的底线吗?我们希望,在学生迈入北大校门之前,就明白无误地让他们知道,有些东西是不能用金钱交换的;教他们可以用最高价付出自己的精力和智慧,但绝不可出卖良心和灵魂;使他们坚定自己的信念,哪怕是人人予以否认。

在我上学的时候,虽然社会上也关注高考分数和“状元”,但远没有现在严重。应当说,现在的孩子所承受的压力比我们那时候大得多。物质生活虽然极大丰富了,但在面对考试和升学这个问题上却更加可怜。当发达国家的家庭正在千方百计地保护自己孩子的天性、健康、想象力和创新精神的时候，全中国的家庭正在团结起来，千方百计地让自己的孩子变得更加不快乐、更加不健康，也更加没有创造力。这种不正常的局面正在悄无声息地扼杀我们民族的未来。为了不让一批又一批的孩子接受那么多无意义的重复性训练，北大下决心改变这种现状。我们既然下了决心，就会“不计利害，只问是非”，坚定不移地做下去。我们的力量有限，需要得到其他高校、媒体、社会的共同支持和参与。在今年向媒体提供的新闻通稿中，我们列举了一些考入北大的优秀学生。其实，我们并没有刻意去区分谁是“状元”而谁不是，文中也没有一个字提到谁是“状元”（完整版可参见新浪教育的全文报道）——我们不要从一个极端走向另一个极端，捧“状元”的时候捧上天，杀“状元”的时候提也不能提。“状元”里有我们拒绝的，也有适合我们培养的，但某个媒体的记者却非常“敏感”“细心”地把其中的“状元”一个一个地挑出来，似乎以此证明北大出尔反尔。其实，她可能不了解列举法和穷举法的区别，也大可不必这样做。这种做法并不能使我们的世界和教育变得更加美好。我们每个人都有孩子。孩子都要上学。在教育的问题上，每一个人都有自己应当承担的责任。

2013年7月26日深夜初稿于北大博雅国际会议中心

2013年9月5日定稿于北大老化学楼

十年高校自主选拔录取改革的经验与启示*

从2003年起，按照教育部的统一部署，部分部属高校开始自主选拔录取改革试点工作，至今已走过十年的历程。十年来试点工作取得了哪些基本经验？目前还存在哪些问题？高校自主选拔录取未来的走向是什么？现在是到了应该认真总结并对下一阶段工作进行规划的时候了。招生考试制度的改革事关重大，我们必须以创新的思维，对历史和人民负责的态度，稳步审慎地推进各项改革，为推动中国由“教育大国”向“教育强国”转变做出应有的贡献。

一、十年来改革试点的基本经验

高校招生自主选拔录取改革试点工作，是教育部在认真研究恢复高考二十多年来的实际情况，根据新的形势发展要求，审时度势推出的一项改革措施。试点工作开展十年来，取得了丰硕的成果，对于扩大高校办学自主权，推动招生考试制度的改革起到了积极作用。十年来的基本经验主要是：

一是打破了大一统的高考招生录取模式，为高校招生注入了新的活力。2003年以前，全国实行的是大一统的高考招生录取模式。随着时间的推移，这种方式已经越来越不适应形势的发展和社会的要求，日益显得僵化和效率

* 本文是作者于2012年8月底完成的初稿。当时，教育部正在酝酿对自主选拔录取试点工作进行重大调整。为了不在社会舆论上形成新的热点，对新的改革构成冲击，本文没有公开发表。后来的删改版发表于《人民日报》2013年1月24日第18版，题目为《回归自主选拔的原点》。为了保留这一段的历史记忆，作者对原稿未作修改。

低下,不利于拔尖创新人才的选拔和培养。自主选拔录取试点工作的初衷,就是要在大一统的冰山上撕开一道口子,在一定程度上打破高考录取分数的唯一性,为一部分综合素质优秀、学有特长但不一定能在高考中发挥出色的学生提供一条进入理想大学享受优质教育资源的机会。根据部分高校十年来所做的有关调研,通过自主选拔录取进入高校的学生在学校的表现普遍优于通过高考的学生,说明这一目标基本得到了实现。

二是扩大了高校的办学自主权。招生是高校办学自主权的重要组成部分。大学必须根据自身人才培养特色,选拔适合自己培养的优秀学生。如果大学不能按照人才培养需求选拔学生,高校的办学自主权也就不可能落到实处。在大一统的高考招生录取模式下,高校只能根据各省市招生考试机构提供的高考成绩进行录取,人才需求特点和人才培养特色全部被淹没在高考分数之后,所谓办学自主权亦无从体现。自主选拔录取试点工作为试点高校提供了重要机会,使高校可以根据自己的办学实际,按照自己的人才培养需求有针对性地选拔一部分适合自己培养的优秀学生,在一定程度上扩大了高校的办学自主权。

三是推动了中学基础教育由“应试教育”向“素质教育”的转变。招生考试制度是中学基础教育的“指挥棒”,带有风向标性质。招生考试制度怎么改,基础教育就会随着怎么变。长期以来,高考制度过分整齐划一的评价标准体系,导致社会和学校完全以追求高分作为学生接受教育的唯一诉求,青少年的个性发展受到压制和扭曲,严重影响了素质教育的实施和创新型人才的培养。自主选拔录取改革是一整套系统,包括了体育特长生、艺术特长生等多种类别。多种类型的招生制度,为学生提供了多样化的进入理想大学的途径,在一定程度上扭转了“应试教育”的不利倾向,推动了中学“素质教育”的开展,并且为下一步国家招生考试制度的多元化改革探索了方向,积累了有益的经验。

二、当前存在的主要问题

自主选拔录取试点工作开展以来,各高校按照教育部的统一要求,积极稳妥地推进各项工作,取得了良好效果。但是,随着形势的发展,一些弊端也逐渐暴露出来。特别是,2009 年以来,部分试点高校开始形成自主选拔录取考试联盟,在一定程度上偏离了自主选拔录取改革的航道,在社会上引起了强烈反响,逐步陷入尴尬的境地。当前存在的主要问题是:

一是关于自主选拔录取试点工作的定位模糊不清。原本按照教育部的规划,自主选拔录取试点工作的招生对象是那些综合素质优秀但在高考中不一定能够出色发挥的学生,是在维持高考整体框架不变的前提下,对高考统一录取制度的重要补充。但在实际操作过程中,由于各高校普遍把自主选拔录取的时间放在高考之前进行,客观上导致部分高校将这一政策变成了提前圈定生源的工具。不是高校一定喜欢这样做——有些高校,例如中南大学实行的就是高考后自主选拔录取——而是制度设计逼迫高校必须这样做。由于高校招生是一场博弈。你不去争夺高分生源,就意味着这部分学生必然被其他高校"抢"走。在生源评价标准仍然以高考分数为唯一标准的情况下,这将对高校产生一系列巨大影响。更为严重的是,由于开展了自主选拔录取的联合考试,使其逐步向"二次高考"演化,在一定程度上开始动摇高考的基础。这显然完全背离了自主选拔录取改革试点工作的初衷。

二是教育公平问题日益凸显。原本按照教育部的规划,自主选拔录取只涉及很少一部分学生,基本不涉及公平问题。但是,随着试点高校自主选拔录取规模的不断扩大,特别是自主选拔录取联合考试,使数量庞大的学生开始被裹挟进去——每个人都要争取这一机会,每个人都不会放弃这一机会——"马太效应"开始形成。由于参加自主选拔录取需要投入远比参加高考高得多的成本,使农村和家庭经济困难的学生处于不利地位。"连参加公平竞争的机会都没有"开始成为对自主选拔录取改革试点工作的最大指责,因为它使原本就十分脆弱的教育不均衡问题显得愈加突出。也许,这将是对政策制定者最大的考验——在当前中国社会对公平问题十分敏感的情况下,任何对社会公平可能构成的威胁都将成为废除这一政策的强大压力和动力。如果是这样,十年辛劳毁于一旦不说,中国招生考试制度乃至中国教育再想启动任何变革都会变得更为艰难,后果可能是难以估量的。

三是没有实现真正的自主选拔录取,“换汤而没有换药”。自主选拔录取改革试点工作的核心,是打破大一统高考录取模式的唯一性,从而对原本完全依赖一次高考成绩录取的情况做出一定程度上的调整。但在实际执行过程中,由于压力巨大,各高校普遍采用了“笔试+面试”的方式,而且主要依据笔试成绩录取,其实质是用另一次考试的成绩取代了高考成绩录取而已。录取的依据没有任何变化,仍然是分数。正因为此,有些学者批评目前的自主招生是“假自主招生”,实质是降分录取,的确切中了要害。更为严重的是,在各高校自行笔试的情况下,大学还能够根据自己的办学特色出一些有特点的题目——比如,北大2010年自主选拔录取笔试的语文作文题是“围绕北大诗人林庚先生的四句话写一篇文章”——但在自主选拔录取联考的情况下,这一点已经完全丧失——为了平衡参加联考高校的不同情况,2012年“北约”的语文作文题是“请以‘暖’为题写一篇作文”,这已经和高考语文作文题没有任何区别了。如果自主选拔录取的依据仍然是笔试分数——而且是不那么权威,不那么安全的分数——那么它的效果和意义都将大打折扣,最终会走上和高考一样的道路,高考中出现的所有问题也会在自主选拔联考中出现,是一条死胡同。

三、下一步改革的方向

上述问题已经引起政策制定者和有识之士的高度重视,社会舆论对此也多有批评意见。已经运行十年的自主选拔录取改革试点工作正处于十字路口,对于各方都是一个严峻的考验。我认为,下一步自主选拔录取工作的改革方向可能集中在以下三点:

一是重新明确自主选拔录取工作的定位。高考是实现教育公平乃至社会公平的重要制度,是国家科学选拔高素质人才的重要途径。恢复高考三十多年来,高考在我国社会政治、经济、文化、教育的发展过程中,发挥了重要作用,为促进社会公平、公正与和谐发展做出了积极贡献。尽管目前社会上对于高考还有这样那样的批评和不满,但不可否认,高考在相当长一段历史时期内仍然将是中国高校选拔人才的主要制度和主要途径。高考制度一要坚持，二要改革。改革的方向是按照《国家中长期教育改革与发展规划纲要（2010—2020）》的要求，实现综合评价，多元录取。因此，自主选拔录取只能作为国家招生考试制度的有机组成部分，是高考制度的重要补充，而绝不能替代高考。如果那样，将会对中国社会造成相当大的混乱，最终也会使自主选拔录取改革试点工作走向失败。当前，一方面要思想认识上统一，不能出现混乱；另一方面，要在制度上确保自主选拔录取改革试点工作不偏离基本定位，不偏离可持续发展的方向。比如，实行高考后面试录取就是比较理想的方式——它一方面没有脱离高考的基础，另一方面，也使高校在选拔人才方面有了更多的话语权和主动权。

二是鼓励各高校积极探索具有自身特色的选拔机制和选拔程序。自主选拔录取改革试点的核心是打破分数——无论是高考分数，还是联考分数，抑或是其他什么考试的分数——作为唯一录取依据的桎梏。应当以学生的综合素质评价为基础而不是以考试成绩为基础进行录取。当然，高校录取必须进行考试，但任何考试的成绩都应当只是参考依据，而不能是唯一依据。只有这样，才能彻底打破“唯分数论”的窠臼，改变人才培养千校一面的现状，使教育回归本质，激发学生的潜能和创新意识，为建设创新型国家提供强大的人力资本支持。自主选拔录取在我国还是一个新鲜事物，没有现成的模式可以借鉴移植，只能依靠各试点高校根据自身办学特色进行探索。探索的重点应当是按照本校人才培养的特点和需求，建立个性化的公平的选拔机制和选拔程序。要允许操作规范，有条件的高校先行先试，其他高校可以参考借鉴，坚持百花齐放，不搞一个模式。

三是积极为自主选拔录取试点工作创造条件，营造良好的舆论氛围和社会环境。任何改革的成功都必须建立在社会上多数人拥护的基础之上。招生考试制度改革关系国家人才培养和青少年未来发展，关系千家万户的切身利益与社会的和谐稳定，历来是社会公众最为敏感的领域。但是，由于当前中国正处于社会转型的关键阶段，利益格局调整剧烈，社会心理复杂多变，民众诉求日益多元，再加上招生考试制度本身有其特殊规律与内在要求，以及教育的长远性与非功利化属性，一般社会公众难以深入了解和准确把握，使得招生考试制度的改革面临巨大的压力，也容易导致集体非理性的改革话语成为主流，从而使改革偏离科学正确的航道。我们要站在科学发展观的高度，本着为国家和民族的长远利益出发，积极为试点高校创造条件，提供制度和政策支持，广泛宣传改革的大局观念，深入研究和科学阐明招生考试制度改革的正确方向和发展规律，逐步引导和说服社会意愿，形成拥护改革、支持改革的良好舆论氛围，为最终实现科学选拔人才的招生考试制度奠定坚实的社会基础。

2012 年 8 月 28 日初稿于北大老化学楼

2012 年 9 月 14 日定稿于北大老化学楼

高校自主选拔录取工作的核心*

2003年春季，在教育部的统一部署和领导下，部分高校开始进行自主选拔录取改革试点工作。试点工作的初衷，是意识到传统的大一统高考录取模式存在一定弊端，希望在一个比较小的范围内——比如，各高校当年本科招生计划总数的5%——“积极探索以统一考试录取为主、与多元化考试评价和多样化选拔录取相结合，学校自主选拔录取、自我约束，政府宏观指导、服务，社会有效监督的选拔优秀创新人才的新机制”，目的是要“进一步深化高等学校招生录取制度改革，进一步扩大高等学校招生自主权”。（《教育部关于做好高校自主选拔录取改革试点工作通知》教学厅〔2003〕2号）可以看出，高校自主选拔录取改革试点工作的起点一开始就很高，目标直指高校招生录取制度改革和建立完善选拔优秀创新人才的新机制，并不完全如社会上某些人所说的要给在高考中达不到录取分数线的学生提供入学机会这么简单。当时的招收对象主要考虑有两类：一类是综合素质优秀，另一类是学科特长突出。但在实际操作过程中，由于各高校普遍采用了在高考前先期选拔，高考后加分的模式（中南大学除外，他们从一开始就探索了高考后进行面试的方式），使自主选拔录取逐渐异化为各高校提前圈定甚至争夺生源的工具。有学者因此认为这不是真正意义上的自主招生，只是降分录取，的确切中了要害。

这种模式在一定程度上弥补了统一高考录取的不足——毕竟，它不是依

---

* 本文删节版发表于《中国教育报》2013年1月30日第3版，题目为《自主招生改革不能再修修补补》。

据高考成绩“定终身”,虽然高考成绩仍然起决定作用——给更多优秀学生提供了机会。十年来部分高校的调研结果显示,通过自主选拔录取途径进入大学的学生表现普遍高于通过高考途径进入大学的学生。但是,这种模式的最大弊端,在于它并没有从根本上改变传统高考录取的选拔方式:它仍然是用一次笔试成绩作为录取依据。虽然很多高校采用了面试方式——姑且不论面试的科学性——但在最终录取结果上起到的作用并不大。也就是说,它只不过是在用另一次也许没那么科学没那么权威的考试成绩去替代了高考成绩而已。无论是选拔对象还是选拔途径抑或是选拔内容都没有本质上的变化——录取线上的学生你不想要也不行,录取线下的学生你想要也不行。

上述结果并非是政策制定者的预期和共识。实际上,最初高校开始自主选拔录取改革试点时并没有笔试,只有面试。之所以后来加入笔试,并且以笔试为主,一方面是因为要求参与自主选拔录取考试的考生越来越多,不可能全部采用面试,必须通过笔试先“筛”一道;另一方面是为了防止“走私”请托,避免自主选拔录取变质为人事关系的比拼——笔试是最公平的办法,分数面前人人平等。

事实上,在十年的改革试点历程中,关于自主选拔录取的争论从来就没有停止:在考试形式上,是笔试好,还是面试好,是高考前好,还是高考后好,是春节前好,还是春节后好, 等等;在考试内容上,是不超过考试大纲好,还是要超出考试大纲好,是难一点好,还是不难好,是偏竞赛好,还是不偏竞赛好,等等;在考试规模上,是大一点好,还是小一点好,试点高校是多一点好,还是少一点好,等等;在选拔对象上,是招收“全才”好,还是招收“偏才”“怪才”好,等等,不一而足,甚至十分激烈。

我认为,对于高校自主选拔录取来说,考试的形式和内容固然重要,但并非关键。继续在这些问题上修修补补,最终会使自主选拔录取试点工作走入死胡同。高校自主选拔录取试点工作的核心,应当是教育部在 2003 年提出,2012 年又再次强调的,建立健全高校各具特色的招生综合评价体系。

第一,自主选拔录取的关键词是“自主”。为什么叫“自主”呢? 因为在传统的高考录取模式下,高校招生是无法“自己主动做主”的。你只能被动接受。高考成绩一公布,高校招生办公室根据招生计划人数画一条录取分数线,招生工作就完成了。高校无法在这个录取模式中发表自己的意见,表达自己的需求特点,体现自己的偏好和意志。本来你是素食主义者,它非要给你端上来一盘肉,你不吃都不行;你明明想吃红烧肉,它给你端上来的偏偏是清蒸鱼,你不要也不行。传统高考录取模式之所以僵化,根源就在这里。真正的自主选拔录取,必须要给高校充分的招生自主权。什么样的学生最适合它培养,它自己心里最有数。教育主管部门和社会一定要给高校充分的信任,相信它能够根据自己的需求,客观公正地选拔适合自己培养的学生。

第二,自主选拔录取的考核方式是综合评价。请注意,我用的是考核而非考试。这两者大有区别——考核是综合的,考试是单一的。目前,世界上没有任何一个国家像中国这样大规模地完全通过唯一的笔试分数选拔人才。不是不要分数。我曾经多次强调,分数很重要,甚至非常重要,也许最重要,但分数不能是唯一的录取标准。为什么不能单纯依赖考试分数来录取人才呢?最主要的原因在于,选拔本身不是目的,选拔的目的是为了培养人才。人是有思想、有活力、有生命力、有创造性的活生生的生物体,而分数是不能体现思想、不能体现活力、不能体现生命力、不能体现创造性的冷冰冰的数字。怎么能够完全依赖后者去评价前者呢?这是一种荒谬的逻辑。分数当然可以评价人,但它只是评价的一个因素,也许是最重要的因素,但不能是唯一因素。现在人们有一种习惯性思维,一说起公平,似乎用分数录取最公平;一说要素质教育,要“偏才”“怪才”,就把分数完全抛在一边。这样非此即彼的思维过于极端,既不符合教育规律,又不符合实际情况。准确的表述应该是,高校要建立一套包含分数在内的综合评价体系。根据你的需要,赋予分数一个恰当的权重。在这个评价体系中,不仅能看到“分”,还要看到分背后的“人”。

用分数选拔人才是最简单的办法,是成本最低的办法,也是最偷懒的办法,用计算机就可以完成。用综合评价选拔人才是最复杂的办法,最辛苦的办法,也是成本最高的办法,必须要通过人去选拔人。但是,高校为了能够选拔出适合自己培养特色的,未来能够影响世界甚至是改变世界的灵魂人物,付出这样的成本就是值得的,最终的投入产出比也许最高。

第三，综合评价体系应当是各具特色的。大学是优秀文化传承的重要载体和思想文化创新的重要源泉，是认识未知世界、探求客观真理、为人类解决面临的重大课题提供科学依据的前沿。不同的大学，由于在历史传统、精神文化、学科设置、人才培养等各方面存在着巨大差异，他们对生源的需求相应也应当是多样化的，否则就会出现“千校一面”。适合北大培养的，可能不一定适合清华；反之亦然。为什么大家要一哄而上去争抢同一个高分考生呢？完全没有道理和必要。这样做要么说明这个学生符合任何一所高校的培养需求，要么说明各个高校的培养需求高度同质。无论哪一个结论都是荒谬的。

既然高校应当各具特色，你就要明白，你的人才培养特色是什么，与此相对应，你的人才需求目标是什么。你要在学校的大门上贴一个标识，我需要什么样的学生，欢迎你来报考。或者你要主动去寻找发现你需要的学生。好比谈对象结婚，你先要明白你想要个什么样的，是高富帅、白富美，还是一个老老实实过日子的，然后才找媒人、下聘礼，等等。如果你自己没有一个标准或者定见，那就一定会选错人。

2013 年 1 月 8 日初稿于北京大学老化学楼
2013 年 1 月 10 日定稿于北京大学老化学楼

“北约”语文试题的背后*

2013年“综合性大学自主选拔录取联合考试”(俗称“北约联盟”)的语文试题在社会上引起了广泛关注。争议主要集中在三道题上:一是用“北大、清华、高考、状元”4个词编一段150个字的笑话;二是以“北京雾锁车迷路”为上联对下联;三是将《刘三姐·世上哪有树缠藤(藤与树)》的一段歌词“山中只见藤缠树,世间哪见树缠藤,青藤若是不缠树,枉过一春又一春”扩充为一个500字的故事。这些在以往的考试中从来没有出现过的“编笑话、对对联、讲故事”的试题在网络上迅速蹿红,被网友“吐槽”为“神题”“怪题”“偏题”。

乍看之下,这些试题的确很“雷人”,难怪有考生看到之后连“掀桌子的心都有了”。但如果把它们和当前中学语文教育的现状联系起来,你就会发现,这些题目远不是看上去那样“无厘头”,而是蕴涵了命题者深湛的学术造诣、宏远的学术追求以及他们力求通过高校招生考试的“指挥棒”来扭转中学语文教育误区的顽强努力。

中学语文教育的弊端已经引起了许多有识者的忧虑。这些弊端主要体现在:第一,在大一统、标准化的高考招生录取模式下,正常的中学教育正在被日复一日的以做题、讲题为主要内容的重复性训练所替代。语文作为高考的主科之一,自然难逃厄运。问题的关键在于,中国的语言文字有其独特的魅力,讲究整体性和意境,是最难进行标准化考试的领域。同样一句话,同一篇文章,不同的人阅读之后会有不同的理解和感受。怎么会有统一的标准答案呢?

* 本文删节版发表于《中国青年报》2013年5月13日第12版,题目为《“北约”语文试题“雷人”吗》。

这一点和英语完全不同。英语可以很方便地进行标准化考试,语文要进行标准化考试就很难。但大规模的高考又必须要求实行标准化考试,因此,原本生趣盎然、意境优美的文字就被人为地割裂成一道道僵化的题目,一条条生硬的定理、一个个标准答案,鲜血淋漓,令人目不忍视,完全扼杀了学生对语文学习的兴趣。第二,由于训练紧紧围绕高考进行,凡是高考考的就训练,凡是高考不考的看都不看——因为会浪费原本就很紧张的训练时间。其结果,现在中学生的阅读量少得可怜。除了语文教材上的几篇文章,其他的一概不看。我曾在一所著名中学——每年考上北大、清华的学生有几十个——调查有多少文科生读过《红楼梦》,举手的没有几个。唯一有一个据说完整读完的学生,我问她《红楼梦》的总纲是什么,她却张口结舌。任何语言的学习都建立在大量阅读的基础上。"熟读唐诗三百首,不会作诗也会吟",没有足够的阅读量,即使分数再高,又怎么可能做到对语言文字的熟练掌握和运用呢?第三,上述两种作用力——标准化训练导致僵化、缺乏阅读量导致视野狭窄——结合在一起的结果,使中学语文教育在学生成长过程中的道德引导提升功能越来越弱化。教育最重要的功能在于使学生明辨是非,知道哪些事该做,哪些事不该做。做人的底线在哪里。对自己、对他人、对社会有正确的认知。道德教育在中学阶段应当无所不在,最重要的方式之一就是语文教学。通过阅读讨论伟大的文学作品,学生可以和人类文明史上的智者对话,净化自己的心灵,养成自己的人文情怀。对于十几岁的孩子来说,这种方式的效果要比枯燥的道德说教有用得多。但遗憾的是,中学语文教育正在和这条正确道路离得越来越远。大规模重复性训练的结果,只能制造一大批没有灵魂只会做题的"考试机器",对国家、民族、社会和个人都会造成巨大的危害。我经常看到一些成绩很高但目光呆滞的学生——他们的眼睛没有灵气——我很怀疑这是因为他们很少阅读那些震撼人类心灵的伟大文学作品的缘故。

明了了上述弊端,你就会发现,那些所谓"天雷滚滚"的"神题",其实在纠正这些弊端,引导培养学生养成正确的语文学习和阅读习惯上具有多么大的正能量!命题者希望,既然中学以考试为中心,那就改变命题的内容,通过高校招生考试"指挥棒"的作用,诱导中学和学生回归中学语文教育的本质。

第一,它使语文在考试中恢复了自身的本来鲜活面目。语言是活生生的,人们每天都在用的东西,不是一个个要费尽千辛万苦才能攻克的堡垒和阵地。说笑话、讲故事、听歌是人们生活的基本内容。开开玩笑能拉近人与人之间的距离,讲讲故事能使你和孩子的感情更亲密,唱唱歌能让你的心情即使在雾霾天里也会变得明快起来。一个不会说笑话、讲故事、唱歌的人一定是一个没有生活情趣的人,很难和别人沟通,更谈不上成为某一个行业的领导者——这些正是北大人才选拔的标准。我们一直在强调保护好孩子的天性。孩子的天性是什么?不就是这些能够使人的生活变得更美好更温情的东西吗?从人才选拔的角度看,这类题目也不是所谓的"偏题""怪题"。什么是"偏题""怪题"?如果题目是"请问苏东坡妈妈的生日是哪一天?"才是真正的"偏题""怪题"——因为谁也答不上来。对对联是对考生汉语词汇量、词语熟练程度、词语组织与搭配能力等方面的综合考评,是中国古代文化的精髓。笑话是对生活的观察与提炼,考察的是学生的临场应变能力和才智思辨能力,同时看你有没有挑战北大、清华权威的机智和勇气。根据歌词写故事本来就是对假大空作文与模式化、套路化作文的纠偏。遗憾的是,我们的学生在目前的中学语文教育环境下,已经变得越来越不会讲故事,甚至不会说笑话,更不要说对对联了,只会按照老师和培训机构总结出来的所谓"规律"去填八股文字。他们的心灵慢慢变得干涩和苍白,他们的想象力和创造力正在像磨盘磨面一样被一点一点榨干。在这种模式下培养出来的学生,即使凭借分数考上了北大也是废才,甚至是废柴,不会用笔写汉字,写出的论文错字连篇,语句不通,不会写报告,不会写总结,甚至不会说话而只会考试;将来走上工作岗位后,说出的话和写出的文章只能是空话、套话、模式话,就是不会说"人话"——这难道不是中央三令五申要改变文风、"接地气"的原因之一吗?

第二,语言文字只是表象,背后折射的其实是一个国家、一个民族的文化。什么是文化?尽管无数哲学家、社会学家、人类学家、历史学家和语言学家试图从各自学科的角度来界定文化的概念,但迄今为止仍然没有达成一个公认的共识。一般而言,文化是指一个国家或民族的历史、地理、风土人情、传统习俗、生活方式、文学艺术、行为规范、思维方式和价值观念等的总和。中国人学习语文的根本目的，不仅仅在于掌握运用一门语言——作为母语，中国人生来就会——而是在学习的过程中认识和理解中国文化，延续中国人作为一个族群的精神传统，进而认识和理解当下的中国社会。这远比具体的所谓语言知识点丰富得多，重要得多，也更有价值。事实上，世界上许多国家都非常重视对本民族文化的教育和保护。美国的小学生尽管学习具体的技术性知识很少，但他们的英语和历史课本却很厚。学生要阅读大量的文学作品和历史故事——尽管他们的历史只有区区二百多年。德国的男人晚上很少出去应酬，下班回到家里，就是给孩子读读童话，和孩子一起听听音乐。这和中国当下的情形恰好形成鲜明的对比——有多少中国男人能够下班就回家和孩子一起读唐诗呢？一个不了解本民族文化——因而也不可能热爱——的人，怎么可能指望把他（她）们培养成建设国家和社会的栋梁之材呢？即使从个人发展角度而言，教育也应当帮助他（她）们更深刻地认识和理解自己本民族的文化。毕竟，这是一个人在社会上赖以生存的根——无根之痛是最大的痛。遗憾的是，我们的教育正在使学生距离本民族的精华越来越远。在所谓全球化、国际化的氛围下，学生知道《哈利·波特》，却不知道《刘三姐》；能流利地背诵伊丽莎白·芭蕾特·勃朗宁夫人的《勃朗宁夫人十四行诗》，却对不上一副简单的对联；能熟练地弹奏约翰·塞巴斯蒂安·巴赫的作品，却听不懂壮族的山歌——那些也是同样优美的旋律啊。一个只会背诵外国经典却对本民族的文化瑰宝视而不见的人在灵魂上是悲哀和耻辱的，同样，一个只会教给学生背诵外国经典却对本民族的文化瑰宝视而不见的教育是悲哀耻辱的教育。

第三，就文学本身而言，它远不是被高高供在神坛上的供品。文学是生活之学，内涵极其丰富。任何流传千古的伟大文学作品，一定是深刻地反映了那个时代的人们日常的社会生活和精神世界——它就在我们的手边。除了这些作品之外，民间文学、民俗学也是文学的重要组成部分。这些作品看上去不那么登大雅之堂，不那么风花雪月，甚至土得掉渣，简单得像大白话，但却蕴藏着丰富的宝藏，是极为珍贵的学术研究资料。为什么我们教给学生的一定要是阳春白雪呢？为什么笑话、故事这些所谓下里巴人的东西不能进入课堂、考试和学生的视野呢？教育应当是多样化和丰富多彩的，因为世界本身就是多样化和丰富多彩的。我们绝不能用一个统一的框框去限制学生的思维和想象力，教导学生问题只能有一个答案，世界只能有一种选择——人的潜力是无穷的，谁会知道自己未来会成为或不会成为一个什么样的人呢？教育的真谛，应当是顺应学生的天性，发展他们的个性，保护他们创造的积极性，帮助他们成为未来想要成为的那个人。事实上，这正是我们的老祖宗孔子“有教无类”“因材施教”教育思想的精髓。《论语》中记载：子路问孔子：“听到什么就行动起来吗？”孔子说：“你有父亲兄长在，怎么能听到这些道理就去实行呢？”冉有也来问：“听到什么就行动起来吗？”孔子说：“应该听到什么就去实行。”公西华听了之后很困惑：“子路问是否闻而后行，先生说有父兄在；冉有问是否闻而后行，先生说应该闻而即行。我弄不明白，想请教先生一下。”孔子就告诉他：“冉有为人懦弱，所以要激励他的勇气；子路武勇过人，所以我让他谦退。”[①]可惜的是，这些珍贵的教育思想我们平时说得太多，却很少在实践中实行。

中国自古以来就高度重视人才选拔，科举制被誉为“抡才大典”。高校招生考试是极其严肃的事情，虽然是自主选拔录取，命题者也肩负着重大责任，不可能随意出些脑筋急转弯的题目去为难学生。表面看起来是“雷题”“神题”，其实背后大有深意，切不可等闲视之。

2013年4月14日初稿于北大老化学楼

2013年4月16日定稿于北大老化学楼

---

① 《论语·先进》。

让勤奋好学的农村孩子看到希望*

今年 5 月 15 日,李克强总理召开国务院常务会议,决定进一步提高重点高校农村学生比例。这是维护社会稳定,促进教育公平,推动社会阶层实现正向流动,"让勤奋好学的农村孩子看到更多希望"的重要举措,在中国高等教育史上必将产生深远影响。高校特别是高水平重点大学对此责无旁贷,应该采取切实措施,起到带头作用。

这项政策的实质,是通过政府强制力,在维持高考统一录取框架不变的前提下,通过定点定向突破,逐步扭转农村学生的不利地位,实现对农村学生的"教育补贴"。高考是选拔性考试,在确保公平的基础上提高效率,根据人人平等的高考分数选拔优秀人才,效率与公平都是其追求的目标。然而,效率与公平也是一枚硬币的两面。实际上,一方面,教育在提高效率的同时,也在不断制造着新的不平等——人与人之间因为受教育程度的不同而产生了更大的差异。追求差异是教育的内生驱动力。任何教育机构孜孜以求的目标,都是使自己的毕业生在社会中取得比其他机构的毕业生更大的成就。另一方面,教育在提高效率的同时,也在不断消灭着旧的不平等——原来处于较低社会阶层的人可以通过接受教育获得人力资本,从而进入更高的社会阶层。正是从这个意义上说,教育在实现代际转换、社会阶层流动、改变个人和家庭命运方面具有不可替代的作用。人们往往可以容忍现实生活中的很多不公平,但

---

* 本文删节版发表于《光明日报》2013 年 11 月 13 日第 16 版(高等教育版),题目为《让更多勤奋好学的农村孩子看到希望》。

就是不能容忍教育不公平。因为一旦教育不公平超出了人们的容忍限度,就断绝了人们对未来的憧憬和希望。在“不患寡而患不均”的思想根深蒂固的中国,人们对教育公平的呼声和期望更为强烈和迫切。

在中国长达两千多年的封建社会中,相对公平的科举制度对于维护社会稳定,实现代际转换发挥了重要作用。尽管像蒲松龄、曹雪芹这样的大文豪一次又一次无法通过科举的筛选,也曾出现过“范进中举”的悲剧,但总体而言,科举制在相当大的程度上促进了社会阶层的流动。据北大哲学系何怀宏教授的研究,自宋代以降至清末科举制废除,在一千多年的历史中,大约有三分之二的中举者三代以前没有出现做官者。也就是说,大部分白丁阶层通过科举制改变了自身和家族的命运。在漫长的封建官僚社会中,如果没有科举制,如果仍然沿袭了世袭制,很难想象中国社会能够保持长期稳定的生态和结构。

然而,即使在科举制中,也仍然存在着效率与平等之间的冲突。中国地域辽阔,东西南北之间差异巨大。由于各地教育水平参差不齐,完全按照一个标准录取,即使实现了表面上的“分数面前人人平等”,也难免使教育不发达地区的考生处于不利地位。明初著名的“南北榜案”就是一个典型案例。《明史》记载,明洪武三十年(公元1397年)三月,南京会试发榜,由于中举的51名贡士皆为清一色的南方士子,大批北方士子聚集在礼部门前鸣冤闹事,认为考试不公,“科场舞弊”。为了平息事态,经过认真调查,皇帝朱元璋要求主考官刘三吾修改录取结果。但硕儒刘三吾坚持认为,阅卷公平公正,“分数面前人人平等”,中举者皆凭真实才学录取,拒不执行皇帝的命令。朱元璋因此大发雷霆,将刘三吾发配西北,有些官员甚至被凌迟处死。三个月后,朱元璋亲自复核试卷,令人瞠目结舌地更改了录取结果,最终录取的全部是北方士子,而无一南方士子。自此之后,明代科举按照南方60%、北方40%的标准取士,遂成定例,并一直延续至清代。

“南北榜案”揭示了一个深刻的问题:在基础教育存在巨大差异的情况下,如何在效率与公平——不仅是形式公平,而且是实质公平——之间寻求新的平衡?教育的一个重要特点是延续性与传承性。古人说“诗书传家”,前代的教育资源会通过财产、书籍、基因和氛围等途径传递到下一代,并且形成累积性效应。自唐代安史之乱以来，特别是南宋以降，中国的经济文化中心逐渐南移，教育上的南北差异就此形成。19世纪中期之后，城市不断上升为社会的政治、经济、文化和教育中心，城乡差距日趋扩大，特别在教育领域，农村学生开始处于不利地位。这种状况虽然在20世纪50年代至80年代得到相当大程度的缓解——在知识青年"上山下乡"和"反右""文革"等一系列运动中，大批知识分子或自愿或被迫从城市进入农村，许多人成为当地基础教育的骨干力量，极大地提升了农村教育质量。然而，改革开放以后，随着知识分子落实政策大批回城以及城市再度成为中国社会的中心，农村基础教育状况再度趋于恶化。特别是，在统一高考录取制度下高校完全按照分数进行录取，从表面上看似乎实现了"完全平等"，但实际上却可能恰恰强化甚至固化了城乡之间的不公平效应——经济条件优越的城市"超级中学"和家庭可以用高额薪酬雇佣更优秀的教师对城市学生进行有针对性的训练，而且往往效果显著；它会激励更有经验的教师从农村中学流向城市的"超级中学"，从学校教育流向家庭教育，从而造成农村中学教学质量的进一步下滑。可以说，没有农村中学的凋零，就没有城市"超级中学"的繁荣。因此，并不奇怪，城市学生由于占据了师资、资讯以及培训上的巨大优势，从而能够在高端分数段整体超越农村学生，使农村学生在进入顶端大学的竞争中处于不利地位。应当说，这可能是虽然农村学生考上大学的比例在提高但考上重点大学的比例却在下降的一个重要原因。事实上，这种现象不仅出现在中国大陆，凡是有华人的地方——台湾地区、香港地区、新加坡等——都曾面临类似问题。这也许是因为华人社会特别擅长于通过培训应对考试的原因。

这种由于城乡差异带来的矛盾已经不仅仅局限于教育领域，而且是快速发展中的中国在转型时期所面临的一系列利益冲突的深刻反映，因而也必须通过深化改革、科学发展加以解决。"985高校"作为中国高等教育的排头兵，应当进一步在促进教育公平，推动社会和谐发展方面发挥示范引领作用，带个好头。多年来，北京大学高度重视教育公平，不摆花架子，不搞虚套子，而是切实采取有力措施，千方百计努力增加农村学生享受优质教育资源的机会，不断提高农村户籍学生入学比例。一是在自主选拔录取中加大对农村户籍考生的政策倾斜。北大在自主选拔录取的初审、笔试和面试的各个环节均对农村户籍考生执行特殊政策，单独划线，单独录取，连续两年确保自主选拔录取候选人中，农村户籍考生的比例不低于20%；光华管理学院和经济学院的自主选拔录取候选人中，农村户籍考生比例提高到30%以上。2013年，在最终确定的自主选拔录取候选人中，农村户籍考生比例为20.7%。二是圆满完成贫困地区专项计划。2012年，北大在21个省市的集中连片特殊困难地区定点招收30名考生，为一批综合素质优秀、意志坚韧不拔的考生提供了圆梦北大的机会。这些学生入校之后，北大还组织了专业辅导团队，帮助他们顺利完成学业。2013年，北大将贫困地区专项计划规模翻了一番，达到60名，并相应调整了专业结构，更好地满足学生的需求，所录取的考生均来自县级及县级以下中学，其中38名学生为农村户籍，比2012年同比增长17个百分点。三是将预留计划绝大部分投向农村户籍考生。在2013年的高招实际录取中，北大尽了最大努力，将绝大部分预留计划投向了农村户籍考生，最大限度地实现了扩招。四是进一步增加中西部地区的招生计划。近年来，北大大幅增加了河南、湖南、贵州、陕西、宁夏、新疆、西藏等中西部地区的招生计划，并在实际录取时进行了大幅扩招。2012年北大在中西部地区共录取1236名考生，比2011年增加95人，提高了3个百分点。2013年，北大进一步扩大了中西部地区的招生计划，最终录取人数达到1343人，比2012年增加107人，同比增长5个百分点。五是进一步加大对农村家庭经济困难学生的资助力度。为帮助更多寒门子弟圆梦燕园，2013年北大调整了新生奖学金的等级和发放对象。全额奖学金5万元，能够覆盖本科四年学费和生活费；半额奖学金2.5万元，可以覆盖本科四年学费。新生奖学金将发放给真正有需求、家庭有困难、无法负担大学学费和生活费的优秀学生。此外，北大还建立了日趋完善的“绿色通道”帮扶体系，资助家庭经济困难新生的力度逐年加大，目前已有十余项奖学金、助学金计划。2013年，针对家庭经济特别困难的新生，北大专门将考生赴京路费与录取通知书一起寄送至考生家中，为他们顺利入校、安心学习提供坚实的保障，确保不让每一个学生因家庭经济困难而辍学。通过采取上述措施，近年来，北大农村学生人数比例连年保持稳步增长。2013年，北大（校本部）农村学生占录取学生总数的比例为14.2%，比2012年增加1.7个百分点。为了尽快扭转农村生源比例偏低的情况，北大一直在坚持不懈地努力，而且还将继续努力下去。

应当说，这些措施在短期内对于切实提高农村学生比例具有一定效果，但从长远来看，更为根本的也许在于，高校必须从自身人才选拔和培养的需求出发，根据农村学生的特点，有针对性地设计相应的招生录取制度，使提高农村学生比例成为高校招生的内生需求。只有这样，才能真正实现效率与公平兼顾的政策目标。“让勤奋好学的农村孩子看到更多的希望”，这既是殷切期盼，也是号召与托付。用切实的行动点亮农村孩子心中的明灯，这是大学，特别是重点大学必须肩负起来的历史责任。

2013年6月1日凌晨初稿于北大老化学楼

2013年8月31日凌晨定稿于倚林佳园

构建中国特色的拔尖创新人才选拔新机制

——“北京大学中学校长实名推荐制”*

《国家中长期教育改革和发展规划纲要(2010—2020)》明确提出,高考招生制度改革的方向是“克服一考定终身的弊端,推进素质教育实施和创新人才培养,逐步形成分类考试、综合评价、多元录取的考试招生制度。”从2003年起,教育部开始实施高等学校自主招生改革试点工作。作为首批参加试点工作的高校之一,十年来,北京大学结合自身办学定位和人才培养特色,按照教育部的统一部署,围绕拔尖创新人才选拔机制开展了一系列卓有成效的探索。特别是,以“北京大学中学校长实名推荐制”(以下简称“实名推荐制”)为核心的自主选拔录取工作在社会上产生了广泛而深远的影响,对于进一步推进招生考试制度改革发挥了积极作用。

一、“实名推荐制”出台背景和基本理念

北京大学的招生理念是,紧紧围绕国家战略,立足于为国家和民族选拔并培养更多具有国际视野、在各行业起引领作用、具有创新精神的高素质人才。经过四年的北大本科培养,未来他们有可能承担起影响世界甚至是改变世界的责任。

招生是人才培养的入口和关键环节。恢复高考后的三十多年来,建立在

---

* 本文发表于《高校招生》(高考指南)2014年第5期(总第347期)。“北京大学中学校长实名推荐制”获北京大学2012年教学成果奖一等奖。

统一入学考试基础上的高校招生录取制度,已经成为高校选拔高素质人才的重要途径,对于实现教育公平乃至社会公平发挥了重要作用。但随着形势的发展,这种大一统的考试招生制度日益暴露出其弊端,越来越难以适应素质教育的需要。因此,对于高考制度,一方面必须要继续坚持,另一方面要不断改进和改革。

2003 年,为了增加高校在招生录取方面的自主权,教育部在部分部属高校开始启动自主选拔录取试点工作。北京大学成为首批参加试点工作的高校之一,开始探索多元化招生录取途径,并取得了一定成效。2009 年 4 月,北大在浙江召开部分重点中学校长招生工作研讨会。会上,浙江省杭州二中校长叶翠微提出,国内一些办学条件较好、生源质量优秀的中学,其校长可以以个人名义和自身信誉为担保,向名校推荐优秀学生。这个建议受到北京大学的高度重视。此后,北京大学招生办公室组织相关专家学者对此进行了充分讨论和调研,也征求了全国部分中学校长的意见。2009 年 5 月,北京大学召开自主招生战略研讨会,邀请教育部考试中心相关负责人、部分专家学者、全国部分中学校长和学生代表就进一步探索自主招生选拔新模式进行了深入讨论,形成了基本共识。在此基础上,经北京大学自主招生专家委员会、北京大学招生委员会和北京大学党政联席会审议批准,决定从 2010 年起在全国部分省市试行"实名推荐制"。

"实名推荐制"的根本目的,是在维护高考整体框架不变的前提下,打破"一考定终身"的束缚,以长期的过程性评价替代偶然的一次性评价,积极引导中学深入开展素质教育,为各种不同类型的优秀学生脱颖而出创造条件,努力为提升国家高素质人才培养质量奠定坚实基础,构建具有中国特色的拔尖创新人才选拔新机制。

二、"实名推荐制"实施情况

1. 实施方案

"实名推荐制"的实施方案包含五部分主要内容:(1) 中学推荐资质的申

请与认定。中学校长在规定时间内,以中学和本人名义向北京大学招生办公室提出申请。北京大学自主招生专家委员会根据评审标准对提交申请的中学进行评议。(2) 推荐。获得推荐资质的中学,根据北京大学"实名推荐制"实施方案要求,遵循"学生自愿报名,程序信息公开,确保公平公正"的原则,制订本校"实名推荐制"实施方案,并向北京大学招生办公室推荐符合条件的优秀学生。(3) 考核。北京大学根据中学校长所推荐学生的具体情况,安排相关学科的专家组对中学推荐情况、学生报名资料进行审核,并组织公示合格的学生参加面试。(4) 录取。面试通过后,北京大学招生办公室将合格学生信息报国家教育部备案并通过教育部"阳光高考"平台进行公示。公示无异议后,被推荐学生在高考录取时享受不同降分幅度录取的优惠政策。(5) 监督。北京大学招生监督领导小组办公室对"实名推荐制"实施过程进行全程监督。

2. 实施情况

2010 年,北京大学在北京、上海、江苏、浙江、陕西、黑龙江等 13 个省(自治区、直辖市)开始试点实行"实名推荐制"方案。当年有 400 余所中学提交申请。经北京大学自主招生专家委员会评审,39 所重点中学获得首批"实名推荐制"推荐资格,最终推荐 90 名优秀考生作为北京大学 2010 年自主选拔录取候选人。这些学生不需要参加北大自主招生笔试,直接参加面试。面试合格者在高考中享受北大在当地一批本科控制线下降 30 分录取的优惠政策。当年,有 85 名考生被北大录取,其余 5 名考生中有 2 人未达到北大录取线,3 人因专业不满足报考香港的高校。

由于首批试点工作进展顺利,2011 年,北大决定将试点方案推广到全国各省市,当年共确定 161 所中学为"实名推荐制"推荐中学,并推荐了 208 名考生作为北大 2011 年自主选拔录取候选人。

在前两年成功实践的基础上,2012 年北大进一步对"实名推荐制"试点方案进行了进一步的深化:一是适当增加推荐名额,2012 年推荐名额为 260 名;二是进一步扩大推荐范围,2012 年推荐中学增加到 211 所;三是进一步加大对偏远地区、农村地区中学的政策倾斜;四是进一步加大降分幅度,面试通过的自主选拔录取候选人高考成绩达到北大在当地一批控制线即可录取；五是实行年度申请审核制。在对中学进行资质评审时，除了继续评估“中学办学条件、生源质量”外，新增了对“以往推荐学生在北大表现情况”的考察。

3. 监督机制

“实名推荐制”一经推出，在社会上引起了强烈反响，成为2010年教育十大新闻之一。舆论和公众关注的焦点集中在，在当前中国社会诚信体系尚不健全的情况下，推荐过程和推荐结果是否公正？中学校长是否能够杜绝“暗箱操作”情况的发生？

北京大学高度重视“实名推荐制”的监督保障机制建设，采取有力措施确保试点工作公开、公正、公平。一是进一步加强信息公开和公示制度。“实名推荐制”实施方案明确规定，实施过程采取向社会公开、全程公示的方式进行。北京大学除了要求中学对被推荐的学生信息以及推荐理由进行公示外，还必须在本校校园网或公告栏显著位置对推荐实施方案、推荐名额、校内报名办法、遴选程序等内容进行为期一周的公示，告知全校师生和社会。北京大学招生办公室在北大招生网对推荐中学及校长、推荐理由、推荐学生信息和最终确定的自主选拔录取候选人名单进行为期一周的公示。二是进一步规范各个推荐、选拔环节的操作流程，做到程序公开、公正、公平。三是进一步加强监督惩戒力度，对于出现违规违纪行为的，一经查实，坚决予以撤销资格，实现结果公平。

“阳光是最好的防腐剂。”“实名推荐制”实施三年来，北京大学未接到一起有效投诉。实践充分说明，通过利益相关者的参与、完全的信息公开、社会舆论的充分监督，能够有效地防止腐败现象的发生，这一制度的推行在某种程度上也推动了社会诚信体系的建设。

4. 实施效果

“实名推荐制”实施三年以来，由于设计理念先进、实施方案严格合理、保障措施周密完善，取得了良好的实施效果。

一是进一步创新了北京大学自主选拔录取模式,有力推动了生源多样化。恢复高考制度二十多年来,北京大学一直采取的是高考统一录取模式。除了少量保送生外,绝大多数学生通过高考途径录取。2003 年启动自主选拔录取试点工作以来,开始增加了自主选拔录取、体育特长生、艺术特长生、棋牌特长生等特殊类型招生。其中,自主选拔录取占主要部分。自主选拔录取的主要方式是通过笔试和面试进行,采取的依然是考试录取的方式。"实名推荐制"的创新之处在于,它首次把中学校长的推荐意见列入了考察范围,使中学校长对学生的长期的过程性评价成为高校选拔录取高素质人才的重要依据。它改变了过去依赖一次考试的偶然性评价来录取学生的方式,显得更为科学合理。这是对考核评价机制的变革。另一方面,通过统一高考录取的学生呈现出高度的同质化特征,不利于拔尖创新人才的培养。"实名推荐制"增加了选拔学生的途径,使一批具有不同特点、不同性格的学生进入北京大学,促进了北京大学生源的多样化。

二是为北京大学招收了一大批综合素质全面、学科特长突出的优秀学生。三年来的实践表明,获得中学校长推荐的学生普遍表现出视野开阔,思维活跃,综合素质全面,学科特长突出,具有独立思考与批判性思维能力、社会责任感强等特点。他们不仅在高考中取得了优异的成绩,进校后仍然表现出色。根据北京大学招生办公室的跟踪调查,以 2010 级"实名推荐制"的学生为例,在第一个学年结束后,85 名学生中有 70% 的学生成绩处于年级前 40%。他们在学生活动的其他领域同样表现突出,普遍受到好评。

三是为北京大学进一步探索具有中国特色的拔尖创新人才选拔新机制积累了宝贵经验。一方面传统的高考模式下,高校只能根据高考分数进行录取,不能体现选拔的自主权和特性。录取线下的学生,即使符合高校需要也无法录取;录取线上的学生,即使符合高校需要也无法不录取。相比之下,哈佛、剑桥等世界一流大学,在数百年的办学历程中,已经建立了一整套极其科学完善的选拔学生的成熟机制。和他们相比,我们还缺乏起码的经验。另一方面,由于东西方的文化差异,在国外运行良好的招生制度也无法在中国完全移植施行。我们必须根据中国的国情和文化,建立一套适合中国人的人才选拔机制。

在“实名推荐制”试点过程中,通过不断研究探索,我们初步确立了北京大学选拔学生的基本标准:综合素质全面、学科特长突出、有强烈的好奇心、具备发展潜能、社会责任感强。同时,我们在面试方面也积累了一定的经验,为下一步构建具有中国特色的拔尖创新人才选拔新机制创造了条件。

三、“实名推荐制”的成果推广价值

一是在全国高校招生系统起到了示范引领作用,进一步推动了高校自主选拔录取改革。2003 年教育部启动自主选拔录取改革试点工作以来,全国各试点高校根据自身办学特色纷纷进行了探索,但在自主选拔录取定位以及方法途径等方面还存在诸多问题。特别是,自 2009 年高校开始形成自主招生联盟,实行自主选拔录取联考以来,社会上对高校自主选拔录取工作的批评之声渐多。已经运行十年的高校自主选拔录取之路将走向何方?这是高校必须面对和认真思考的重大问题。近年来,由于北京大学“实名推荐制”试点工作进展顺利,效果良好,其他兄弟院校也开始陆续跟进,实行了类似北京大学“实名推荐制”的措施。2012 年,清华大学推出了“领军计划”,中国人民大学推出了“圆梦计划”,复旦大学推出了“望道计划”,等等,既标志着北京大学“实名推荐制”得到了社会的广泛认同,也有力地推动了全国高校自主选拔录取的改革和探索。

二是积极引导中学实施素质教育,促进学生全面发展。当前,由于高考“指挥棒”的强大效应,我国基础教育阶段还存在着较为严重的应试教育的倾向,既不利于学生的全面成长,也日益扼杀了学生的好奇心和创造力。北京大学“实名推荐制”的实施,向社会传达了一个准确的信息,北京大学将为不同类型的优秀学生的脱颖而出创造机会条件,从而为扭转目前基础教育日益严重的“应试教育”倾向起到了积极作用。为了更好地配合“实名推荐制”的实施,北京大学还推出了《优秀中学生素质养成手册》,通过记录学生在中学阶段的成长历程,一方面使中学生能够从自身的兴趣出发,把精力从被动地应付考试逐步转化为主动地培养素质和能力上来,实现自身的全面发展;另一方面也促使中学进一步因材施教，充分发掘学生的优势和潜力，把主要精力从追求升学率转到培养学生综合素质上来，回归基础教育的本质和定位。

三是推动了社会诚信体系的建设与完善，增强了社会公众对于教育系统诚信的信心。当前，由于诚信体系的缺失，社会和舆论对于不完全依赖于统一高考的招生录取模式充满疑虑。北京大学“实名推荐制”三年来的顺利实施，一方面用事实有力地回答了此前公众对于公平性的担忧，另一方面，也极大地增强了社会对于教育系统诚信体系的信心。中学生是国家和民族的未来，中学校长肩负着为国家、民族培养和输送高素质优秀人才的神圣使命。他们的言行将对中学生产生重要影响。他们应当是社会最值得信赖的群体之一。从北京大学“实名推荐制”实施过程以及效果来看，各推荐中学的校长出于对国家和民族的强烈责任感和对教育事业的高度忠诚，忠实履行了自身职责，维护了教育职业的神圣和荣誉，在社会上树立了良好形象，赢得了公众的尊敬。

教育部对北京大学“实名推荐制”给予了高度评价，认为这一制度“是对高校自主选拔录取政策的进一步深化的积极探索，是建立和完善教育诚信体系的有益尝试。这种高校根据自身办学特点和要求，遵循人才选拔和培养规律开展的有益尝试应该得到鼓励。”

2012 年 8 月 20 日初稿于北大老化学楼

2013 年 3 月 28 日定稿于芬兰赫尔辛基国际机场

关于偏才、怪才的争论*

近年来,社会舆论要求大学——特别是"985 高校"——应当向偏才、怪才敞开大门的呼声越来越高。"不拘一格降人才"的才,主要指的是偏才和怪才。经常被人津津乐道的例子是,20 世纪初叶,罗家伦数学得 0 分,被北京大学录取;吴晗数学得 0 分, 季羡林数学得 4 分,钱钟书数学得 15 分,被清华大学录取;臧克家数学得 0 分,被山东大学录取,等等。现在大学通过统一高考录取的都是全才,难见偏才、怪才,所以中国总是涌现不出杰出创新人才。这个观点由于钱学森先生临终前的拷问而更加流行。

关于偏才、怪才,我一直心存疑虑。2011 年 1 月 23 日,北京大学招生办公室曾以新闻通稿的形式明确表示了"北大不鼓励招收偏才怪才"的立场,在社会上引起巨大争议。赞成者有之,反对者更多。当时的新闻通稿阐述了"为什么北大不鼓励招收偏才怪才"的四点理由。

第一,中学教育是一个人成长的关键时期。它不是大学教育的预科班,不是为了上大学而开设的培训班。教育的核心是实现人的全面发展。既然如此,偏才、怪才就不是中学教育的目标,而只能是一个不可预知的结果,有则喜,无亦可。

第二,偏才、怪才的标准很难给予准确界定。到底哪些领域算是偏、算是怪?什么程度算是偏、算是怪?都是仁者见仁、智者见智。即使是不同领域的

---

* 本文删节版发表于《光明日报》2013 年 12 月 4 日第 16 版(高等教育版),题目为《高校应该偏爱"偏才怪才"吗?》。

专家,也很难给出明确的标准。

第三,大学的选拔标准带有“指挥棒”性质。如果大学把偏才、怪才作为选拔录取的标准,那就一定会出现一大批根据这个标准制造出来的偏才、怪才,出现一大批制造偏才、怪才的培训机构。你需要什么条件就给你出具什么条件。但实际上,这样的偏才、怪才绝不是大学希望的拔尖创新人才。历史上已经多次出现过类似的教训,它对基础教育的不利影响是十分严重的。

第四,随着时代的发展,不能再用一个世纪以前的偏才、怪才标准去培养今天的学生。事实上,如果没有良好的学习能力和研究潜力,偏才、怪才即使能够进入大学,也很难完成正常的学习,更谈不上毕业后实现创新。相反,如果真正破除“唯分数论”的羁绊,学生们可以凭着自己的兴趣去主动学习,未来的偏才、怪才就可能不断脱颖而出。

今天,我依然坚持上述观点——这也许会招致更多的批评。遗憾的是,由于各方面条件的限制,当时并未就这一问题展开深入的讨论,也在社会上造成了一定误解。据说,相当多的人对此感到不满和失望,甚至认为北大已经丧失了她最宝贵的大学精神。现在看来,有必要在一些似是而非的问题上做出说明,进一步阐明我的观点。

一位历史学家曾经说过,“一切历史都是当代史。”这句话反过来也成立。一切当代史都是历史。任何一个问题和事件都有它特定的时代背景。我们不能脱离具体的历史情境去抽象地讨论某一个范畴和概念,而只能是“同情地理解”。仔细分析上述几个关于偏才、怪才的“典型案例”,不难发现,几乎所有这些大师表现出来的都是数学很差。要么是国文优异,要么是英文满分。没有任何一个人是国文得 0 分。既然是偏才、怪才,就不应当只瘸数学一条腿,这不合逻辑。至少也应当瘸国文这条腿。但好像很难找出一个数学满分但国文 0 分的案例。其实,稍有历史常识就会理解,出现这一现象并不奇怪。20 世纪二三十年代,国家风雨飘摇,动荡不安,中国刚刚废除科举兴办新学尚不足二十年,国民普遍没有接受完整系统的基础教育,长期被封建士大夫视为“末技”的数学等学科远未普及。全国有多少人具备现代数学知识呢?又有多少人能把数学学得很好呢?也就是说,数学考 0 分在当时并不稀奇——也许大多数中国人都会考0分——既算不得偏，也算不得怪。把数学考0分的人看成是偏才、怪才，只是当代人用当代视角去看待的结果。与此相类似的，还有英文考0分的闻一多。但是，从另一方面看，这些大师的国学功底却极为深厚，那也是因为当时中国废除科举兴办新学尚不足二十年的缘故——对于有一定经济基础的人家来说，孩子们最开始接受的教育就是诵读儒家经典。也就是说，无论是智力还是非智力水平，他们都是当时中国人中最出类拔萃的一群人。吴晗、钱钟书等人能够被清华大学录取是因为他们达到了清华大学的录取标准——当时清华大学的入学标准并没有明确数学必须要考多少分以上。很可能的情况是，这些大师之所以数学或英文考0分，是因为他们此前基本或根本没有学过相关内容的缘故。

但是，在近一个世纪之后的今天，我们就不能再用同样的眼光和角度去看待同样的问题，否则就是刻舟求剑。今天的高中毕业生，已经在和平稳定甚至是安逸的环境中接受了完整的义务教育和高中教育，至少在数学和英文上达到了一定水平——相比一个世纪以前。换句话说，一个世纪以前的学生在大学入学考试中数学或英文考0分并不稀奇，但今天，一个经历了12年教育的学生在高考中数学或英文还考0分，那就真的是稀奇了。至少说明他（她）没有学习或不具备学习能力。真正让我们忧虑的，倒是现在学生的国学功底和一个世纪以前相比水平相差得太多了。

其实，才就是才，既无所谓偏，也无所谓怪。之所以有一个偏和怪的概念，是因为有一个不偏不怪正常的参照系的存在。参照系换了，结论自然就变了。打一个可能不太恰当的比方，在一个正常人的社会里，疯子可能被认为是疯子；但在一个精神病医院里，一个正常人就可能被认为是疯子。也就是说，如果社会上对人才的评价标准只有一个，只有这个唯一的标准是参照系，那么，不符合这个标准的，就会被认为是偏和怪的。那么，为什么在偏和怪后面还要加个才呢？这是因为，社会上对人才的评价标准不会只有一个，“三百六十行，行行出状元”，大家心里都有杆秤，除了高考成绩这个标准之外，按其他标准来看，他（她）依然是个人才。

我曾就此问题请教过一些世界一流大学的招生同行。我很好奇他们对于偏才、怪才的看法。令我沮丧的是，他们听不懂我的问题是什么——不是语言沟通的障碍。在他们的脑海里，只有符合不符合大学录取标准的问题，至于什么是偏，什么是怪，他们对此毫无概念。比如，我们可能会认为，林书豪的篮球打得很好，是世界一流水平，所以被哈佛大学录取，相当于哈佛大学的体育特长生。但哈佛大学绝不是因为林书豪篮球打得好就录取他，事实上，哈佛大学在录取过程中根本没考虑这一点。

对于大学招生来说，在全国统一高考录取模式下，因为只有高考分数一个参照系，所以凡是不符合这个标准的，要么意味着他（她）不是优秀学生，要么意味着偏和怪——特别是在某一科目上瘸腿而在另一科目上表现突出的学生。对于那些虽然不符合高考分数的标准但我们心里的确认为他们是优秀学生的，我们就称之为偏才和怪才。现在，当我们不再以高考分数作为唯一评价指标的时候，面对一个包含高考分数在内的高校招生综合评价系统，你是不是人才一目了然，可能就不存在偏才和怪才的问题而只存在是否符合大学招生标准的问题了。你能够通过这个综合评价系统测试，是全才也好，偏才或者怪才也好，都不重要；你通不过这个综合评价系统测试，再偏再怪也不是人才。

对所谓的偏才、怪才进行争论没有意义。真正的教育，应当是帮助学生形成正确的人生观和价值观，能够进行有创造力的思考，形成科学的思维方法，养成终身阅读和学习的习惯，发展自己的兴趣和特长，不断改变自己，也改变他人，实现人的全面发展。只要能够实现这些目标，学校培养出来的就是人才。至于学生的表现是偏还是怪，并不重要。我想，未来的北大招生，仿佛是建一所大房子，墙上开了很多道门，每一个门口都贴有标签，提出选拔要求，学生可以根据自己的特点选择其中的一道门，经过门槛的考核进入北大——而不是像现在只有唯一的一道门。

2012 年 8 月 28 日初稿于倚林佳园
2013 年 3 月 28 日定稿于
杜塞尔多夫飞往赫尔辛基的 AY2704 航班

北京考生填报高考志愿的策略与方法*

近几年,我接待了许多北京考生,回答他们关于如何填报高考志愿的问题。"年年岁岁花相似,岁岁年年人不同",虽然每一年的考生都不一样,但他们提出的问题却大同小异,具有一定的共性。我想,招生老师之于考生,有点类似于医生之于患者,从某种角度而言,提供的都是咨询服务。帮助考生正确填报志愿,实现他们的人生梦想,这不仅是大学招生老师的工作内容,也是我们的责任和使命。

目前,和全国大多数省市不同,北京实行的依然是高考前填报志愿。这种高考志愿填报方式的最大好处,是可以相对比较科学和准确地衡量考生的平时学习水平。当然,它也存在一定的弊端,比如,部分考生可能面临的落榜风险比较大——这需要通过其他技术手段加以弥补。事实上,填报高考志愿并不像很多家长和学生认为的那样复杂,它实际上是一个面临多重约束条件下的选择和决策问题。

在填报高考志愿时,考生所面临的最重要的约束条件有两个:一是平时在所在中学比较稳定的排名;二是全市"一模"成绩。当然,还有诸如家庭经济状况等其他约束条件,但一般可以忽略不计。因为填报志愿是在高考前而高校录取是在高考后,所以很多考生担心会出现发挥失常导致落榜的情况。但事实上,目前中学针对高考的复习训练已经如此精纯,高考命题也日趋稳定,在高考中发挥超常和发挥失常这两种情况都非常罕见,是典型的小概率事件。

---

* 本文删节版发表于《北京考试报》2013 年 4 月 20 日第 5 版,题目为《高考填报志愿的约束与选择》。

无论你是风险偏好者、风险中立者还是风险厌恶者，一个人在决策时所依据的应当都是大数定律。如果完全依据小概率事件，很可能导致无法决策，更不要说正确的决策。

一般而言，北京考生至少面临以下几个选择：一是京内京外的选择；二是热门专业冷门专业的选择；三是是否出国的选择。这三个大方向一确定，剩下的就是技术性问题了。

在京内上大学还是京外上大学，这是一个问题。很多考生不愿意离开北京上学，很多家长也不希望孩子离开北京。产生这种心理的最主要因素是考虑毕业后的就业问题。当然，安逸、舍不得和成本节约也是重要的因素。但是，在北京上大学和在北京就业是两个基本不相关的问题。前者未必一定能推导出后者。而且，在目前就业压力极大的情况下，本科生毕业后很难找到合适满意的工作，许多学生被迫要继续读研究生。在北京上大学并不意味着一定能在北京读研究生，在北京读研究生也并不意味着一定能在北京就业。因此，从就业角度出发去选择上大学的地域，是一种看上去合理但实际上荒谬的决策。

我个人的建议是，如果考生能够进入京内最好的大学，就可以选择留在北京；如果考生不能进入京内最好的大学但可以进入京外高水平的综合性大学，就应当选择去京外。最差的选择是，宁可放弃京外的“985 高校”，也一定要在北京上一所一般性大学。大学是一个人一生中最黄金的时期，也是一个人人生观、价值观和世界观形成的关键时期。在一所什么样的大学读本科，基本上决定了一个人未来将可能成为什么样的人。不同的大学会产生不同的结果。京外很多著名高校，如复旦大学、南京大学、武汉大学、南开大学、山东大学等都有上百年的历史，形成了各具特色的人才培养模式。在这些大学里读本科，能够使一个人接受比较完整的真正意义上的大学教育，对其未来的成长将产生深远的影响。教育不仅要看结果，更重要的是经历的过程。北京的学生视野宽阔，综合素质比较高，在这些大学里更能培养发挥领导能力，找到自信和感觉，往往有如鱼得水之感，本科毕业后回北京读研究生的可能性更大。即使从功利化的就业角度看，在上述“985 高校”上大学也是正确的选择。现在的企业和机构在用人时越来越看重一个人的本科学历。“985 高校”和非“985 高校”的差异非常大,能够在“985 高校”上大学将使你在就业时获得更大的优势。退一步海阔天空。死守着北京,你会发现面临的选择非常有限;放弃了北京,你会发现面临的选择大大增加了。

对于那些非要留在北京上学的考生来说,有一所质量很高但常常遭到忽视的大学——中国农业大学应当受到更大的关注。很多人不愿意选择它是怕沾了一个“农”字,这完全是从字面解读带来的误解。在农业大学读书和当农民——不考虑歧视因素——是根本不同的两码事。从中国目前的发展轨迹来看,未来农业科技领域的发展空间极为广阔。能够有机会成为农业领域的权威,将给一个人的未来发展带来不可想象的机遇。退一万步讲,即使将来你不想再做农业了,仍然可以在研究生阶段转到其他高校去从事有关生物的研究。你在中国农业大学受到的扎实训练仍将使你获得更多的机会。

选定了大学,接下来就要选专业。现在很多考生和家长选择专业时存在几个常见的误区:一是根据分数选专业,完全或基本不考虑兴趣——或许考生自己也不知道自己喜欢什么,甚至不知道自己不喜欢什么——生怕分数没有用“足”,生怕吃了“亏”。二是盲目跟风,选择金融等所谓“热门”专业。这实际上是上一点自然产生的结果。近年来,选择金融专业的学生越来越多,这既不正常,也值得忧虑。三是不愿意选择基础专业,喜欢选择那些能够看得见摸得着的,能够直接和就业挂钩的具体专业。特别是哲学、历史、地质、考古等一些所谓“冷门”专业越来越面临无人问津的危险。

上述误区既是短视的现象,也是短视的结果。事实上,所谓“冷”和“热”都是相对的。社会是不断发展变化的。今天的“冷”,明天就有可能变成“热”;今天的“热”,明天有可能变成“冷”。大家一定要意识到,一个人能够在社会上获得一定的地位,做出一定的成就,基本上是在本科毕业后的二十年左右的时间里。在这二十年中,随着世界特别是中国的快速发展,随着科技革命的日新月异,专业的“冷”和“热”一定会发生相对的变化。曾几何时,柯达是世界上最大的摄影器材生产企业,能够进入柯达工作是很多人的梦想,现在,它已经破产了;当苹果和三星发明了平板技术之后,诺基亚、摩托罗拉等传统手机生产商已经陷入了困境——仅仅十几年前，当时能够进入这些企业工作是多么令人神往！

我个人的建议是，考生在选择专业时，首先，要扪心自问，我的兴趣是什么，我将来要成为一个什么样的人。兴趣是最好的老师。有了自己终身感兴趣的领域，即使外部世界发生再大的变化，你也能够随时调整自己的步伐，适应外部环境的变化。千万不要跟着别人的选择而选择。鞋子舒服不舒服只有脚知道。别人说好的专业你自己并不喜欢，又有什么意义呢？其次，你应当选择基础专业，最好不要过早地把自己局限在某一个狭窄的具体专业。今天，人们已经越来越清醒地认识到，世界是快速发展变化的，知识衰退的速率非常快。本科阶段最重要的是给学生打下扎实的基础，帮助他们形成正确的人生观、价值观、世界观和思维方式，养成他们终身学习的习惯，使他们获得未来处理复杂资讯和未知世界的能力。研究生阶段才应当进入具体而深的专业领域。最后，你最好不要为了挣钱而选择某一个看起来能挣钱的专业。理论上，所有的专业都能挣钱——只要你能成为这一领域的权威和领导者；所有的专业都可能挣不到钱——如果你不能成为这一领域的权威和领导者。一个越想挣钱的人反而可能挣不到钱；反过来，一个并不以挣钱为目的的人却可能挣到很多钱。如果所有人都知道一个领域能挣钱，那么，这个领域挣钱的难度和竞争就会变得极大，对于大多数人来说也就可能挣不到什么钱。相反，一个几乎所有人都不看好的领域——也就是所谓的“冷门”专业——如果你对此有浓厚的兴趣，能够成为这个领域的权威——因为参与竞争的人少，成为权威的几率就大大增加了——你就有可能变成吸引资源的中心，钱会追着你跑，你就可以雇佣那些现在学习金融的人为你做投融资方案，为你打工。这时候，你挣的就是大钱，为你打工的人只能挣点小钱。在一个知识经济的时代，资本雇佣劳动的定律可能要被颠倒过来，劳动可以雇佣资本。

第三个问题是关于是否出国。近年来，北京考生特别是优秀考生选择出国的比例越来越高。这可能和北京房价高有直接关系。现在，北京家长卖一套房子，足可以支付孩子在国外读书的费用还有余。这使得他们有能力直接选择去国外读书。在一个全球化的时代，学生去哪里上大学是个人的权利，只要他(她)具备相应的能力。我个人的建议是,如果学生有进入国内最好的大学的能力,最好先选择在国内读完本科再出国深造。我丝毫没有吃不着葡萄说葡萄酸的心理——尽管这的确对我们构成了压力。对于一个人来说,上大学不仅仅意味着学习知识,同时也是一个塑造自我重生的过程。上大学时期的体验,结识的师长、同学、校友都会在一个人未来发展中产生难以估量的影响。过早地出国读书——特别是读本科 ——很容易形成所谓"三明治人"——他们既无法融入国外社会,对中国社会和国情也不了解,最后可能会找不到根,陷入尴尬的境地。研究生阶段出国就不存在这个问题,此时,一个人对国家社会的认知已经基本确定,也形成了比较稳定的社会关系,比较容易找到自己的位置。事实上,除非一个人未来的发展定位是国外,否则,本科阶段在国内完成还是一个比较明智的选择。毕竟,一个快速发展中的中国蕴涵了很多的机会。

除了上述三点大方向外,最后还要注意两个技术性问题:一是要高度重视"一模"考试成绩的参考价值。高考是排序性的考试。一般来说,"一模"的成绩排序和最后高考成绩的排序之间存在高度相关性。细微的调整肯定会出现,但大的排序不会发生太大的变化。如果考生的"一模"发挥失常,能够参考的就只能是平时的成绩了。也就是说,根据你所在中学连续三年考上某一所高校的学生数量和你的模拟成绩,大体上可以判断出你今年考上这所大学的几率。二是要认真研究各个大学不同招生政策的细微之处。一般说来,各个大学历年的招生政策会保持基本稳定——因为必须给考生和家长以稳定的预期。因此,在填报高考志愿时,考生要认真研读目标高校招生政策的细微之处,把所有能够考虑到的因素全部考虑进去,尽最大可能把所有能够利用的政策全部用足,力争在实现理想的过程中尽量减少不确定性的干扰。

2013 年 4 月 10 日初稿于北京大学老化学楼
2013 年 4 月 15 日定稿于北京大学老化学楼

招办主任对你说*

上海市历来是北京大学最重要的生源基地之一。十年以前,北京大学曾就各省市生源质量进行过一次详尽的调查。结果显示,上海生源几乎在所有指标体系中都居于领先地位。今年,北大对十年来各省市生源质量再次进行了追踪调查,结果显示,上海生源始终稳居三甲之列。2011 至 2012 学年度,在北大学习的上海本科学子的获奖数量达到 150 人次。从三好学生、五四奖学金、社会工作奖到学习优秀奖、杜邦奖学金等,覆盖了大部分奖学金门类,获奖学子分布于 20 多所中学。

上海生源在北大表现十分突出,一方面固然是因为上海基础教育发达,另一方面也说明,北大为上海学生提供了适合他们成长的土壤。横向比较来看,上海学生普遍具有视野开阔、思维活跃、基础知识扎实等特点,个性突出,自主性强,大规模重复性训练的痕迹较弱,在专业选择上不盲从、不跟风,能够从个人兴趣和特长出发,选择适合自己的领域,进一步发展的潜力很大。一些看上去很"冷"的专业,如历史、哲学、考古、天文等备受上海考生欢迎,这一现象充分说明,越是经济文化发达的地区,学生在选择专业时越能够表现出理性和成熟。

近年来,随着中国经济的飞速增长和上海作为全球金融中心的地位不断上升,上海学生选择直接出国读本科的比例越来越高。在全球化时代,学生选择在哪个国家哪所大学就读是个人的权利——只要条件具备。但我个人认为,一个快速发展中的中国为一个人未来的成长提供了无限的机会。大学时

---

* 本文删节版发表于《文汇报》2013 年 5 月 9 日,题目为《北京大学:最大限度满足考生专业兴趣》。

代是一个人一生中最宝贵的黄金岁月。在大学里形成的人生观、世界观和价值观，对国家和民族的深刻认知，所结识的人际关系等，都将在未来的日子里对学生产生难以估量的影响。过早地去国外求学，固然可能在知识方面进步更快，但同时也可能会丧失其他一些更为宝贵的东西，最后难免会形成所谓"三明治人"——他们既不懂中国，也不懂美国；既融入不了中国社会，也融入不了美国社会——陷入尴尬的境地。当全球把目光都聚焦在中国和上海的时候，当越来越多的外国人把"中国因素"作为最重要的战略因素来考虑的时候，一批最优秀的中国学生却正在忽视他们身边正在快速崛起的中国大学，这应当引起有识者的深思。

北大正在加速向世界一流大学奔跑。目前，北大已有18个学科进入全球学术和科研机构的前1%，其中化学比全球99.97%的学校和科研机构都要好。人文科学、自然科学、社会科学和管理、生命科学与药学、工程技术等五大学科群全部进入全球排名的前40位，毕业生竞争力位居全球大学第11位，学科实力、科研水平和教育教学质量总体达到了世界先进水平。每一个中华儿女心中都有一个"中国梦"，北大将是上海学子圆梦的理想地方——你们将在这里接受最好的本科教育，你们的个性将得到最充分的尊重，你们的才华将在最广阔的舞台上得到展现。

2013年北京大学在上海招生计划为28人，其中文理各14人。保送生和需要加分的自主选拔录取候选人均不占用招生计划。去年北京大学在上海文理科录取线分别为546分和551分。文科计划数19人，最后实际招收38人，扩招比例达100%；理科计划数19人，实际招收36人，扩招近90%。文理科专业志愿满足率双双实现"零调剂"，最大限度地满足了考生的专业兴趣。

多年来，北京大学上海招生工作组为上海考生提供了细致周到的服务，北大在上海招生专业不受投放计划和文理科限制，考生可在全校范围内选择自己感兴趣的专业。如果考生所选择的专业不在投放的专业范围内，可通过北大上海招生组或北大招生办递交书面专业选择申请，北大招办在录取过程中，将根据考生高考成绩和志愿选择尽最大可能予以满足。

2013年4月25日初稿于北大老化学楼

2013年4月27日凌晨定稿于倚林佳园

第二部分　基础教育与人才培养

北大的招生标准*

1977 年以来,数以千万计的高中毕业生通过参加高考进入高校深造,实现了人生梦想,也改变了个人命运——所谓“千军万马过独木桥”是也。他们是被大学招生部门“招”进高校的,承担这项工作的职能部门被称为“招生办公室”。“招”这个字在汉语中是主动性用语。“招”者,“呼”也,含有“呼唤、吸引”的含义。但实际上,在恢复高考以来的 30 多年里,大学招生部门所做的工作,基本上不是主动地去“招生”,而是按照各省招生考试部门提供的高考分数被动地来“录生”。从这个意义上说,高校招生办公室名不符实,可以将其改名为“高校录生办”。

在一个封闭的环境下,招生也好还是录生也好,二者之间没有本质的区别——学生都是通过参加统一高考进入高校的。他们基本上没有选择的权利,只能被选择——不是被这所高校选择,就是被那所高校选择,而且只有一次机会。如果高考分数太低,那就不可能被任何一所高校选择。① 但在一个开放的环境下,情况就发生了很大的变化。学生有了选择的权利。即使他已经被一所高校选择了,但他依然可以放弃并选择另外一所高校,甚至选择境外乃至国外的高校。因此,传统封闭环境下高校之间并没有多少生源竞争压力——即使有也可能很小,但在开放环境下高校之间的生源竞争压力可能会

---

* 本文删节版发表于《中国青年报》2013 年 4 月 22 日第 12 版,题目为《北大的招生标准是什么》。

① 有人说,高考填报志愿就是一种双向选择。学生是有选择高校的权利的。但实际上这是一种“伪权利”。因为理论上高考分数高的学生可以选择较差的大学,但现实中极少有人这么选。高考分数低的学生是无法选择好大学的,或者选了也没用。

一下子变得非常大。这种压力迫使我们必须思考一个问题:什么样的学生最适合北大培养?或者换句话说,北大招收学生的标准是什么?

初看起来,这似乎是一个伪命题。招了这么多年学生,难道你们还没有标准吗?如果没有标准,那么,你们如何去实现招生的公平、公正呢?对此,我只能回答说,标准的确是有的,而且很“硬”,就是各省市的高考录取分数线。达到了分数线北大就录取,达不到分数线就不录取,一目了然。然而,仔细琢磨,这个标准说了等于没说。所谓标准,是指衡量事物的准则。对于招生来说,它意味着衡量人的准则。但人是活生生的,有思想的、复杂的、多样的,怎么可能用一个简单的冷冰冰的分数来衡量呢?如果单纯用分数来衡量,至少会有一种情况无法避免——分数线上的学生可能根本不符合大学培养的要求,但你不得不录取;反之,分数线下的学生可能非常符合大学培养的要求,但你却无法录取。换句话说,你企图通过分数来衡量人的目标没有实现,或者没有完全实现。你招的只是分,不是人。

招生本身不是目标,它是一种手段,是为高校人才培养服务的。十年树木,百年树人。如果把人才培养比喻成培育树木的话,招生就是选择树苗的过程。你见过这种简单粗暴的挑选树苗的方式吗?用一把尺子去量,低于某一长度的统统不要,超过某一长度的统统全要。如果你在园艺市场里看到这样一个选苗者,你一定会骂他是神经病——因为没有人会这样选树苗。有经验的园丁,一定会根据土壤和气候的特点,选择那些根正茎直的好苗子,而不大会去理会长短。为什么挑选树苗时我们都不会用一把尺子去衡量,但招生的时候我们却一定要用分数来录取呢?

有人说,这是为了实现社会公平。在优质教育资源稀缺的情况下,只有按照大家都看得见的分数来录取,才会杜绝腐败请托现象,实现真正的公平。这句话有一定道理。但是,一方面,公平往往会和效率相冲突。当我们过度追求公平的时候,常常会带来相当大的效率损失。对于快速发展中的中国高校来说,和公平目标相比,人才培养是更为根本的任务——当然,这决不意味着公平问题不重要。我们应当在追求效率和追求公平之间寻求微妙的平衡。另一方面,谁说除了通过分数录取就一定会造成不公平呢?至少从北大实施“元培综合评价系统"的效果来看,不一定。它甚至比分数录取可能还要公平——因为它排除了作弊可能。

那么,北大招生标准是什么呢?我认为,除了将高考成绩作为智力性标准外,北大招生至少还应当有以下四点非智力性标准。

首先,你应当已经接受了良好的基础教育。这将为你的下一步深造奠定坚实的基础。教育是连续的,也是终身的。即使从知识积累的角度来说,也是一个循序渐进的过程。尽管有极少数天才可能没有经过基础教育而直接接受了高等教育,但对于大多数人来说,仍然需要接受一个完整系统的国民教育。当然,我所说的"良好教育",绝不仅仅意味着学生获得了比较高的文化课考试分数。它还要求学生要有正确的价值观和良好的道德判断力,具有辨别是非的能力和强健的体魄。以前我们曾经使用过"综合素质优秀"这个表述,说的是同一个意思,但现在已经用得比较少了。因为一说起"综合素质",有人就说这是指唱歌、跳舞、弹钢琴,沿着这个逻辑下来,自然而然批评北大招生有歧视农村孩子之嫌——显然,农村孩子中会弹钢琴的少之又少,当然绝不是完全没有。这实在是一个典型的情绪化误读。我们在任何时候任何地点从来都没有说过"综合素质"就是指唱歌、跳舞、弹钢琴。话说回来了,比赛唱歌和跳舞农村孩子并不吃亏,他们"唱支山歌给党听",肯定要比城市孩子唱得好。关键看你用的是什么标准。相比而言,我认为"良好教育"的表述对城市孩子和农村孩子可能都适用。

其次,你应当具有强烈的好奇心、丰富的想象力和旺盛的创新欲望。北大是一个以文理医工见长的综合性大学,培养的是未来能够影响世界甚至是改变世界的灵魂人物。也就是说,她培养的不是一般性人才,而是人才金字塔尖的那一部分领袖级人才。爱因斯坦曾经说过:"想象力比知识更重要。因为知识是有限的,而想象力涵盖世界的一切,推动着进步,并且是知识进步的源泉。"我们相信,只有有了好奇心和痴迷的不顾一切的狂热激情,你才可能为即将从事的事业倾注全部的心力,从而做出非同一般的成就。人类文明史上的所有伟大创造,无不是来源于想象力和创新精神。这是一个国家和民族前进的根本动力。美国为什么是全世界最强大的国家?因为它始终保持着旺盛的创新能力。日本为什么近年来衰退了？因为它已经逐渐丧失了以往的创新精神和创造能力。中国怎么办？再过二十年，当中国逐步进入老龄化社会以后，现有的劳动力竞争的比较优势将全部丧失。那时候，谁更具有想象力和创新精神，谁就会在竞争中处于优势地位。

再次，你应当具有远大的理想抱负和强烈的社会责任感。我们希望每一个迈进北大校门的学生都是野心勃勃的，无论男女，都具有“敢教日月换新天”的豪情和自信。你们从进入北大的第一天起，就应当立下雄心壮志，为国家、民族乃至人类的文明进步做出自己哪怕是最微小的贡献。这是北大最重要的历史传统和精神内核。北大人似乎天生具有一种特殊的理想主义气质，一旦配上北大校徽，他们顿时就有了一种被选择的庄严感和神圣感。为了理想而努力奋斗，即使是像堂吉诃德一样也在所不惜。很难说清楚这种气质从何而来，也许这是历史赋予的必然？因为中国近现代历史上几乎所有的重大事件都和北大息息相关。更重要的是，北大人的理想主义，尽管带有强烈的个人色彩，但从根本上说，他们是为了更广大人民的利益而奋斗和存在的。这往往使他们和当下的现实有那么一点点距离，却在历史中获得更恒久的价值。

最后，你应当具备进一步发展的潜能。这是一个快速变化的全球化时代。随着科技进步，日新月异，未来的世界将会变得越来越不确定。可能今天你在大学里学习的一切知识，很快都会变成明日黄花，无法应对日益复杂的未知世界。唯一的办法，是你必须具备终身学习的能力，能够随时根据现实环境的变化，充实完善自己解决问题的能力。这种能力固然需要你在大学期间通过学习以往的知识获得训练，但更重要的，是你自身具备进一步发展的潜能，养成良好的学习习惯，形成正确的思维方式，以及持续不断的求知欲望。近年来，我见过许多高考分数很高的学生。他们很聪明，也很勤奋，但在中学阶段已经被日复一日的条件反射式的训练磨光了所有的激情，丧失了学习的兴趣和动力，有的甚至到了退学的地步，的确十分可惜。这样的学生，即使高考分数再高，也不适合北大培养。即使到了北大，也难以有什么作为。

和世界一流大学相比，由于招生录取制度的差异，我们在如何发现、识别、选拔优秀人才方面还缺乏起码的经验——我们只会通过单一的考试分数选拔人,除此之外就不会了,而哈佛、耶鲁等世界一流大学已经在这方面积累了上百年的成功经验。耶鲁大学的招生官员曾经告诉我一个真实的故事:有一个中国学生,对历史学非常感兴趣,在中学阶段就通读了《剑桥中国史》和《资治通鉴》,耶鲁大学著名历史学家史景迁的所有中英文著作他如数家珍,还发表了一些历史方面的小文章。这样的学生应当是每一所大学都非常欢迎的,但耶鲁最后拒绝了他。原因很简单。面试官问他:“晚上睡觉前你和宿舍里的同学都聊些什么?”(他是住校生。)他回答说:“我给他们讲各种各样的历史故事。”面试官认为,一个正处在青春期的男孩子,晚上睡觉前和宿舍里的其他男生聊的不是女朋友就是足球,谁会有兴趣去听你的历史故事呢?要么说明他说的是假话,要么说明他和周围的同学不合群。而耶鲁大学的人才培养目标是从事公共服务的领袖,一个不能和周围其他人进行良好沟通的人未来怎么可能率领大家做出巨大成就呢?因此尽管他可能将来会是一个非常了不起的历史学家,但不符合耶鲁大学的招生标准。这个故事对我的影响很大,它揭示了世界一流大学在甄别发现选拔潜在性人才方面的一些奥秘。这些核心秘密局外人是不可能掌握的。我们必须根据北大人才培养的目标和需求,研究制定出具有鲜明北大特色的可以被观测的人才选拔标准。这项工作极其艰巨,任重道远,但时不我待,我们要奋起直追。

2012 年 8 月 21 日初稿于北大老化学楼

2013 年 3 月 11 日定稿于西班牙马德里机场

培养领袖*

2007 年,为迎接教育部本科教学水平评估,北京大学曾经在全校范围内就学校本科教育特色,特别是人才培养目标进行了一次广泛而深入的大讨论,最后形成了一个基本共识,就是北京大学要“为国家和民族培养具有国际视野、在各行业起引领作用、具有创新精神的高素质人才”。这个人才培养目标的核心,是培养具有引领作用的领袖人物。

领袖一词,并不仅仅意味着政治领域的精英,尽管它包含了这一群体。从更广泛的意义上说,领袖意味着在各行各业里要发挥示范引领作用。他需要有坚定执着的信仰和理想,博大深邃的思想和想象力,在面对复杂问题而其他人束手无策的时候,能够准确地判断形势,迅速地指明方向,提出解决问题的方案,并凭借巨大的感召力激励带领一批追随者,坚定不移地向既定目标努力前进,不断攀升一个又一个人生和社会的高峰,创造出不同凡响的业绩,为国家、民族、世界乃至人类做出新的贡献。在人类历史的各个时期,在社会发展的各个领域,包括政界、学界、商界、艺术界乃至一切领域,我们都可以看到这样引起巨大关注的领袖人物。

并不是每一所大学都能设定这样的培养目标,也不是每一所大学都能实现这样的目标。事实上,综观培养出大量领袖人物的世界一流大学,如哈佛、耶鲁、牛津、剑桥、东京大学等,几乎都呈现出一些共同的特点。

---

* 本文删节版发表于《光明日报》2013 年 10 月 9 日第 16 版(高等教育版),题目为《什么样的大学才能培养出领袖人才》。

首先,这些大学无一例外都是以自然科学和人文社会科学见长的综合性大学。这和以培养工程师为主的工科大学完全不同。前者培养领导者,后者培训追随者——这里的领导者和追随者的分类并不包含任何价值判断,也不意味着谁更优秀,仅仅只是一个性质上的分类。更为重要的是,它是不以人的意志为转移的学科特点的分类。也就是说,由于客观上存在着理科和工科的不同学科特性,决定了综合性大学更容易培养领导者,而工科大学更容易培养追随者。如果工科大学也要培养领导者,就会变得非常困难——当然这绝不是绝对的。

下面让我来更清晰地阐明我的观点。托马斯·库恩(Thomas S. Kuhn)曾经正确地指出,常规科学研究的任务在于解谜,"即以一种新的方式实现预期,这就需要解决各种复杂的仪器、概念方面以及数学方面的谜。成功的人,证明自己是一位解谜专家,而谜所提出的挑战正是驱使他前进的重要力量。"科学研究的发展过程是一个从原始开端出发的演化过程,其各个相继阶段的特征是对自然界的理解越来越详尽,越来越精致。假定自宇宙诞生以来,世界处于黑暗之中。科学家的任务就是创造,好比手中擎着一盏明灯,要去照亮眼前的"无知黑幕"。每照亮一片,人类文明就前进一大步,就越接近于自然界的"终极真理"。科学研究发展的每一个新阶段,都是对原始蓝图的更完善的实现——元素周期表的发现就是一个典型的例子。这就要求从事理科研究工作的科学家必须强调想象力和创新思维。创新是自然科学研究的生命源泉。工程师则恰好相反。他的任务是制造,不能强调创新,必须根据自然科学研究的成果去设计图纸和方案,然后严格按照这些图纸和方案去制造出实实在在的东西。工科强调的是一丝不苟的执行力,一个螺丝钉都不能安错地方。如果从事工科的人也强调想象力和创新思维,那人类社会就可能会乱了套。给你一套图纸,你说不行,我要进行创新,那么盖好的楼、修好的桥很可能就会塌掉;造出的汽车可能发动不起来,或者发动了停不下来;发射塔上的火箭可能就会爆炸。当然,工程师也可以根据实际情况的变化对图纸和方案进行修正,但那不能被称为创新,只能是革新。创新是根本性的变更,革新只是技术上的变化。从教育培养角度看,培养科学家和培养工程师是完全不同的两条轨迹。

所以我们常常会看到,理科思维强的人比较活跃但失之严谨,工科思维强的人非常严谨但稍显刻板。事实上,活跃和严谨这两种性格都非常重要,缺一不可,只不过是在不同的人身上表现出不同的长处和短处而已。作为领导者,需要的恰恰是活跃的思维和创新精神;作为追随者,需要的恰恰是一丝不苟的严谨态度和不折不扣的执行力。用一句我们熟悉的话说,听话,出活,这是工科的特点——更关键的问题是听谁的话,出什么活。一项事业的成功必须依赖于这两种人的共同努力:领导者提供方向和原动力,追随者贯彻实施。

有人会说,既然这样,如果我们要求理科的人也具有执行力,工科的人也具有创新精神,不就两全其美,培养出最优秀的复合型人才了吗?从理论上说的确是这样。如果真的做到这一点,这样的人将是非常罕见的领袖人物。我经常要求学生朝这个方向努力。但是,要求理科的人具有执行力是相对比较容易做到的,而要求工科的人具有创新精神则非常困难。这同样是由学科特点决定的。一般而言,严谨可以训练。一个思维活跃的人想要变得更为严谨些,最简单的办法就是从小事做起,每一件事都一丝不苟地完成,训练几年就会养成习惯,习惯就可以改变性格,尽管真的做到这一点也极为艰难。但创新精神从本质上说不可训练,它只能靠熏陶,靠感知,靠培养——所以本文的标题叫"培养领袖"而不是"培训领袖"。领袖气质只能被培养,而不能被训练。

其次,这些大学无一例外都是学科齐全、实力雄厚的综合性大学,为培养领袖提供了丰厚的土壤。作为领导者,必须视野宽阔,能够看到其他人所看不到的东西——大部分人看到的是昨天和今天,少数人能看到明天,只有领导者能够看到后天。见多才能识广,居高才能临下。张艺谋是艺术界公认的领袖之一。当被问及为什么北京奥运会会取得如此巨大的成功时,张艺谋的团队评价说,这是因为张艺谋见过了最好的东西,所以他知道什么叫最好。只有具备广阔视野,你才能在纷繁复杂的世界中看清事物的本质,迅速辨清方向。这是领导者最重要的必须具备的优秀素质之一。毕竟,未来的世界是不确定的,充满了变数。随着现代社会的飞速发展,变化的速度会越来越快。我们不可能指望用十几年前在大学里学习的知识去应对当下变化的世界——事实上,也无法应对。因此,你必须学会用宽广的视野,从不同的角度出发,运用综合创新的思维去解决问题。为什么领袖人物大多出自学科齐全、实力雄厚的综合性大学？关键就在于，齐全的学科为你提供了多学科的广度，提供了解决问题的不同角度和思路。你见到的越多，你的思维就越开阔，你在面对各种复杂局面和问题时就会越有办法，你就越具备成为领袖人物的潜质。

最后，这些大学无一例外都是人文精神传统非常深厚的历史悠久的大学。一个真正的领袖人物，除了上面提到的创新精神和宽广视野之外，还有一个非常重要的素质是，你必须对你所从事的事业充满激情，具有强烈的使命感和神圣感。世界级魔术大师胡安·达马利兹在回答是什么使他取得如此巨大成功的时候，他说，是激情，是渴望看到观众在表演结束时眼中流露出的不可思议与赞叹，是渴望带给观众快乐的使命，就像是在体内燃烧的火焰，并用这种火焰去感染别人。其实，岂止是艺术界，在任何领域，一个领袖人物都不可能只为自己而存在，他必须为一个更广大的社会和人群服务，在这种服务和献身中实现自己的人生价值。缺乏人文精神和终极关怀理想的人，既不可能提出什么伟大的思想和理念，也无法感染激励周围的人追随他一起为一个目标而奋斗，当然也就不可能成为任何意义上的领导者。也许他会赚很多钱，也许他会有一个稳定的收入和幸福的家庭，但他只能是一个追随者，充其量只能位居高端，而不可能位居顶端。

那么，历史上缺乏人文精神传统的大学能不能使自己变得更人文一点呢？可以，但这是一个非常漫长而痛苦的历程，其漫长度需要用几十年甚至上百年来衡量。这种看不见摸不着的精神传统，不可能通过在短期内建立一些学科，引进几个人文教师，开设几门人文课程就可以实现。它是一个慢慢形成的场域，要靠几代人一点一滴的心血和智慧凝结而成。这的确是非常艰巨的任务。那些培养出大量领袖人物的世界一流大学是通过集合了在各个领域领先的学者和科学家才有了现在的地位。这同时也需要时间。哈佛和耶鲁花了几百年的时间才达到牛津和剑桥的水平，斯坦福和芝加哥大学（两者均建成于 1892 年）在半个多世纪之后才获得了世界级一流大学的赞誉。唯一能在世界排名前 25 位的亚洲大学——东京大学，建成于 1877 年。

现在，包括北大、清华在内的中国大学正在朝着世界一流大学奋力奔跑。

这是我们的民族梦、中国梦。我们希望通过不懈的努力，有朝一日，当世界上最顶尖的学者中有不少北大的毕业生；当北大的毕业生在世界任何一个地方就职都能以其实力赢得肯定和信任；当北大学者以其杰出的学术成就赢得国内外同行发自内心的尊敬；当我们在过去与未来解决了国家急需的重大问题，并起到创新人类文明、引领社会发展的作用；当提到"北大"两个字时，无论师生、校友，还是同行、朋友，世界各地熟知或不熟知的人都能由衷地肃然起敬，那时的北大，应该就是当之无愧的世界一流大学，我们的祖国也将因此而更加强大。

2010 年 4 月 27 日初稿于北大老化学楼

2013 年 4 月 16 日定稿于倚林佳园

选　　择*

同学们正处在人生成长的关键阶段，你们都渴望未来成为最优秀的人才。人生的道路虽然漫长，但关键处往往只有几步。现在就到了最关键的时候。什么是人才？最优秀的标准是什么？你该如何选择一条最适合自己发展的未来之路？你想成为什么样的人？对于这些重大问题，必须结合我们所处的时代和你们即将迎来的时代才能给出清晰的答案。

那么，我们正处于一个怎样的时代？你们又将迎来一个怎样的时代？对这个问题可能有一千个答案，但比较形成共识的，集中在以下四个方面。首先，这是一个快速变化的时代。没有什么一成不变的东西，整个世界都呈现出加速度变化的特征；其次，和传统社会相比，现代社会的不确定性大大增强了。自然灾害的发生，金融危机的爆发，我们无法准确地预知明天又会发生什么。再次，这是一个全球化的时代。整个世界已经被融合到一个地球村里，世界变平了。最后一个，也许是最重要的一个方面是，中国经济增长所引发的全球力量结构的变化，以及由此带来的我们本土自主创新的挑战。再过二十年，我们现在拥有的所有劳动力价格优势将全部丧失，那时候，决定中国经济增长的动力将只取决于我们的自主创新能力。这样的时代，对人才提出了哪些要求？对这个问题，仍然可能有一千个答案，但比较形成共识的，同样集中在以下四个方面。首先，你必须具备良好的教育背景。教育程度越高，你在未来竞争中的优势就越大。其次，你必须具备全球视野。在全球化时代，一个没有世界眼

* 本文删节版发表于《中国青年报》2012年9月3日第12版，题目为《大学里应该培养的八种素质》。

光的人将会被迅速淘汰;再次,你必须具备能够对所有新资讯进行透彻理解和快速处理的能力。面对瞬息万变的外部世界,你必须要形成准确判断并提出解决方案,以应对无法预料的情况;最后,你必须具备想象力和创新精神,能够前瞻性地预见未来的变化,并预先做好相应准备。

上述四点,实际上是后工业时代判断人才的标准,并相应地对各类人才进行了区分。我们必须清醒地认识到,整个社会的人才形成了一个类似金字塔型的结构。在金字塔的底端,是数以亿计的高素质劳动者;在中端,是数以千万计的专门人才;在高端,是数以百万计的工程师和管理人员;在顶端,是数以十万计的拔尖创新人才;在这个金字塔的顶尖部分,是各行业的领导者。对应上述四点要求,你的能力越高,你在人才金字塔中的位置就会越高。

针对这四点要求,不同的教育机构承担了不同的人才培养使命。尽管每一所学校都想培养最顶尖的人才(这代表了它的教育质量),但并不是每一所学校都要培养最顶尖的人才,也不是每一所学校都能培养最顶尖的人才。它只能根据自己的历史传统、办学时间、办学特点、办学实力来有针对性地培养不同的人才。

那么,对于那些未来希望成为领袖人才的同学来说,你应当做出怎样的选择?

实现这个目标的关键一步,是要选择一个最好的综合性大学。这是方向。俗话说,男怕入错行,女怕嫁错郎。如果方向选错了,你即使做出再多的努力,也不可能实现自己的目标,还可能越努力距离目标越远。

为什么选择综合性大学?是因为它具有其他大学不可比拟的综合优势。首先,综合性大学具有多学科的广度。大学的学科越齐全,学生的视野就会越宽广,就越容易从其他学科汲取营养,发散性思维的力量就越强;其次,综合性大学更容易实现学科间的交叉与融合。现代社会已经发展成为高度复杂的体系,形成于20世纪的学科间的界限已经变得越来越模糊,创新点往往来自学科间的交叉与融合。综合性大学为此提供了得天独厚的条件;再次,文理并重使综合性大学具备了强大的基础研究实力,而基础研究是决定一个国家和社会核心竞争力的发动机;最后,综合性大学提供了多样化的培养目标与模式。

正是因为认识到了上述优势，从20世纪80年代开始，一些传统工科大学纷纷转向综合性大学的建设。应当说，这些建设是富有成效的。但一个不容回避的问题是，大学的建设不可能一蹴而就，往往要经历非常漫长而痛苦的过程。大学是具有高度稳定性的教育机构。一所大学在上百年时间里形成的传统不可能在短期内发生大的变化。这种看不见摸不着的精神传统，不可能通过短期内建立一些学科，引进几个人文教师，开设几门人文课程就可以实现。它是一个慢慢形成的场域，要靠几代人一点一点的心血和智慧凝结而成。一旦大学要进行某种根本性的变化，必然会打破原有体系的稳定，破坏原有的结构，反而会丧失原有的优势。正是这一点使得大学间的模仿和复制变得异常艰难、复杂和漫长。哈佛和耶鲁花了几百年的时间才达到牛津和剑桥的水平，成立于1892年的斯坦福大学和芝加哥大学在半个多世纪之后才获得了世界级一流大学的赞誉。因此，综合性大学的建设并不像人们想象得那样简单，必须具备一定的条件。一是有不等于是。一所大学也许可以建立几个原先没有的学科名称，但是，这不等于学科因此就齐全了。学科的建立同样需要漫长的时间。二是学科齐全不等于学科间的交叉融合。它需要学科发展到相当高的程度才能实现。三是文理必须并重，某一方太弱都不可能成为综合性大学。四是有些学校提出建设小而精的文科。在学科建设的问题上，实际上小很难做到精，它无法具备学科建设应有的广度与深度。

一旦你选择了最好的综合性大学，并且能够实现自己的目标顺利地进入大学学习，接下来你需要考虑的是，在综合性大学里你应当培养起哪些素质？

第一，最重要的一点是，你应当培养起独立思考和批判性思维的能力。这是一个问题的两面。没有独立思考，就谈不上批判性思维的培养；反过来，有了批判性思维，能够进一步强化思考的独立性。独立思考和批判性思维之所以重要，关键在于我们每一个人都是一个独立的个体，具有独立的人格和思想，这是一个人安身立命的本钱，是此后从事一切工作和事业的基础。追求独立是一个人的本能。你看，出生不久的孩子一旦学会走路，总是喜欢挣脱大人的怀抱自己去走；进入青春期，就会有叛逆心理；工作以后，就要追求经济上的独立。动物也是这样。小鸟的翅膀长硬了，就要自己去飞；小老虎长大了，就要自己去觅食。独立是一个生物体在这个世界上存在的标志。你之所以是你而不是其他什么人,就在于你的独立性。人之所以不愿意做奴隶而要去成为自由人,佃户终日劳苦也要拥有自己的土地,也就在于独立性。一个人是这样,一个企业、一个单位,大到一个国家、一个民族,同样也是这样。依附没有出路,自由才有希望。从这个意义上说,独立性是一个最低要求;同时,它也是一个最高要求。因为它很难做到。它总要受到来自方方面面的压力,总是迫使你很难保持独立性。但对于想成为领袖人才的人来说,独立性又是必需的。一个人云亦云的人,他本身只能做一个追随者,又怎么能带领其他人朝着一个目标奋斗呢?我们经常听到这样的说法,听话出活,也有很多人以此为荣,以为是一个大优点。我必须明确地说,这个观点是有问题的,不符合这个时代对人才的要求。它的问题就在于它以牺牲人的独立性为代价。也许在短时间内你可以获得某些看得见的利益,但时间长了,你将慢慢变成一个听话的机器,只能跟在别人的后面,别人怎么说,你就怎么做。听话出活也许没什么错,但关键在于,听谁的话,出什么活。用耶鲁大学校长理查德·莱温的话说,这种理念和教育方式也许对培养工程师和中级政府官员非常有效,但是可能并不适合培养具有领导才能和创新精神的精英。

第二,你应当培养起宽广的视野。这是领袖人才必须具备的优秀素质之一。见多才能识广,居高才能临下。张艺谋是艺术界公认的领袖之一。当被问及为什么北京奥运会开幕式会取得如此巨大的成功时,张艺谋的团队评价说,这是因为张艺谋见过了最好的东西,所以他知道什么叫最好。这个评价非常深刻。只有具备广阔的视野,当你在面临无法预料的局面时,你才能迅速辨清方向,知道从哪里入手去解决问题,才能想出解决问题的办法。培养宽广的视野包含着以下几层含义。首先,它意味着你必须见过足够多的东西。你既知道好东西是什么,也知道不好的东西是什么。大千世界,无奇不有,你什么都见过,也就见怪不怪了。其次,你必须见过足够好的东西。只是见得多还不行,你还必须见过真正的好东西。就好比鉴宝,你得见过真正的宋瓷,才分得出真假,才敢一锤子把看上去很真的东西砸碎。最后,在一个全球化的时代,你还必须能够在不同的文化背景下去解读和处理各种复杂的问题。技术的问题都比较好办，真正难以解决的是文化、思想和宗教问题，这些才是真正具有挑战性的问题，需要你具备综合开阔的视野。

第三，你应当奠定扎实的基础。“十年树木，百年树人”。人才的培养和植树造林有某种程度的共通性。土壤越肥沃，树木才可能生长得越快越好，越能成材。教育也是一样，基础越扎实，人才培养的速度和质量才会越高，越能成才。现在很多同学学习书法，为什么一定要从楷书学起，而且一定要从“颜、柳、欧、赵”等前辈大家学起，就是因为，楷书是一切书体的基础，只有把楷书的基础打好了，日后才能触类旁通，进行新的艺术创造，甚至形成自己的体。反过来，如果没有打好楷书的基础，就先去学什么行书、草书、隶书、篆书，可能刚开始还能学得像，但是到一定阶段以后就会遇到瓶颈，很难取得什么成就。扎实的基础同样也包含以下几层含义。首先，它意味着你必须花的时间足够多，学得足够深，足够难。别人学一年的东西，你可能需要学两年；别人学D类数学就可以了，你可能一开始就要学A类数学；其次，它意味着你必须阅读大量的文献，甚至是原典文献，真正的基础实际上来源于此；最后，它意味着你必须经受过系统的训练，训练是否系统的结果大不一样。系统的训练会有效培养你的洞察力、敏感性和缜密的思维，使你看上去有一种厚重的感觉。

第四，你应当学会选择的能力。中国正在经历着人类历史上最深刻的变革。在从传统社会向现代社会的双重转型过程中，人们的思维方式、行为方式、生活方式都发生了根本性的变化。其中最重要的一点也许是选择机会的空间增加。传统社会是一元的，现代社会是多元的；传统社会是被动服从，现代社会是主动选择；传统社会是从一而终，现代社会是分化裂变。因此，生活在现代社会的人必须具备两种素质：一种是你要学会处理复杂问题的多项本领。你要拥有一个百宝箱，遇到哪一类问题，就能提出解决问题的哪一类办法；另一种是你要学会在众多的机会中选择一个最适合你的机会。为什么要学会选择？因为资源是有限的，你的时间、精力、金钱等都很有限。就像人不能同时踏进两条河流一样，当你选择了一个机会的时候，往往意味着你不可能同时选择另一个机会。所以萨特说，选择要付出代价。这个代价，经济学称之为机会成本，也就是当你做一件事而不得不放弃做另一件事时所放弃的收益。

人们需要做的，就是在众多的机会中选择一个能使自己收益最大化的机会。这两种素质，只有在综合性大学中才能培养出来。

第五，你应当掌握思维的方法。同学们现在都非常关心分数。我非常理解。因为考不到一定的分数就上不了北大。每天我都会接到来自全国各地的中学生的来信。他们向我讲述他们的理想、抱负和现实的差距。但同学们将来进了大学就会了解到，实际上，能力远比知识重要，知识远比分数重要。分数可能是这个世界上最没有价值的东西。这不单单是我的发现。《耶鲁1828年报告》是一份对美国本科教育产生深远影响的报告，至今仍然在发挥着重要作用。在这份划时代的报告中区别了两个非常深刻的概念：思想的“方法”(discipline)和“内容”(furniture)。掌握一门专业的知识，就是获得“内容”。在这万变的世界中没有永久的价值。想要成为商界、医学界、法律、政治和学术领域的领袖，学生们需要的是“方法”，就是能够适应瞬息万变的形势，面对新的挑战和创造性解决问题的能力。所谓授人以鱼，不若授人以渔，你必须在大学里掌握“捕鱼”的方法。

第六，你应当具备想象力和创新精神。我曾经看过美国宾夕法尼亚大学招收学生的标准，看了以后深有同感。因为我们也是这么做的。在这些标准中，最重要的一条是看学生有没有好奇心。宾夕法尼亚大学的教授相信，只有有了好奇心，你才可能为你即将从事的事业倾注全部的心力。人类文明史上的所有伟大创造，都是来源于想象力和创新精神。这是一个国家和民族前进的根本动力。美国为什么是全世界最强大的国家？因为它始终保持着旺盛的创新能力。日本为什么衰退了？因为它已经丧失了这种创造精神和能力。中国怎么办？再过二十年，当中国逐步进入老龄化社会以后，现有的劳动力竞争的比较优势将全部丧失，那时候，决定国家和个人地位的，就只能是想象力和创新精神了。

第七，你应当学会沟通和交流。一方面，今天我们已经进入到一个高度复杂的现代社会，专业化分工的程度越来越高，任何人都不可能单独完成某项工作，必须依靠团体的协作。正因为如此，大公司、政府机关，甚至是学术科研机构，也越来越强调沟通与交流的能力，这在今天看来比任何时候都显得更加重要。你必须学会宽容,学会表达,学会交流,能够使用清晰的语言简洁明了地阐明你的观点,并让他人能够了解、理解甚至是接受你的思想和意见。另一方面,随着现代社会的竞争压力越来越大,人们的心理问题也越来越多,一个能够与他人沟通和交流的人能够有效缓解精神压力,从而生活得更有质量,也更有品位。

第八,你应当培养起远大的理想。很多人说,现在已经是一个没有理想的时代,都在忙着数钱了。问题在于,最穷的人可能就是这些人,穷到只能去数钱的地步。我们必须清醒地认识到,今天的中国社会的确呈现出的一些病态特征,三十年来,我们拼命地向前奔跑,但从来没有停下来想一想我们为什么这么跑,最终的目标是什么。我想,这不是中国将一直持续的特征。也许当你们成长起来的时候,我们的社会将会回归到正常的状态。只有有理想的人才能带领大家一起跑,成为领导者;没有理想的人只能跟在别人后面,做一个追随者。

人才的培养是非常困难的事,对于领袖人才来说尤其如此。应当说,上述八项素质只是基本的条件,要想成为领袖人才,还必须经过生活的艰难历练。但关键的问题还是选择,尤其是对大学的选择。有一个充满智慧的老婆婆,据说能回答世界上的任何问题。一个小男孩手里抓了一只鸽子,去问老婆婆:鸽子是活的,还是死的。小男孩很聪明,如果老婆婆说是死的,他的手一松,鸽子就飞了;如果老婆婆说是活的,他的手一紧,就会捏死鸽子。你猜老婆婆怎么回答?她说,孩子,答案就在你手中。

2010 年 8 月 15 日初稿于北大老化学楼

2011 年 12 月 22 日定稿于北大老化学楼

当前基础教育的隐忧*

在多年从事高校招生工作的过程中，我接触和结识了一些基础教育领域的朋友。他们告诉了我很多故事。开始我不相信他们说的是真的。后来听得多了，我渐渐意识到，当前基础教育领域的确存在很多令人忧虑的现象，有些正在动摇高等教育的根基，对于国家和民族的未来可能带来相当大的损害。问题出在哪里？解决问题的关键是什么？这些都是令我们深思的重大问题。

故事一：有一年，某省的一位理科"高考状元"希望和我见一面。我问他："你来过北大吗？"他不说话。我问他："你来过北京吗？"他还是不说话。这样的交流是无法进行下去的。我只好问他："你喜欢什么？"这应当是最好回答的——他依旧不吭声。无奈之下，我只好问他："你将来希望读什么专业呀？"他终于回答了，但答案让我大吃一惊。他很小声地说："你问我的老师吧。"听到这句话后，我断然拒绝了他上北大的愿望，尽管他是所谓的"高考状元"——这样的学生北大是没有办法培养的。

故事二：某省的一所中学，因为师资和生源都无法和其他更好的中学竞争，无奈之下，校长想出了一招，结果收到奇效。他的办法是，不允许学生去做很难的题目，而只针对高考必考的80%的内容进行反复训练。合格的标准是什么呢？学生拿到题目仅仅只是会做甚至做对是不够的，你

---

* 本文删节版发表于《中国青年报》2013年2月1日第3版，题目为《中学教育正被异化为高考强化培训班》。

必须不假思索地说出正确答案。这种训练小白鼠的方法保证了这所中学极高的一本上线率,尽管考上北大清华的并不多。中学校长坦言:“这就是我的目标。”

故事三:某省的中考结束后,一学生考了“中考状元”。该省最好的一所中学动员该生来校就读。这个学生年龄比较小,还不到13岁,用奶声奶气的声音对中学校长说:“我很想去你们学校。可是我家离你们学校太远了。你能不能给我在学校附近租套房子,让我爸爸妈妈陪我?如果可以的话,我就去你们学校。”中学校长听了这句话后,半晌说不出话来,但最后还是屈服了。

故事四:某省一所著名的“超级中学”,每年考上北大、清华的学生多达几十个。学校规定:冬天女生不能洗头发。理由是,冬天洗头发干得慢,容易感冒,会影响学习;除了苹果和梨之外,学生不允许吃任何水果。理由是,其他水果容易变质,吃坏肚子,会影响学习。该校的学生从来不洗袜子和内裤,都是积攒到一个塑料袋里,周末让家长拿回家洗。无论男女生都是一样。

由于篇幅所限,我的故事只能讲到这里。不然的话,这些故事的清单可以拉得很长很长。这些故事虽然不能说明基础教育的全部,但窥一管而见全豹,却也可以反映出现实中的某些客观情况。在我看来,这些故事至少告诉我们当前基础教育领域存在着若干隐忧,在某些著名中学情况可能更为严重。

首先,我们正在以培训替代教育。教育的功能正在弱化,甚至丧失。学生正在被当成实验室中的小白鼠一样被训练成条件反射型的考试机器。社会、学校和家长正在被裹挟进应试教育的泥潭而无法自拔。尽管每个人都知道这违背了教育规律,尽管每个人都不愿意看到孩子受这么多无意义的苦,但个体的理性无力对抗集体的非理性。我不懂教育,无法从理论上阐明培训和教育的区别,但自身受教育的过程告诉我,教育和培训其实是不一样的。培训是用已知的知识去训练,目的是通过千百次的重复使被培训者掌握某种已知技能;教育虽然也是通过已知的知识去训练,但其目的却是使受教育者获得探索未知世界的能力。培训面对的是千人一面的机器,它会抹杀掉所有的个性;教育面对的却是一个个活生生的个体,所谓“因材施教”是也。培训使你听不懂任何句子也能得出听力考试的正确答案,甚至也可能掌握一门语言,但你永远也理解不了那个国家的文化;教育却可以使你超越语言的鸿沟而深谙文化的精髓。培训是“知其然”,教育能使你“知其所以然”,最形象的例子莫过于通过驾校学车。驾校的培训能让你轻松通过考试,但你拿到驾照后还是不敢上路行车,教育却能使你获得在复杂路况下依然能够安全行车的能力。培训和教育最大的区别也许是,教育会培养你形成正确的价值观,培训永远也不可能做到这一点——它的目的性太强了。

其次,我们的培训正在使学生日益丧失理想和抱负,慢慢地变成斤斤计较的小市侩。他们不再野心勃勃,“敢教日月换新天”,也不再有旺盛顽强的挑战欲望,藐视权威。他们没有远大的理想和抱负,只满足于学习那些看得见摸得着的热门专业,希望毕业后赶紧挣钱,挣大钱。他们不知道自己喜欢什么,甚至不知道自己不喜欢什么。在近几年的自主选拔录取面试中,我们见到越来越多的学生要去光华管理学院,要去学经济。至于经济学和管理学是什么?为什么要学这些专业?却茫然不明所以。充其量能答一句:“大家都觉得好呗!”那些能够明确说出自己的兴趣和爱好的学生越来越少,不禁令人扼腕痛惜。更加令人忧虑的是,小小年纪,他们已经懂得了分数的价值,为了一分的高低而展开激烈的竞争,甚至不择手段。他们也懂得了用分数去讨价还价,通过精巧的计算换取自己需要的东西,甚至随时根据出价的多少任意变换自己的承诺。古人“千金一诺”在现实利益面前一文不值。许多中学校长告诉我,他们辛辛苦苦花费了三年的道德诚信教育,在高考填报志愿的七天时间里被击得粉碎。学生前一分钟说的话后一分钟马上就可以不算数,速度之快令人咂舌。“精致的利己主义者”其实在中学就已经出现了。

再次,我们的培训正在日益扼杀学生的创造欲望和创新精神。日复一日的反复训练,千篇一律的八股样板,琐碎无聊的应试技巧,已经像磨盘一样一点一滴地磨去学生的好奇心、想象力和创造性。学生除了课本上的知识点外,不知有汉,无论魏晋——课本之外的高考不考,当然不值得花费时间和精力。

更加令人忧虑的是，学生对于老师讲的东西深信不疑，在课本和老师之外给出答案即是错误，结果只能是学生极为可贵的怀疑精神日益丧失，更谈不上大学极为重视的批判性思维的训练与养成。大学接受的是没有独立思维的应声虫，想把他们培养成具有创新精神的拔尖创新人才可谓是“难于上青天”！

最后，目前大一统的高考制度正在人为地割裂中学和大学的有机联系。教育是一个连续的过程。尽管有小学、中学、大学的分野，这只不过是根据学生的不同年龄而划分的不同阶段而已，它们之间应当像接力赛一样实现无缝连接。也就是说，每一阶段都应当成为下一阶段的基础，在每一阶段的后期都应当留有足够的时间和空间和下一阶段的前期相联系，并且学生适应这种变化的过程越短越好。遗憾的是，目前的高考制度完全割裂了中学教育和大学教育的连续性。在应试教育的指挥下（我觉得，应试教育的提法可能不够准确，事实上，它和教育没有什么关系，充其量只能称作应试培训），中学的教育过程被高考过滤了。中学教育正在被异化为高考强化培训班——特别是在高三最后一年，其目的只剩下了一个：考上最好的大学。凡是有利于实现这个目标的，都要不遗余力地做到；凡是和实现这个目标没有关系或关系不大的，可以统统舍弃。中学并不关心大学对人才的需求，大学需要的人才在中学也越来越难以找到。两个原本应当建立最亲密关系的人却变成了“最熟悉的陌生人”。这既违背了基本的教育规律，也极大地损害了每一阶段人才培养的质量。难怪一些有理想的中学校长在悲叹：“大学需要的是素质教育，中学生存需要的是应试教育，作为中学校长，我们只能脚踩两只船，还不能让船翻了。何其难也！”

如果上述分析是真的，那么，问题究竟出在哪里？是我们的基础教育喜欢这样做吗？他们难道不知道这样做的危害吗？非也！君不见，面对社会的质疑和呼声，基础教育工作者凭着对教育事业的忠诚和激情，在素质教育方面进行了大量卓有成效的创新，减负、减压、快乐教育、课程改革等，几乎每天都在改革，但收效似乎总是不大，甚至非常脆弱。制度经济学的基本原理告诉我们，人的行为受外在环境制度的约束。制度激励方向变化了，人的行为随之发生变化。这和道德没有任何关系。现在看起来，问题的关键可能还是在招生考试录取制度的改革上。只要目前完全依赖高考分数录取的制度不发生变化,上述分析的弊端和隐忧必然愈演愈烈。无论基础教育领域出台多少好的政策措施,都无法撼动“应试教育”的根本,最终都会导致基础教育改革动力不足,使改革无疾而终,甚至会越改越乱。比如,教育部严令中小学不允许补课,于是,课内是减负了,但家长马上寻求课外的培训。所以就会出现中国基础教育的独特现象:学生在学校上学的时候很轻松,但放了学和周末就苦不堪言。因为面对这样一种完全依赖分数录取的制度,没有人敢不去培训,让自己的孩子在快乐中输在起跑线上,使自己成为一个“失败”的家长。换言之,只要目前完全依赖高考分数录取的制度发生某种程度的变化,高校录取除了依据分数(但不是唯一因素)外,还要考察学生的兴趣、爱好、特长、好奇心等其他综合性因素,那么,中学教育的方向和内容自然会随着指挥棒的变化而变化。社会和家长所乐于看到的基础教育的改革很快就会成为现实。这会比任何口号、号召、文件都有效果。

2012 年 8 月 13 日初稿于倚林佳园

2013 年 1 月 23 日定稿于北大老化学楼

我为什么不主张“直通车”*

近年来,特别是在《国家中长期教育改革和发展规划纲要(2010—2020)》颁布以后,中国基础教育界掀起了新一轮教育改革的热潮。在培养拔尖创新人才的目标指引下,有不少全国知名的中学校长和我联系,希望和北大合作,共同建立针对“天才儿童”早期培养的“直通车”班。建议的合作内容大体上相类似:中学从初中甚至小学选定一批优秀的学苗,不经过中考和高考,跳过高三,经选拔测试后直接升入北大。支持“直通车”班的观点认为,一方面,对于拔尖创新人才,早发现比晚发现好,早培养比晚培养好。世界各国——特别是西方发达国家——早已建立了完善的“天才儿童”早期培养体制,美国甚至出台了专门的《天才儿童教育法》予以保障,远远走在了中国前面。教育事关国家和民族未来的竞争力,我们应当奋起直追,绝不能自甘落后。另一方面,在目前大一统的高考录取体制下,绝大多数中学在高二已经结束全部课程,高三一年完全被用于针对高考进行的重复性训练,学生的宝贵时间被白白浪费,他们的创造力和想象力被精益求精的条件反射式训练所扼杀,不利于少数“天才儿童”的培养和成长。为什么不把节省下来的时间用于培养孩子的兴趣呢?此外,从教育规律来看,教育是连续的过程,中学和大学只是分别处于不同的教育阶段而已,不应当被高考人为地割裂。中学教育和大学教育应当在跑动中实现无缝衔接,“直通车”班恰恰能够实现上述目标。

---

* 本文删节版发表于《中国新闻周刊》2013 年 11 月 4 日第 40 期(总第 634 期),题目为《天才是个“小概率”事件》。《中国教育报》2013 年 11 月 22 日第 2 版同题转载。

必须承认,这些观点具有相当大的合理性。提出这些建议的中学校长做了一辈子教育工作,许多人堪称一流的教育家,对于当前基础教育存在的问题心知肚明,忧心如焚,他们对于拔尖创新人才培养的热情和使命感尤其值得赞赏和肯定。特别是,对于大学和中学一起积极探索拔尖创新人才的发现培养之路的主张,我举双手赞成。然而,在具体操作层面,是否一定要采取“直通车”班体制,我却始终心存疑虑。

疑虑来自于我的直觉。认真研究中学校长提出的各类合作方案,我总有一种似曾相识之感。无论这些方案基于何种改革理念,也无论“直通车”班以什么样的面目出现,看上去特别像前些年流行过很长时间的“实验班”和“少年班”。众所周知,30多年前,中国科学技术大学最早创建了“少年班”,其目的是为了探索中国优秀人才培养的规律,培养在科学技术等领域出类拔萃的杰出人才,推动中国教育和经济建设事业的发展。1985年1月,教育部决定在北大、清华、复旦、上海交大等12所重点高校开办“少年班”,扩大“少年班”的试点。然而,自20世纪90年代以来,各高校“少年班”纷纷停办。截至目前,只有中国科大和西安交大两所高校仍在坚持。30多年来,关于“少年班”究竟是“天才之路”还是“揠苗助长”的争议始终不绝于耳,毁誉参半。中国科大的“少年班”既涌现出了庄小威等世界级顶尖学者,也出现了因生活不能自理而休学的失败者。如何评价“少年班”的培养模式,现在就盖棺定论似乎为时尚早。但多数“少年班”停办的事实似乎也在提醒人们:这未必是一条可以推广的拔尖创新人才培养之路。

教育自有其规律性。每一个教育阶段都有相对应的教育方法和教育内容。卢梭曾经说过,“如果我们打乱孩子成长的自然次序,我们就会造成一些早熟的果实,它们长得既不丰满也不甜美,而且很快就会腐烂。如果用我们的看法、想法和感情去代替他们的看法、想法和感情,那简直是最愚蠢的事情。”在我看来,教育的本质并非是要教给学生一些“知识”——知识总是处于不断发展变化的过程之中——而是通过传授“知识”,使学生们掌握思考问题的“方法”,从而获得解决处理问题的“能力”,使自己逐步走向“本真的我”,不断提高生活的品位和格调。尤其是,在互联网时代,老师很可能已经不再是知识的权威。学生有可能比老师获得的资讯更为广泛和迅速——因为学生的数量、时间和精力都要比老师旺盛得多。在教育过程中,老师更类似于一个学习的组织者和引导者,而不再单单是一个知识的传授者。所以我经常对学生说,在北大,知识比分数重要,能力比知识更重要。具体的知识好办,真正具有洞察力的问题难求。我所希望的,无非是使学生们能够跳出急功近利的分数框框,培养挑战权威的勇气,刨根问底的问题意识。这些东西可能远比分数和知识重要得多。

过早地挑选出一些孩子,不断教给他们超前的知识,其实不过满足了学生、家长和老师的虚荣心,把孩子当成了炫耀的工具。当别的孩子什么都不会的时候,你看我的孩子会背多少首唐诗、宋词;会记得多少英文单词;会弹奏多少种乐器;会跳多么美的舞蹈;会做多少复杂的数学题,等等。会的人志得意满,不会的人黯然神伤,难免回家之后加紧训练。其实,学习掌握这些知识并不困难,只要花费必要的时间和精力进行训练,很快就会收到效果。但这些真是孩子们自己需要的吗?

提出对某些孩子进行早期培养,面临的首要问题是如何甄别和选拔?你凭什么能够确定,那些早期表现出超常智力的孩子,未来就一定会取得巨大的成就呢?更何况,你又如何判定一个孩子是不是属于智力超常呢?单纯的智商测验并不一定科学。在科学史上,有许多伟大的科学家在小时候甚至被认为是白痴。真正的杰出人才其实很难在早期被观测到。退一万步说,即使一个孩子在小时候表现出超常的智力,如果不能加以正确引导和培养的话,将来很可能会泯然众人矣。对此,我们的祖先早就发出了《伤仲永》的悲叹。历史和现实中无数成功者的例证告诉我们,一个人的成长成才,智力只是其中的一个因素——甚至不是重要的因素——而更多地取决于后天的努力、机遇和情商。

其次,人的发展并非一成不变,甚至也不是一条不断上扬的曲线或直线,而是充满了曲折、反复和变数。早期智力超常的孩子,后来很可能会逐步变得平常;反过来,早期并不突出甚至显得愚钝的孩子,日后也可能变得出类拔萃。“大器晚成”阐明的正是这样一种深刻认识。因此,过早地对某些孩子进行特殊培养,很可能会牺牲掉对于人才培养而言极为宝贵的多样性。对这些孩子而言,也未必是一件幸事。

再次,教育除了要追求效率之外,还必须兼顾公平,特别是在义务教育阶段,实现教育公平,保障社会稳定的责任更为重大。“直通车”班的要害在于,那些能够进入“直通车”班的孩子可以不经过高考的严格考核而直接升入北大,这就使他们在享受优质教育资源方面具有了优先权。在中国现实国情下,这样一种制度难免不会成为某些权贵竞相寻租的“捷径”,中学校长将会面临巨大的诱惑和压力。即使中学校长能够坚守道德底线,但由于早期人才选拔必然带有的主观性和不确定性,将很难取得社会公众的信服和理解。特别是,当前中国社会对于公平问题极为敏感和脆弱,贸然实施“直通车”班将可能引发非常大的社会矛盾和信任危机。

前一段时间,微信里有一篇文章流传甚广。这篇文章提出了一个令人深思的问题:为什么一个仅仅拥有 8500 万人口的国家,却贡献了超过 60% 的诺贝尔奖获得者?作者得出结论说,这是因为德国宪法禁止对孩子进行早期智力开发。孩子的大脑犹如一个存储器,如果过早地塞满了各种各样的知识,会挤占宝贵的空间,限制孩子的创造力。禁止开展“天才儿童教育”和“贡献了最多的诺贝尔奖获得者”二者之间是否一定形成因果关系,虽然不能因此而轻易就得出结论,但它们的确都是无法否认的事实,而且同时为真。

我始终认为,学校不是工厂,教育不是生产工业品——按照统一的模子进行浇铸和装配,大批量生产出同种类型的产品。教育更像是种树,学校更像是花园或者果园。有经验的果农都知道,施肥要根据树木生长的自然规律进行。过早和过量施肥,很可能会把树苗烧死。种好树的关键首先是要有好的土壤和气候,栽下那些未来可能成材的树苗,在生长过程中不断修剪歪歪斜斜的枝丫,那些经过了前期生长的树苗,如果在中期表现出更大的潜质的话,自然可以吸引果农更多的关注和培养,若干年后才可能出现参天大树。如果这个观点成立的话,那么,就教育而言,我们应当做的,就是给孩子提供一个宽松的环境和土壤以及更大的选择自由,让优秀的孩子自然地涌现,而不是一开始就选定一些所谓的“好苗子”,然后进行重点培养,不断催肥。那样的话,既毁了选定的树苗，也断送了其他潜在的好苗子。

在教育问题上，我是一个保守的自然主义者。人的一生充满了变数和不确定性，一个人能够成长为杰出人才，更是可遇而不可求的小概率事件。大浪淘沙，最后留下的才是闪光的金子。对于人才培养而言，我不太相信有目标的预设。有意识地设计，有计划地培养，那是工业化生产的特点，不是在做教育。预先选定一批人，假定他们就是未来的杰出人才，为他们创造各种条件，人为地提供各种机遇，投入巨大的资源，从表面上看可能光鲜亮丽，但就像温室里的花朵，反而很难经得起狂风巨浪的考验，最终未必能够真正为人类社会做出多大的贡献。倒是那些先天条件并不优越，甚至历经挫折和磨难，却始终胸怀远大理想不懈坚持的人最后脱颖而出，成长为推动国家发展和社会进步的灵魂人物。历史上这样的经验教训不胜枚举，值得我们认真思考研究。

2013 年 9 月 26 日凌晨初稿于倚林佳园

2013 年 10 月 14 日凌晨定稿于倚林佳园

你不是一个失败的母亲*

前几天，我接待了一位学生家长。这个学生参加了北大的保送生考试，但没有获得通过。家长不甘心，还想给孩子争取一次机会。这是一位母亲。她带来了一个很大的双肩背书包，里面全是孩子在中学阶段获得的各种奖励、参加社会活动的材料，还有画作。每一份证书、每一摞材料、每一张画作都用塑料袋干干净净地包好。她一边给我看材料，一边讲述孩子的情况。

她说："我的孩子独立性特别强。因为我和她父亲的工作特别忙，孩子从很小的时候就自己处理所有的事情，养成了独立的性格和习惯。孩子参加了全国青少年科技创新大赛，获得了全国一等奖。她做的项目是有关生物学的，因为她不想做和父亲同一个领域的项目，以免别人说她是沾了爸爸的光。"她又说："我的孩子性格随我，特别热心，爱帮助人。她画画特别好，学校里各种活动的宣传海报都找她画，她从不拒绝。有一天半夜两点，我看她还趴在地上画海报，而第二天就有一次非常重要的考试。我劝她别干了。她说不行，她已经答应了的事情就一定要做到。她和同学发起了一个关爱资助农村留守儿童的公益项目，还争取到了联合国的资金支持。在申请项目的时候，要填很多很多张表格，全是英文的，都是她一个人做。那天，我记得特别清楚，又是半夜一点了，她还在填表格，一边填一边哭，说妈妈怎么还有啊，我明天还要考试啊。我告诉她，既然做了就坚持到底，妈妈陪你一起填（但我不能代她填，因为不

---

* 本文删节版发表于《光明日报》2013 年 2 月 6 日，第 14 版（高等教育版），《读者》2013 年第 8 期，《杂文选刊》（下旬刊）2013 年第 6 期转载。

知道她们具体的情况)。等到最后填完所有表格的时候,已经是凌晨四点了。后来她争取到了这个项目。”她接着说:“孩子的理想是将来去联合国做人道主义援助工作。我和她爸爸都是留学回国人员,我们想把孩子送出国读书。但孩子自己不愿意,她最想上北大,那是她从小的一个梦想。她其实一直在准备出国,都是她一个人准备材料,申请了很多美国名校。但她不甘心,看到北京大学招保送生的消息,一定要参加。”我问她估计孩子最终能申请到哪所学校。她说哈佛、耶鲁说不好,但康奈尔和莱斯肯定没问题。又说:“孩子今年五月份还要到美国参加英特尔国际科学与工程大赛,高考肯定参加不了了。”她问我:“孩子还有可能进入北京大学吗?”我问她,为什么不争取“中学校长实名推荐制”,这正是我们想要的孩子啊,她一定会在我们的综合评价系统中脱颖而出的。她说:“北京大学的要求是学习成绩要到年级的前5%,孩子参加社会活动太多了,耽误了学习,成绩达不到这个标准。”我说,我们的规定很清楚,天赋异禀的学生可以不受这个限制啊。她说,孩子不想给校长添麻烦,既然有保送生考试,她参加这个考试就可以了。我告诉她,我很想帮助她,但是按照目前中国的招生录取制度,学生必须参加高考,否则高校没有录取途径。很抱歉。

听了我的回答,她半晌没有说话,慢慢地把所有的材料一张一张地收进塑料袋。她收得很慢很慢,仿佛生怕折坏了女儿的东西。收好了材料,她抬起头,我看到她眼眶里满是泪水,只是强忍着不让它滴下来。她颤抖着声音说:“很多年前,女儿同学的妈妈就告诉过我,不能任由孩子去做那么多的社会活动,要把所有的时间都用在做题上,否则你一定会后悔的。中国和国外不一样,学习成绩是唯一的,其他做得再好也没有用。我和女儿谈过这个问题,她还是坚持要做她喜欢做的事。我尊重了孩子的意愿。我错了吗?”

我把她送出门,她忽然回过头来问我:“我是一个失败的母亲,对吧?”

我永远忘不了她的眼神,忘不了泪光中的那份凄楚——一个无法帮助自己女儿的母亲的痛苦。

第二天下午,我和一个朋友聊天,告诉了他这件事。他给我讲了另一个故事。他的一个朋友的孩子,从小不但学习成绩不好,体育成绩也不好。渐渐地,这个孩子变得很自卑,甚至有自闭的倾向。家长没有办法,只好把他送到英国去读中学——他有这个条件。在英国,这个孩子仍然表现出强烈的不适应。有一天,学校的体育老师找到孩子,对他说:“你的体育成绩是不好,但我发现,你之所以体育成绩不好,是因为你的腿不协调,但你的上肢非常灵活。你能不能规避你的弱项,发挥你的长项?既然你的腿不灵活,我们就给你找一个不用腿的体育项目好了。你去打马球怎么样?因为打马球用的是上肢,马的四条腿可以替代你的两条腿,而且更灵活。”从此,这个男孩迷上了打马球,球打得非常好,甚至在当地小有名气。更重要的是,打马球使他恢复了自信。男孩想,马球这么难的项目我都可以做得很好,其他的事情为什么就做不好呢?结果他的学习成绩也随着马球水平的进步而直线上升。后来,这个男孩被牛津大学录取了。

朋友告诉我,中国和国外教育最大的差别,在于中国人太看重考试成绩,把它看成了评价一个人是否优秀的唯一标准。国外大学也看重学习成绩,但他们更注重从每一个学生的不同特点出发,有针对性地帮助学生发挥自己的长处和潜能,实现自己的人生梦想。中国的教育过程由讲授、训练、考试组成,学生获得的是执行能力;国外的教育过程由启发、参与、体验组成,学生获得的是创造力。所以在世界一流大学的实验室里,中国学生最擅长的是把实验做好,但那些匪夷所思、异想天开的创意却往往是国外学生提出来的。真正的教育,不是告诉学生应该做些什么,而是帮助学生如何进行有创意的思考,让学生改变自己,也改变他人。

回到办公室后,我仔细调阅了刚才所说的那个女孩的申请材料。我发现她的材料和别人不一样。其他学生的申请表里堆砌了大量获得的各种奖励,参加的社会公益活动,但都只是些名称。这个女孩只填写了最重要的三个奖励,一个是全国青少年科技创新大赛一等奖,一个是英特尔国际科学与工程大赛中国赛区选手,一个是两项发明专利。她用大量的篇幅讲述了自己的理想,组织了哪些活动,自己的想法和目的,具体是如何实施的,她在其中起到了哪些作用,得到了哪些收获,等等,内容十分丰满充实。

当天晚上,我给女孩的母亲发了一条短信,告诉她,由于目前中国高校的招生录取制度的限制,北京大学无法录取您的女儿,但孩子非常优秀。这再一次促使我们认真思考,我们现行的考试招生录取评价机制是合理有效的吗?我们要进一步加快改革步伐,争取不让更多像她这样的优秀孩子失望。您绝不是一位失败的母亲,恰恰相反,您是一位伟大成功的母亲。因为您为世界和人类培养了一个富有理想、充满爱心、勇于迎接挑战和承担责任的优秀人才——她让我们生活的世界变得更加美丽。

2013 年 1 月 30 日初稿于北大老化学楼

2013 年 2 月 1 日定稿于倚林佳园

领导者与追随者的区别:创新*

谈到中国教育,人们总喜欢引用著名的“钱学森之问”:“为什么我们的学校总是培养不出杰出人才?”在钱学森先生看来,现在中国没有完全发展起来,一个重要原因是没有一所大学能够按照培养科学技术发明创造人才的模式去办学,没有自己独特的创新的东西,老是“冒”不出杰出人才。应当说,“钱学森之问”的确点中了当前中国教育千校一面、缺乏特色的要害,其中有许多值得我们认真思考和探索改进的问题。但在我看来,钱学森先生至少遗漏了两个伟大的人物。无论如何,这两个人应当够资格称得上是“杰出人才”——他们都是新中国成立后在中国大学接受教育并且做出了举世瞩目的成就,而且他们完全依靠自主创新的科技成果,不仅改变了中国,也改变了世界。他们堪称是20世纪后期中国乃至世界的伟人。

这两个人,一个是被誉为“杂交水稻之父”的中国工程院院士袁隆平先生;另一个是被誉为“当代毕昇”的两院院士、北京大学教授王选先生。

1994年,美国世界观察研究所所长莱斯特·布朗发表了长达141页的《谁来养活中国——来自一个小行星的醒世报告》,轰动了整个世界。布朗在这份报告中提出,中国正面临日益严重的水资源短缺,高速的工业化进程对农田进行了大规模的侵蚀、破坏。他发出了著名的“布朗警告”:随着人口的增长,中国到2030年将缺粮3.69亿吨,超过全球粮食贸易总量的近两倍,将引

---

* 本文删节版发表于《光明日报》2013年4月17日,第16版(高等教育版),题目为《领导者与追随者的区别:创新》。

发世界性粮食短缺危机。21 世纪如果中国人不能养活自己,那么他们将使世界陷入一场空前的饥荒。然而,将近二十年过去了,21 世纪也已经走过了最初的十多年,布朗的预言并没有成为现实。恰恰相反,从 1978 年至 2010 年,中国人口数量增加了 5 个亿,非但没有爆发粮食危机,反而创造了年均 10% 的高速经济增长,这不能不说是人类历史上的最大奇迹!正像温家宝总理向世界庄严宣告的那样,一个拥有 13 亿人口的大国依靠自己解决吃饭问题,这是对世界最大的贡献。

全世界把这个奇迹归功于袁隆平先生。是他,在世界上率先培育成功并广泛种植了杂交水稻。是他,在中国引发了一场水稻生产革命,使水稻产量在一个世纪中增加了一倍。杂交水稻由此从亚洲、非洲到美洲广泛传播,养活了数以千万计的人口。截至 2011 年,袁隆平先生独立自主研制的杂交水稻亩产已经突破 900 公斤,不仅解决了 13 亿中国人的吃饭问题,也为世界粮食安全做出了杰出贡献,增产的粮食每年为世界解决了 7000 万人的吃饭问题。7000 万,这个数字意味着什么呢?它是全世界每年新出生的人口数量的总和。

袁先生的伟大远不止此。西方人往往难以理解,这个看起来瘦小的仿佛农民一样的中国老人体内为什么蕴含了如此强大的力量和澎湃的激情?他们充满崇敬地写道,中国的杂交水稻是在脱离了西方这个所谓的农业科学源头的情况下,自己创造的一项成果,堪称中国的第五大发明。美国著名农业经济学家帕尔伯格说:“他把西方国家远远甩到了后面,成为世界上第一个成功地利用了水稻杂种优势的伟大科学家。袁隆平为中国争取到了宝贵的时间,这样也降低了人口增长率。随着农业科学的发展,饥饿的威胁正在退却,他必将引导中国和世界过上不再饥饿的美好生活。”

一个人的工作不仅改变了中国,也改变了世界。今天,全世界都在研究袁隆平先生的杂交水稻技术,都在追随他的脚步推广杂交水稻技术。他领导了现代生物和农业科技的进步,真正站在了世界之巅。如果没有袁隆平,中国人就还要为生存而苦苦奋斗,就不可能创造出举世瞩目的“中国奇迹”。为什么袁隆平先生会取得如此巨大的成就呢?对此,袁先生自己的回答是:“我这个人,水平不高,但我有一种认识,就是要不断地创新。科学研究的最基本的特色,就是要创新,要不断地创新,不断地向新的领域、新的高峰攀登,这才是科学研究的本色。"

和"杂交水稻之父"袁隆平先生同样改变中国和世界的,还有一位被誉为"当代毕昇"和"汉字激光照排之父"的王选院士。他发明了汉字激光照排技术,将数以万计的汉字信息压缩进电脑里,使中文印刷业告别了"铅与火"的时代,走进了"光与电"的世纪。今天,我们之所以能够在电脑、电视、手机上阅读、书写、打印汉字,我们之所以能够浏览中文网页,我们之所以能够在中文报纸上读到刚刚发生的世界各地的新闻,全都是因为有了王选和他的"汉字激光照排"。很难想象,如果没有王选,今天的中国人将怎样进入信息时代?正如我们很难想象,如果没有爱迪生,今天的世界会是怎样?2006 年,当王选先生因病辞世之后,有人说了这样一句广为流传的话:"只要你读过书,看过报,你就要感谢他,就像你每天用到电灯就要感谢爱迪生一样。"

王选先生最伟大的贡献,首先是他在信息时代挽救了汉字,从而绵延了中华文化。汉字是世界上最古老的文字之一,当两河流域的楔形文字、古埃及的圣书文字和玛雅文化的图形文字相继灭绝之后,只有汉字经过数千年的演变而依然通用于数十亿人口之中。这是人类文明史上的奇迹。但同时汉字也是世界上公认为最难掌握的文字之一。和拼音文字相比,汉字的基本笔画有八种,每种笔画又可分为多种变体,共计 36 种。由这 36 种笔画组成 600 多个基本构字部件,再由这些部件组成上万个的形态各异的汉字。一般人如果要学会基本的阅读和书写,至少要掌握 3000 个以上的单字。而这些单字彼此之间毫无联系,只能依靠死记硬背,对于初学者而言,困难极大。也许正是因为这个原因,自 20 世纪初的"五四"以来,关于汉字拼音化、拉丁化的声音就一直不绝于耳。包括鲁迅、毛泽东等伟人都曾产生过"汉字也许要走世界共同的拼音文字道路"的慨叹。20 世纪 80 年代,西方科学家曾经断言,如果不放弃方块文字,中国将无法进入信息时代。面对信息革命的浪潮,如果不能实现汉字的电子化,中国将可能再次因为技术的落后而被世界远远抛在后面。当个人电脑和互联网日渐普及之时,如果汉字不能进入电脑,已经绵延数千年的中国文化,将可能和历史上那些消逝的文化一样,被掩埋在历史的尘雾之中。

王选先生的第二个伟大贡献，是他怀揣“顶天立地”的豪情壮志，完全依靠中国人自己的智慧，发明了汉字激光照排技术。当国外同行讥笑中国人由于基础工业落后，不可能搞出二代机、三代机的时候，王选先生开创性地以“轮廓加参数”的数学描述方法，研究出一整套高倍率汉字信息压缩、还原、变倍技术，跳过二代机、三代机，直接研制成功第四代激光照排机。从 1975 年到 1993 年的 18 年里，王选先生把他的全部精力全部奉献给了汉字激光照排系统的研究。1979 年 7 月 27 日，精密汉字照排系统的第一台样机调试完毕。1980 年，支持这套系统的电脑软件，包括具有编辑、校对功能的软件也先后研制成功，并排印出了第一本样书《伍豪之剑》。1987 年 12 月 2 日，这是一个历史性的日子。就是在这一天，《经济日报》的排版工人甩开低效有毒的铅字作业，实现了计算机激光照排。这最后一张铅版退出历史舞台，也标志着中国的印刷业正式告别了“铅与火”，走进了“光与电”。1988 年，经济日报社印刷厂卖掉了全部铅字，成为世界上第一家彻底废除了中文铅字的印刷厂。1989 年年底，所有来华的研制和销售照排系统的外国公司全部退出中国内地市场。到 1993 年，99% 的中国报纸和 90% 以上的黑白书刊，世界上其他国家和地区 80% 以上的华文报刊的出版，都已采用了王选的汉字激光照排系统。2006 年 4 月，由王选先生手创的北大方正集团正式宣布，方正集团在自有软件国际化进程中取得重大突破，由方正自主研发的日文报业系统在日刊体育印刷社全面成功运行，实现 150 种报纸同时上线印刷。方正产品已经覆盖了亚太及欧美的 30 多个国家和地区。

王选先生的第三个重大贡献，是他把自主创新的技术成功转化成了商品，并且引领了中国 IT 产业的潮流。20 多年前，正当王选和他的团队全力以赴投入汉字激光照排技术的研制中时，英国、日本、美国的汉字照排系统相继打入中国市场。王选深刻地意识到，如果自己的技术不能尽快变为产品，就会马上变成废品。面对严酷的现实，他做出了一生中第五次重大抉择：与企业合作，走与西方企业集团决战市场的技工贸一体化道路。1985 年春，在王选的提议下，方正集团的前身——“北京大学科技开发公司”由北京大学出资创办，由此开启了中国高校产学研相结合，投资兴办校办产业的先河。1991 年，王选领导的北京大学计算机研究所与北京大学新技术公司联合推出了北大方正电子出版系统——“北大方正”。1992年12月12日，中国新一轮经济增长启动之际，北大方正集团公司在北京正式成立。今天，作为中国本土最具创新力和影响力的高科技企业之一，方正集团已经拥有6家在上海、深圳、香港及马来西亚交易所上市的公众公司和海内外的20多家独资、合资企业，成为一个横跨IT、金融、医疗医药领域，员工近3万人的国际化的企业集团。2011年，方正集团总收入高达587亿元，总资产691亿元，净资产311亿元。

一个人的工作不仅改变了中国，也改变了世界。今天，全世界都在使用王选先生的汉字信息压缩技术和汉字激光照排技术（包括日文），互联网上的中文搜索引擎也孕育了百度这样的企业和李彦宏这样的个人。他甚至改变了我们的生活方式——如果没有王选，我们就不会这么快地获得咨询和信息，也不会通过手机来上网。王选领导了一个时代的潮流。为什么王选先生会取得如此巨大的成就呢？对此，他自己的回答是：“顶天立地。”“顶天”就是寻求全球科技最前沿的制高点，在发现已有技术的不足和吸收前人成果基础上不断追求新的突破，以自主创新形成自主知识产权的核心技术。“立地”就是针对市场最迫切的需要，用新方法实现前人所未达到的目标，并迅速实现商品化和产业化而占领市场。

史蒂夫·乔布斯曾说过一句经典的话：“领导者和追随者最大的区别在于创新。”从袁隆平先生和王选先生的历程来看，诚哉斯言！

2012年8月20日凌晨初稿于倚林佳园

2013年3月28日夜定稿于德国列沃库森小镇

教育不只是学校的事*

今年春节,带女儿去香港看望朋友。朋友的小女儿小雅有一个玩具,女儿很喜欢,临走的时候,朋友就让小雅把它送给了女儿——她经常教育孩子要学会分享,所以我们没有拒绝她的好意。

第二天,两家人在一起逛街。朋友告诉我,昨晚我们走了以后,小雅对妈妈说,请转告阿姨,那个玩具的说明书要求,只能让三岁以上的孩子玩。不知道我们的女儿到三岁了没有。我告诉已经四岁的小雅,我们很感谢她的提醒。妹妹还有几个月就到三岁了,我们不会让她三岁之前玩的。小雅很认真地说:"那我就放心了。"

春节期间,香港的商场中央陈设了许多好玩的雕塑,都是孩子们喜欢的卡通人物。很多小朋友爬上去玩,还摆出各种姿势让家长拍照。女儿见到了也要爬上去玩。小雅对她说,你不能去玩。看到了吗?雕塑底下有一块牌子,上面写得很清楚:请勿攀爬。女儿很听话,就不再提要求了。

晚上回到酒店上网,看到一条"6名中国乘客闹事,荷兰航空机长拒飞"的新闻。报道说,2月13日中午,荷兰航空KL898航班头等舱内,有6名中国乘客晚到,整个航班就等他们登机。起飞前他们又坚决不系安全带,拒绝关闭手机,还和机长以及空姐大声喊叫,言辞中带有辱骂字眼。机长因此拒绝起飞。

乘坐飞机要系安全带,关闭手机和电子设备,这是起码的常识,也是起飞

---

* 本文删节版发表于《光明日报》2014年1月28日第15版(高等教育版),题目为《教育绝不只是学校的事》。

前空乘人员反复强调的规矩，并有《航空安全法》作为保障。乘坐头等舱的6名乘客不遵守这些规定，不仅仅是让中国人丢了脸，也让我们反思，伴随着中国经济的飞速增长，中国人是否已经具备了与之相匹配的文化素养？当中国日益朝着经济总量世界第一的地位努力前进的时候，我们是否已经做好了相应的教育、科技、文化和思想准备？

改革开放三十多年来，中国的经济增长举世瞩目，但在许多境外人士看来，迅速富裕起来的中国人除了钱多之外，其他方面很难给人留下深刻印象。去年以来，每到一个地方，当地人的第一句话是感叹中国人真有钱，第二句话就是问我们："北京的雾霾怎么样了？"他们对中国人的感觉很复杂。一方面，羡慕中国人有钱，欢迎中国人去消费；另一方面，并不大瞧得起中国人，甚至有鄙夷之意，最主要的原因之一是中国人不守规矩。

中国人是不太守规矩。对于很多人来说，规矩往往是一纸空文，可以视而不见。规矩的制定比较随意，遵守起来也就不怎么严格。许多规矩是针对大多数人的，对于少数人而言，就可以突破，可以特事特办。没有关系时是规矩，有关系时就不是规矩。很多人的心里，并没有做人的一条底线。不太清楚是非的界限在哪里。不知道哪些事该做，哪些事不该做，什么事无论如何不能做。中国人和西方人的一个很大的区别是：西方人遇到一件事时，首先问自己该不该做；中国人遇到一件事时，首先问有没有人看见。没人看见就敢做，有人看见就不敢做。我们缺乏基本的敬畏感。

这种心态固然和民族文化有关。长达两千多年的封建官僚统治，使"人治"的传统根深蒂固，"法治"的意识极为淡漠。"人治"的特点是不受规矩的限制，完全依赖长官意志，皇帝说的话就是"金口玉言"；"法治"的特点是一切都要依照规矩来，法律面前人人平等，任何人不得超越法律——总统也要受法律约束。另一方面，这种心态也和当前的基础教育有关。由于大一统的高考招生录取模式的"指挥棒"效应，整个中学基础教育的核心就是围绕考试而进行的重复性训练。在资源有限的情况下，凡是高考考的就训练，凡是高考不考的就统统不做，至多只是做做样子，应付上级领导的视察。由于道德、诚信等非智力因素在大规模标准化考试中根本无法考察，因此道德教育在整个基础教育领域里越来越被边缘化——只要学生的考试成绩高，就可以“一俊遮百丑”。

这种教育模式正在使学生丧失宝贵的明辨是非的能力。很多家长把大量的时间、精力和金钱投入提高学生的所谓“综合素质”上，千方百计让孩子上名校、学钢琴、学画画、学滑冰、学击剑，等等，却忘记了最基本的让孩子要学会做人，知道守时、不说谎、答应别人的事一定要做到、守规矩、不犯法等一些基本的道理。据说，某著名歌唱家之子李某某在艺术和体育方面颇有天赋。4岁学钢琴，8岁习书法，10岁加入中国少年冰球队，曾就读北京市海淀区中关村第三小学、中国人民大学附属中学、美国Shattuck-St. Mary's school（沙特克圣玛丽学院）冰球学校，多次在钢琴、书法、冰球比赛中摘金夺银。可就是这样一个看上去在素质教育方面光彩夺目的“优秀学生”却犯下了如此令人发指的罪行。这不能不让我们深思：失去了做人，其他的一切还有什么意义？当我们让孩子在具体技能上学得越多的时候，可能意味着对他们的危害也越大。

不守规矩带来的最严重的后果是不负责任。现在的学生责任意识越来越淡薄。他们不太懂得说一句话、做一件事都会产生后果，自己要对这个后果负责，也要对他人和社会负责。前一分钟说过的话后一分钟可以马上不算，而且并不对此感到歉疚；答应好别人的事忘了，忘了就忘了，不会道歉，往往还认为不是自己的错，错的是别人；考试作弊受到处分，不知道改正错误，却千方百计想逃避惩罚；做事全凭冲动，全然不顾及后果，一旦出了事，双手一摊，由家长用钱去摆平吧。这样的学生，即使成绩再优秀，毕业后走上工作岗位，也可能会给社会带来更大的危害。君不见，有多少名牌大学毕业的年轻干部，走上一定领导岗位以后就大肆贪污受贿，根源可能就在这里。长期以来，学校里的好学生都是被人管着长大的，受家长管，受老师管。长大以后，一旦权力不受约束，没人管了时候，就有可能开始胡作非为。看来，要想根治贪腐，还是要从教育着手，使孩子在成长的过程中从小就知道，做人的底线在哪里，哪些红线坚决不能碰。

中国的教育呈现出一种很奇怪的双重逆向效应。一种逆向效应体现在，小学生强调的是共产主义教育，要为全人类服务；中学生强调的是社会主义教育，要成为社会主义的合格建设者和可靠接班人；到了大学，学生考虑的就是个人主义教育了，只想着怎么赚钱，毕业时能找一个收入高的好工作。另一种逆向效应体现在，从小学——甚至从幼儿园开始，家长就让孩子学各种各样的技能，有的甚至要学十几种，千方百计把孩子培养成无所不能的天才，无论如何不能输在起跑线上；中学阶段拼命把孩子送到各种“辅导班”“培训班”，为了提高成绩不惜一切代价。除了高考要考的知识点，其他一概不学；到了大学，才发现一个人要想成功，除了学习成绩、艺术才能之外，更重要的还是道德修养和做人。这才开始“文明修身行动”，学会上厕所要冲水，不随地吐痰、丢垃圾，不大声喧哗，不穿背心、拖鞋进入公共场所，不浪费粮食和水，用餐完毕自觉送还碗筷，学会说“谢谢”和“对不起”等这些原本在幼儿园就应当养成的良好习惯，并且将其作为高校德育思想政治工作的重要抓手。这些看起来有悖于常理的现象，恰恰说明了当前基础教育以高考为核心带来的一系列弊端。

考试的目的是为了教育，考试本身不是目的。如果为了考试而教育，就彻底颠倒了二者的关系。教育之所以是百年大计，国之根本，最重要的原因在于教育为社会培养了合格的公民。一个受过良好教育的人，不仅仅能够振兴国家和民族，推动社会进步，同时，也提高了自身素质，促进了人的全面发展。多一个受过良好教育的人，就会少一个危害社会的人。如此，才能实现社会的稳定和发展、国家的富强和文明以及个人的幸福和快乐。

对教育的重视不仅体现在政府对学校的投入上——尽管这一点极为重要。事实上，社会和家庭教育对一个人的成长更为关键。在这一点上，我们和西方发达国家相比还有不小的差距，他们对孩子的教育投入了比资金更多的爱、耐心、时间和精力。比如，在德国，一个母亲怀孕之后，她所服务的机构会保留她的工作岗位——如果她就业的话——直到孩子长到三岁，之后她仍然可以回原机构上班。这期间，她的薪水照发不误，政府还会视情况不同给予相应的补贴，法律上对此也有严格的保障。这就使得德国的母亲至少在三年之内能够心无旁骛地照顾孩子，可以整天和孩子待在一起——如果她愿意的话。但是在中国，一个母亲的产假只有九十八天，其中，产前休息十五天，产后休息八十三天——不到三个月。三个月后，母亲就要恢复上班，只能把孩子交给保姆或者父母。也就是说,在一个孩子一生成长最关键的头三年中,他(她)的大部分时间不是和妈妈在一起的。这将对孩子的成长产生非常大的影响。再比如,德国的男人很少在晚上外出应酬,下班就回家,不是和孩子读读书,听听音乐,就是在一起玩。这就使孩子在成长过程中始终能够感受到父亲和母亲两个人对他(她)的爱。但是在中国,很多父亲下班之后都在外边应酬。等到他喝得酩酊大醉回家之后,孩子早就睡了。等他早上出门上班的时候,孩子还没有醒。也就是说,在一个孩子一生成长最关键的十几年里,他(她)要么是和妈妈在一起,要么是和老人在一起。他(她)基本上感受不到父亲的爱和存在。这对男孩和女孩的成长都极为不利。而且越是这样,父亲就越感到歉疚,就越容易从金钱上对孩子进行补偿,结果造成对孩子的溺爱,形成恶性循环。

对教育思考得越多,我就越意识到教育问题的复杂和艰巨。教育绝不仅仅是学校的事,政府、社会、家庭各有其责任。孩子是祖国的未来,是民族的希望。和孩子的教育相比,其他任何所谓的事业可能都只不过是些微不足道的琐屑之事。对教育的重视不能只停留在文件、号召和口号上,要有切切实实的资源投入——无论对于政府、社会、学校和家庭,都是一样。

2013 年 4 月 16 日初稿于北大老化学楼

2013 年 4 月 27 日定稿于瑞海姆国际会议中心

我们对美国教育的误读*

近年来,许多人出于对国内教育的失望,把目光投向外部,非常推崇国外特别是美国的教育,经常建议用美国的教育模式取代现行的教育模式。这本来无可厚非。每一个国家的教育都有自己的特点和优势,都有值得他人学习借鉴的地方。自二战以来,美国的教育成功取代欧洲,达到了辉煌的顶点,吸引了全世界的优秀学生,自有其非比寻常之处。但我认为,推崇应当建立在真实了解的基础上,借鉴必须依赖于本国具体国情。否则,单纯盲目的移植必然会导致南桔北枳,而且会丧失宝贵的时间和信心。在我看来,我们对于美国教育还存在诸多误读之处。我不是研究美国教育问题的专家,错误之处还望有识者批评指正。

第一种常见的误读是,美国的学生不太用功读书,而我们的学生都是书呆子。据说,有些人去美国的中学转了一圈,得出结论说,美国的教育是快乐教育,学生不做作业,课业负担很轻。而我们的学生课业负担太重,每天睡眠严重不足,导致学生的创新能力下降。因此,中国的中小学应当尽可能地减少学习时间,难度应当尽可能低,课本应当尽可能薄。尽管我不懂基础教育,但我却接受过基础教育,我总觉得这个结论违背了基本的常识。我们每个人很小的时候都知道"宝剑锋从磨砺出,梅花香自苦寒来"的道理,没有人能轻轻松松成功。世界上怎么可能有付出很少却收获很多的事情呢?天上怎么可能掉

---

* 本文删节版发表于《光明日报》2013年2月20日第14版(高等教育版),题目为《看美国教育要有中国视角》。

馅饼呢？这不符合常理。后来经过实地考察，我发现了其中的奥秘：美国的学校分为私立和公立两种。在最好的私立学校，学生学习的辛苦程度一点也不比中国学生轻，他们每天也只能睡五六个小时。学校里的竞争一样很激烈。但是质量比较差的公立学校就完全不同，那里的学生是比较轻松的，竞争压力也不大。看来，有些人考察的可能只是美国的公立学校，就匆忙得出了片面的结论。但我想，总不能把中国最好的中学和美国比较差的中学去比较吧？我们还是应该和他们最好的中学竞争。此外，美国小学的课本并不薄。他们的文学、历史课本都很厚，有些也很难，但学生打下了非常坚实的人文基础。顺便说一句，所谓“快乐教育”，我很怀疑这是美国人故意放的烟幕弹，麻痹你们，让你们的孩子都不学习，他却在那儿拼命学，这样他当然就能永葆竞争优势了。但愿我不是以小人之心度君子之腹。最近日本政府已经意识到这个问题。日本首相安倍晋三提出本届政府最大的课题是重建日本教育，要求中止已进行十年的“快乐教育”，给日本小孩增压，增强他们在未来的全球竞争力，特别是和中国、韩国学生的竞争。这未必不是看问题的一个角度。

第二种误读是，美国大学招生不看重学生成绩，看重的是综合素质。有人为了证明这一点，举出哈佛大学等世界一流大学拒绝多位 SAT、ACT 成绩满分的申请者的例子，当然其中包括了许多中国学生。也有人举出耶鲁大学招收的中国学生成绩并不高的例子，以此说明美国大学对成绩是多么的不重视。在我看来，“美国大学招生不看重学生成绩，看重的是综合素质”这句话的后半句是对的，但前半句是错的。事实上，美国大学招生时非常看重成绩，只不过他们看重的是学生在中学平时的多次学习成绩，而不是 SAT、ACT 一次的成绩而已。以美国最好的私立大学斯坦福大学和最好的公立大学加州大学伯克利分校为例，他们录取时最重视的是申请者在中学的 GPA 以及 AP 课程的成绩，SAT、ACT 的成绩只是作为其中的一项参考指标而已。这是因为，美国大学招生实行的是申请制。他们并没有一个和中国的高考制度相类似的全国性考试，也不会依据这一考试的成绩去录取学生。从历史上看，SAT 和 ACT 是有人（而且是私人机构）先组织了一个考试，慢慢地各个大学开始认可这个成绩，逐步推广开的。事实上，在很长一段时期，SAT 和 ACT 几乎是无人问津的,它和中国的高考制度完全不同。中国实行的是全国高考下的统一录取制度。从形式上看,它特别像中国古代的科举——老百姓也是这么看待的——所以高考成绩在中国高校招生中才会成为唯一的录取依据。

第三种误读是美国的教育很公平。有人认为,美国的大学招生不分种族、民族、肤色,家庭经济困难的学生也能获得高额奖学金完成学业,体现了公平和正义。这完全是不了解美国的历史文化和社会背景得出的片面认识。应当说,经过一百多年的抗争,美国的少数民族,特别是黑人,赢得了平等受教育的权利,这是美国教育史上的一个重要进步。但是大家千万不要忘了,美国社会是一个金钱至上的社会,也是一个视不平等为当然的社会。在教育领域尤其如此。美国人认为,稀缺的优质教育资源应当由那些社会地位高,家庭经济条件好的学生获得,一方面是因为他们能够支付得起高昂的学费,另一方面,这些学生先天禀赋条件比较好,受教育程度高,毕业后有父母和家族的关照,也更容易在社会上取得成功,既说明了教育的质量,也可以更好地回馈母校。但是,这种家庭出生的孩子普遍都有一个毛病:缺乏欲望——因为他(她)已经什么都有了。为了让他们有足够的动力迎接挑战,必须有另外一些家境贫寒的人来刺激他们。出于这个目的,私立大学在有限的招生计划中拿出一部分招生名额,并提供奖学金,为家境贫寒但非常优秀的学生提供财务资助。这些学生的智商很高,普遍具有坚韧不拔的毅力和希望出人头地的决心,他们会非常珍惜上帝赐给他们的机会,将来也有机会取得巨大的成功。更重要的是,他们的存在会激起那些家庭条件好的学生的挑战欲望,迫使他们也加入奋发向上的行列里来。这就是著名的"鲶鱼效应"——在一条鲶鱼的刺激下,其他沙丁鱼加速游动,保持活力。一般来说,家庭经济条件好的学生心胸比较宽广,视野比较宽阔,但失之安逸;家庭经济条件差的学生视野比较狭窄,容易急功近利,但吃苦精神比较强。这两类学生都能从对方身上学到自己所缺乏的东西。这才是美国大学特别强调生源多样性的根本原因。生源多样性固然有一定的科学道理,不同种族、不同民族、不同文化、不同背景的学生之间相互学习、相互砥砺,促进了跨文化交流和融合,的确有助于培养学生的创新思维,提升人才培养质量。但从根本上说,生源多样性是为富裕阶层的教育提供服务的一种方式,是世界上最不公平的教育制度。自然,这样的教育制度培养出来的人,在价值观上也就符合美国有钱人的利益了。所以美国多位总统不尊重其他国家和民族的历史和文化,在世界上推行霸权主义自有其教育制度上的缘由。当然,这是美国私立大学的做法。对于公立大学来说,它考虑的主要是公平问题,也就是解决让所有人有接受教育机会的问题。教育质量的问题就退居次要地位了。这也是为什么美国顶尖的一流大学主要是私立而不是公立的原因。从这个角度出发,你可以很容易理解为什么耶鲁大学在中国招收的学生成绩不一定最高的原因。因为耶鲁大学已经招收了美国本土成绩最好的学生。它到中国来选的十个人也好,八个人也好,一定是美国学生最缺乏的那一类人。换句话说,一定是最有特点的,最符合美国人需要的人。成绩自然不需要最好的——它何必要不远万里来遥远的中国去寻找成绩最好的学生呢?美国本土就有——当然也不能低于耶鲁的入学要求。

中国的教育问题是世界上最复杂、最棘手的问题。首先,它面临的受教育群体太庞大,世界上任何一个国家都没有像中国这样面临巨大的受教育人口压力——每年参加高考的人数就超过了欧洲某些国家人口的总和。其次,中国的教育体制在“文革”阶段基本上被摧毁了。所以改革开放以后,中国其他社会领域要么在改革,要么在开放,但教育领域面临的问题却是重建(司法领域也面临类似问题)。当其他社会领域已经按照社会主义市场经济体制的要求改得差不多的时候,教育的重建任务才基本完成(当然也在边重建边改革)。这时候再去改革,难度可想而知。所以民众现在对教育的意见很大,这并不奇怪。最后,中国人和美国人的教育观不一样。美国人的教育观是通过教育成为一个合格的社会公民,是一种公民教育。中国人的教育观是通过教育改变命运,出人头地,其目的性和功利性很强。所以中国人一方面特别强调受教育权利的公平——不患寡而患不均——这是中国传统文化里根深蒂固的东西;另一方面,又特别强调教育质量的差异和教育质量的竞争——只有我现在受的教育比你好,才能保证我将来在社会上比你强。这是一种相互矛盾的思维,但都是客观存在的。这种历史和文化是其他任何一个国家所没有的。所以我们看到,尽管教育部三令五申不许中小学假期补课,但中国的家长在假期给孩子补的课最多;尽管教育专家反复劝说不要拔苗助长,但中国的家长恨不得在胚胎形成之前就给肚皮注入最优质的教育资源,培养出世界上最完美的神童。所以我始终认为,盲目地照搬美国的教育体制,一定会给中国教育带来灾难性的后果。中国的教育问题,必须由中国人站在中国的立场上,用中国人的思维去提出具有中国特色的解决办法。正像重庆大学校长林建华所说,如果将来中国各领域的中坚和领导主要在中国大学接受教育,虽然并不能证明我们的教育是成功的,至少是合格的。反之,如果他们中多数人都是在国外大学接受的教育,那么我们的教育就是可悲的。

2012 年 8 月 18 日凌晨初稿于倚林佳园
2013 年 1 月 29 日定稿于北大老化学楼

中美教育制度的差异

——以招生考试制度为例*

2012年5月，根据教育部“高水平大学自主选拔录取制度研究”课题组的工作安排，我和国内一些大学的招生办主任专门深入考察了美国大学，特别是公立大学的招生考试制度。他山之石，可以攻玉，希望能对中国目前正在进行的高校自主选拔录取试点改革有所启示。在考察过程中，我们通过参加培训、座谈对话、实地调研等方式，深入了解了美国大学招生录取制度的有关情况，澄清了许多过去认识上的误区，收获良多。很多朋友建议我以中美教育制度的差异为题，把这些体会写下来与大家分享。这个题目太大，我本身既不是教育研究领域的专家，更谈不上对美国教育制度的深入研究，只能以招生考试制度为切入点，谈一点肤浅之见。错误之处，敬请有识者批评指正。

美国教育制度的最大特点，在于它把教育领域切割成了两块：大部分是私立教育，小部分是公立教育。在我看来，这同时也是美国教育制度的根本所在——其他一系列特点都由这个特点衍生而来。私立教育的核心是它以人才培养质量为第一位的追求目标，其他目标都从属于这个目标。也就是说，评价一所大学的好坏，关键不在于它有多么宽广的校园面积，多么雄厚的资金，多么强大的师资力量，多么高的科研水平——虽然这些因素对人才培养都会产生正向推动力——而是在于它培养了多少被社会认可的优秀毕业生。毕业生

* 本文删节版发表于《中国教育报》2013年4月17日第3版，题目为《教育讲实际而非追政绩》。

受社会认可程度越高,说明这所大学的教育质量越高,以后的毕业生就越受到社会的欢迎,于是形成良性循环:毕业生在社会上受到欢迎的时候,一方面他会心怀感恩之心,因为他的个人发展离不开母校声誉的强大支持;另一方面,同一所大学的毕业生由于利益相关,彼此相互提携,更能形成发展合力。于是,毕业生往往会在有能力的时候对母校进行回报和捐赠。大学的人才培养质量越高,毕业生未来在社会上取得成就的可能性就越大,他们对母校的回馈就会越多,大学发展过程中获得的财政支持就会越大。反之,则会形成恶性循环,导致大学办不下去,出现生存危机。因此,大学理所当然把人才培养置于最核心的地位——科研等其他工作都是为人才培养服务的——并且其出发点完全是毕业生未来在社会上可能取得的成就。由于大学的发展高度依赖于高昂的学费和校友捐赠,而且出身于富裕家庭的学生毕业后更可能得到家族的支持而成功的可能性更大,因此,私立大学的招生对象主要以富人为主就毫不奇怪了——穷人很少有可能给私立大学带来这些利益。这种完全以人才培养质量为导向的教育极大地推动了美国教育的发展,但同时也带来了许多社会问题。比如,它可能会严重损害公平——直到今天,贫富悬殊仍是美国教育的一大痼疾。一份研究报告指出,在经合组织成员国中,来自美国最富有学校的学生在阅读能力方面可以名列前茅,但来自美国最贫穷学校的学生阅读能力则排在第 33 位,仅比排在最后的墨西哥学生稍强。再比如,完全倾向富家子弟的教育未必一定能够提高人才培养质量,因此,美国大学非常强调生源的多样性——我在《我们对美国教育的误读》一文中已经对此进行了详细分析。为了缓解社会矛盾,保障美国公民基本的受教育权利,美国的教育公平问题就由公立学校来解决。一般说来,除了像加州大学伯克利分校这样的少数顶尖学府外,美国公立学校的教育质量平平,但也能满足学生基本的教育需求,应当说比较有效地解决了教育公平问题所引发的社会矛盾。

相比较而言,中国的私立高等教育发展得并不顺利,因此中国最好的大学不得不同时承担类似美国公立教育和私立教育的两种功能。也就是说,一方面,它们必须考虑教育公平问题——因为大学是国家财政支持的全额拨款事业单位,必须承担相应的社会责任,否则就违背了大学的公立性质。特别是,在“不患寡而患不均”的传统文化思维支配下，在当前社会资源分配不均的情况下，对高等教育公平——尤其是招生名额公平的呼吁越来越强烈，高校面临的社会公平压力也越来越大。高校的任何旨在提高质量的改革措施在社会公平指责面前往往不堪一击，极为脆弱。另一方面，快速发展中的中国对高端人才的需求极为强烈和迫切，因此，大学必须把人才培养质量放在第一位。一般说来，效率和平等这两种目标是相互冲突的。追求人才培养质量，大学就必须集中有限资源，为少数精英分子创造发展的条件；追求教育公平，大学就必须拉平一切差距，为所有人提供同等机会。在教育领域，绝对的公平是无法实现的——人从一出生就存在着各种各样的差异。正因为如此，中国大学就不得不在追求卓越与追求公平之间艰难地寻求微妙的平衡。和美国大学相比，这显然是一个更为艰巨的挑战。

美国教育制度的第二个特点，是它的社会环境比较宽松，竞争压力相对不大，比较从容。美国人也强调竞争，但在教育问题上他们更强调发挥每一个孩子的天性和特点。因此，各类教育机构能够按照教育规律和自己的教育理念办学。比如，美国非常重视教育的连续性。著名的《加州教育规划纲要》在1968年就提出，加州各个教育阶段之间要实现有机衔接。为此，他们在中学阶段设立了现在我们大家都非常熟悉的AP课程（Advanced Placement Courses）。AP课程设置的目的，一方面固然是为了给一部分学有余力的学生提供进一步学习的机会，挑战他们的潜能，更重要的意义在于，它使学生在进入大学学习之前就对未来的学习生活进行了体验和适应。又比如，美国的高中毕业生在进入大学之前，通常会花费相当长的时间去了解各个大学的特点和优势，各个专业的具体情况，然后根据自己未来的职业规划和兴趣去选择相应专业。这样，当他们进入大学之后，相对能够比较快地适应环境，对自己的专业认同感也比较高。再比如，美国各个大学之间相互转学的通道是非常畅通的。即使是最顶尖的大学，每年也会拿出一部分名额用于接受最底层的社区大学的学生。这就使得美国的学生在受教育的过程中，往往会获得比较多的转换机会。即使起点比较低，或一两次机会没有抓住，也不会影响未来的发展。教育所承载的压力并不大。

相比较而言,中国教育承载的压力就比较大。这种压力既来自社会外部,也来自家庭自身。中国,甚至是整个东方社会,普遍存在一种奇特的教育焦虑感。整个社会犹如一个大金字塔,每个人都在拼命地向顶端冲刺——到不了顶端就意味着人生的失败。即使自己这一代冲不上去,也要通过教育把下一代拱上去。西方人之所以不理解为什么中国家庭会订立一个又一个奋斗目标,就是因为不理解这种普遍的社会心理。所以中国社会一定是一个抢跑社会,强调不能输在起跑线上,恨不得在娘胎里就比其他人先跑两步。但是人生是一场长跑,终点的成绩不取决于起跑的快慢。由于教育资源有限,特别是优质教育资源相对匮乏,使得中国的升学竞争分外激烈,也迫使各类教育机构——尤其是基础教育机构——只能围绕升学考试开展教育。教育的功能大大萎缩了。

美国教育制度的第三个特点,在于它的制度设计比较符合实际情况,比较有效地满足了社会各阶层对于教育的不同需求。这也许和美国社会盛行的实用主义哲学有关。美国是一个不平等的金钱社会。富人当然希望获得更优质的教育,相应地就有私立教育机构加以满足。穷人希望获得受教育的公平机会,相应地就有公立教育机构加以满足。此外,穷人也希望有享受优质教育资源的机会。于是,私立大学拿出一部分招生名额用于满足穷人的需求。顶尖的公立大学也可以接受更多的穷人。穷人还可以通过获得奖学金来完成教育。由于美国高等教育资源相对丰富,大学质量普遍较高,这样它就满足了各个阶层对于教育的不同需求,尽管不能全部满足。社会压力相对得到释放,不至于将矛盾全部集中在一点。其实,美国大学之间的差异也很大,但人们并没有非哈佛、耶鲁不上的情结,去其他学校,甚至是州立大学也不坏。再比如,美国大学非常重视招生工作,投入了巨大的人力、物力和财力。斯坦福大学一年的招生经费约为400万美元,常年从事招生工作的将近200人。这当然是由于大学的产出是人才,而人才培养的第一关就是招生,因此对之给予了高度重视。而且,学生仅仅能够进入大学是不够的,他(她)必须保持足够的竞争力以避免被淘汰。但学生被淘汰之后也不是走投无路,只不过是到质量低一点的学校完成学业而已。社会压力又在一定程度上得到了释放。我的总体感觉是,美国人也讲教育学理论——事实上,美国教育学理论是世界上最发达的——但他们更看重的是教育的实际效果,而不是空谈所谓理论。又比如,为了保证质量,美国大学非常看重招生过程中的公正,不允许有腐败现象出现。他们的做法是进行抽查——因为对每一个学生进行审查的成本太高——一旦抽查出来的结果有问题,那么相关人员付出的代价极为高昂。于是,就没有人敢去做违法的事情。即便这样,美国大学也允许出现误差。出现失误怎么办呢?一个办法是承认这种失误是正常的。美国人认为,人才的培养具有偶然性。也许你招收的1000个学生中有100个质量是不合格的,但如果有10个非常杰出的人物,那么这种风险就是值得的——这在统计学上叫作方差——关键是看你更看重什么。你是不能容忍这100个质量不合格的学生呢,还是你更希望看到那10个杰出的学生?另一个面对失误的办法是在培养过程中淘汰。于是,学生也不敢掉以轻心,因为一旦被淘汰,他所付出的成本也是巨大的。

相比较而言,中国教育可能喊的口号比较多,价值判断比较多,但具有实际操作意义的措施相对比较少。我一向认为,提出各种教育学的理论是容易的,但把理论付诸实践却非常困难。比如,我们成天呼吁要开展素质教育,但在实际中各个学校和家庭做的却是应试教育的事情。又比如,我们不断强调道德教育,但学生在面临实际利益的时候,往往把道德教诲抛到爪哇国去。还比如,我们成天呼吁"减负",但学生的负担却越减越多,书包越背越沉。为什么会出现这种情况?有可能还是教育的行政色彩太浓,把教育当成政绩来做的缘故。我特别不主张把一个杰出的中学校长提拔为教育局局长,那可能反而毁了他(她)一生的事业。其实,教育是最不应该讲政绩的。因为教育的效果是在几十年之后,对于大学来说,其效果有可能在上百年开外。政绩必然是短期的,为官只能一任。如果用做政绩的方式去做教育,其结果不仅仅意味着教育的失败,而且一定会对教育本身造成巨大的伤害。

2012年8月28日初稿于倚林佳园
2013年3月26日定稿于德国列沃库森小镇

在效率与平等之间寻求微妙平衡*

在一个国家的经济社会文化发展过程中，教育特别是高等教育[1]承担了两个重要的使命和功能：从微观上说，教育在代际转换过程中促进了社会平等。也就是说，对于个人和家庭而言，无论此一代人处于何种经济和社会地位，都可以通过教育产生人力资本，从而使下一代人获得更高的经济和社会地位——读书改变命运——由此实现了社会阶层的流动，保持了社会的和谐稳定。教育发展水平越高，社会平等程度相应也会越高。从宏观上说，教育促进了劳动生产率的提高，特别是大学所培养的拔尖创新人才形成了一个国家和民族的核心竞争力。教育发展水平越高，拔尖创新人才越多，一个国家的全球竞争力就越强，劳动效率和生产效率相应也会越高。

然而，正如美国著名经济学家阿瑟·奥肯在他的经典著作《平等与效率》一书中所指出的，“对效率的追求不可避免地产生了各种不平等，因此，在平等与效率之间，社会面临着一种抉择”[2]。或者是以效率为代价的稍多一点的平等，或者是以平等为代价的稍多一点的效率。绝对的效率和绝对的平等是一条水平线的两端，社会就在这条线上的各个点之间进行选择——当你选择一方多一点时，就意味着另一方必须做出牺牲。

在一个完全竞争的市场经济条件下，由于初始资源和自然禀赋的差异，必

---

* 本文删节版发表于《光明日报》2013 年 6 月 29 日第 10 版（高等教育版），题目为《中国顶尖大学在效率与公平之间寻求平衡》。

① 本文研究的主要是高等教育，因此，后文中的“教育”除非特别标明，指的都是高等教育。

② 〔美〕阿瑟·奥肯：《平等效率》，王奔洲译，华夏出版社 1999 年版，第 2 页。

然导致社会财富在不同的经济主体之间的不均等分配，平等与效率的矛盾与冲突自然地体现在社会的各个领域，教育也不例外。特别是，人由于在出生家庭环境、所处地区自然条件、个人禀赋等方面的先天差异性而具有不同的起点，这种起点的不公平必然造成较为严重的收入差距以及机会的不均等。也就是说，在现实经济社会生活中，完全意义上的机会均等是不存在的。目前，为了解决教育领域内平等与效率的冲突，世界各国根据自己独特的历史文化传统和教育发展状况，实行了不同的模式。其中，美国和法国是比较典型的国家。他们的共同特点是，把高等教育这块蛋糕切成两个部分，一个部分用来解决效率问题，另一个部分用来解决平等问题。

美国高等教育分为私立大学和公立大学两个系统。这两大系统在性质、经费来源、学费、管理方式以及职能等方面都有重大区别。首先，在性质和经费来源上，私立大学属于私立性质，主要由教会企业等资助建立，对所在地纳税人没有义务，因此只会根据自己的使命和办学需求在全球范围内招生；公立大学属于公立性质，主要由州政府和地方政府出资创办和运营。由于经费高度依赖于州政府的财政收入，因此，州立大学对所在州的纳税人负有义务，必须优先满足本地学生的入学需求，当地学生所占的比例一般比较高。其次，由于学费是重要的经费来源，私立大学的学费远比公立大学昂贵；而公立大学不依赖于学费收入，平均学费远比私立大学低廉。再次，私立大学和公立大学都有董事会，但私立大学的董事会和政府没有什么关系，州政府也没有任何权力直接干预学校活动；但州立大学的董事会的部分成员是由州政府任命或通过选举产生，因此州政府对州立大学有一定的控制力和影响力。最后，私立大学的生存和发展高度依赖于它的产品——毕业生的成就。大学的教育质量越高，越能吸引优秀教师和学生加入，就越能培养出高质量毕业生。毕业生取得的成就越大，未来对母校的回馈（财务和声誉）就越大，会进一步推动大学的发展，由此形成良性循环；反之，大学的办学质量越低，就越难以吸引社会捐赠维持运营，就越难以培养出高质量的毕业生。毕业生的成就越低，未来就越难以对母校进行回馈，会进一步降低大学对优秀教师和学生的吸引力，由此形成恶性循环。因此，美国私立大学高度重视本科教育培养质量，主动控制学校规模,从招生阶段开始就千方百计争取选拔适合自己培养的学生,毕业后还对校友给予长年持续的巨大支持。它采取的完全是精英教育模式,纯粹以效率为导向,引领美国高等教育的发展方向。与此不同,美国公立大学(包括社区大学)主要是满足美国公民对高等教育大众化和均等化的需求,解决的是让所有人都能享受高等教育(不一定是优质高等教育资源)机会的问题,绝大部分以平等为导向,学校规模一般比较大。为了满足那些家境并不富裕但又希望享受优质高等教育资源的学生需求,美国也建立了少数诸如加州大学伯克利分校这样世界顶尖大学的公立大学,但入学竞争极其激烈,其办学也以效率为导向。顺便多说一句,由于美国私立大学和公立大学并不是截然割裂的,相互之间可以自由转学,因此满足了各类人群的不同需要。

与美国相类似,法国高等教育系统也由两个主要部分组成——综合大学(Université)和高等专科学院(Grandes Ecoles)。法国共有 90 所综合大学,其中 87 所属于公立教育机构,实行免费教育,学生不需要通过高考,每年只需缴纳 200 欧元至 500 欧元的注册费即可就近入学,大学不得对申请入学者进行筛选,主要解决的是高等教育的普及化问题。法国的高等专科学院,又称为“大学校”或“精英学院”,是法国人心目中的精英教育,地位崇高,主要培养高级工程师、商科及行政管理的高级人才。法国的政界、商界和学界精英,多数都有“大学校”的学历背景。“大学校”往往由社会知名人士、公司或商会举办,入学要求非常严格,竞争极为激烈,淘汰率很高,学生高中毕业后一般要在预科班学习两年方能通过入学考试,学费则高达上万欧元,主要解决的是高等教育的效率问题。从效果上看,法国“大学校”的培养优势主要得益于两大因素:一是自主选择优秀生源的权力,二是其各具特色的办学定位。大学不但非常重视学生的理论教学,而且强调对学生的实际工作能力和动手能力的培养,千方百计为学生搭建各类社会实践平台,毕业生特色极为鲜明,学生培养质量在世界上享有盛誉。

和美国、法国不同,中国的高等教育系统呈现出高度的单一性特征。由于绝大多数大学——无论是部属高校还是地方院校——都是公立性质(中国的民办大学,也就是私立大学,由于办学质量低下,不能满足公众对于教育的有效需求，没有发展起来），必然而且必须要承担平等职能。否则，就会面临社会舆论和道义上的尖锐指责——既然大学是由纳税人出资建立运营的，理论上所有纳税人都应当享受相应的均等化的高等教育资源，否则就违背了平等原则。也就是说，我出了钱，就要得到相应的回报，因此，理论上公立大学不能对入学者进行区别对待（歧视），而应当向所有人敞开大门——这正是法国综合大学不得对申请者进行筛选的原因。然而，中国的大学——特别是顶尖的“985 高校”——肩负着为国家和民族培养拔尖创新人才的神圣使命，必然而且必须要同时承担效率职能。否则，一方面，如果培养不出栋梁之材，大学的质量和盛誉毁于一旦不说，国家的富强繁荣、民族的振兴进步、社会的文明发展都将化为乌有；另一方面，在全球化竞争的时代，如果国内大学办学质量低下，家长和学生就会“用脚投票”，直接选择去国外接受教育，那不仅意味着中国高等教育的失败，而且会危及国家的人才战略和独立安全。因此，和国外大学完全不同，中国的顶尖大学面临着极为复杂艰难的两难境地——当平等和效率职能交织在一起的时候，它必须在培养拔尖创新人才和促进社会公平之间寻求微妙的平衡，不能一头沉。

这样的抉择和困境，对于北大和清华这两颗中国高等教育金字塔尖的明珠来说尤为突出。一方面，作为国立综合性大学，在招生考试录取上，北大必须承担起促进社会公平、维护社会稳定、推动社会阶层流动的历史责任，绝不能让北大成为社会精英阶层子弟的俱乐部，使“寒门子弟”入学无门。近年来，北大积极响应教育部的号召，通过多种有效措施，不断努力增加广大农村地区、偏远地区和少数民族地区学生入学机会，确保自主选拔录取候选人中农村户籍考生的比例不低于 20%，并对国家明确的重点农村扶贫开发地区给予重点扶持。追求公平在未来相当长一段时间内仍将是北大招生录取工作的重要主题。

另一方面，在中华民族实现伟大复兴的历史进程中，北大至少承担了两个核心使命：一是培养出影响世界甚至是改变世界的灵魂人物；二是自主发现或者发明出影响世界甚至是改变世界的科技创新成果。在未来三十年中，如果能够顺利实现这两大目标——或是其中一个目标——北大就没有辜负党和人民给予的厚望;如果一个也没有实现,北大就辜负了党和人民给予的厚望,也愧对历史先贤。因此,在当下的历史阶段,北大必须把培养拔尖创新人才作为首要的战略任务,在招生、培养和办学过程中,以效率为优先,引领中国高等教育的发展方向。为了国家和民族的未来,必须要在确保公平的前提下,给北大一部分相对自由的空间,允许北大按照自身的办学特色和人才培养需求,选拔适合自己培养的拔尖创新人才。这需要勇气、智慧、研究和艰难的实践,也需要社会各界对此报以宽容、理解、信任和期待。

2013 年 2 月 20 日初稿于北大老化学楼

2013 年 4 月 8 日凌晨定稿于倚林佳园

我为什么喜欢看美剧*

“我为什么喜欢看美剧”,这个标题其实只是上半句。相对应的,下半句是“为什么不喜欢看中剧?”

我最早开始看美剧是在十几年前。那时候,*Friends*(中文译为《老友记》或《六人行》)风靡全球,我和室友一集不落地全部看完,目的虽然是为了学英语,但也就此收获了许多欢乐。*Friends* 曲终人散时,我们还颇有些伤感,想到以后可能再也看不到这样经典的美剧,不禁唏嘘不已。后来,陆陆续续又看了一些经典美剧,例如 *Desperate Housewives*(中文译为《绝望的主妇》)、*Grey's Anatomy*(中文译为《格蕾的解剖》或《实习医生格蕾》)等,也都留下了深刻印象。

相比之下,我很少看中国的电视连续剧。这也许是因为我很少看电视的缘故。结婚以后,有时候也和太太一起看电视。虽然有一些很不错的连续剧也曾吸引了我,比如,《亮剑》《潜伏》等,但总的来说,我并不喜欢中国的电视连续剧。

开始我并没有意识到我的偏好缘自何方。后来,在太太的影响下偶尔看了一集红遍大江南北的《甄嬛传》,我才恍然大悟,为什么我喜欢看美剧而不喜欢看中剧。

我看的美剧,大多数反映的是普通美国人的生活。比如,*Friends* 里的六个主人公,一个是街角咖啡店的服务生,一个是小餐厅的厨师,一个是不入流

---

* 本文删节版发表于《中国青年报》2013 年 10 月 11 日第 3 版,题目为《我从美剧里看到了什么》。

的演员，一个是大学里的教师（古生物学，不像是能赚钱的专业），一个是公司里的职员，还有一个甚至是没有固定收入的按摩女。从职业和收入上看，似乎他们的社会地位和经济地位都不高，但每个人都生活得开开心心。当然，在生活中每个人都会遇到挫折和坎坷，也会面临内心的挣扎和斗争，会做错事，但每个人都凭自己的劳动吃饭，真诚面对生活和感情，活得坦坦荡荡。

再比如，*Desperate Housewives* 里的四个女主人公，都是小镇上的家庭主妇，地位并不显赫，没有大富大贵。小镇上的生活平和安静，但也不时会出现种种出人意料的变故，甚至会彻底颠覆原来的生活。但无论是什么样的生活，每个人都坦然面对，积极而乐观，勇敢地克服困难。我最喜欢的是每一集快要结束的时候，总会出现一小段旁白，这些话紧扣剧情，往往充满了生活的哲理，告诉人们要有爱、有勇气，懂得宽容和诚实，知道什么是正确的、什么是错误的，哪些事情能做、哪些事情不能做，失败远比欺骗更为可贵，坏人即使一时得意，最终也会受到应有的惩罚等。看了这些反映普通美国人生活的电视剧，你能从中受到启迪，对生活有新的领悟。甚至等待新的剧集的漫长过程，也是一种生活的态度。

然而，打开中国电视剧频道，放眼望去，皆是五千年厚重的历史。映入眼帘的，往往是黑压压一片跪倒之人，耳中听到的全是“奴才”“主子”的乱叫。不知道为什么，我们特别喜欢在电视剧里展示如何揣摩皇帝的心思、宫廷的政治斗争、后宫的尔虞我诈、官场上的钩心斗角。有时候光看剧名就知道是怎么回事了——《步步惊心》。难道怕现代社会的人心还不够坏，一定要有人把几千年的“传统”系统总结出来再生动地教给观众吗？我是讲授“媒介经济学”的。按照媒介经济学的基本原理，媒介产品既能够带来正的外部性（带给人们精神上的愉悦），也可能会带来负的外部性（色情和暴力等内容会对社会造成危害）。仅仅为了追求收视率和商业利益就无所顾忌地迎合观众的需求，恐怕是失去了媒体工作者应有的正义、良心和底线。

我既没有时间也没有兴趣看完全部的《甄嬛传》，对于这样一部电视连续剧居然受到如此欢迎的现象百思不得其解。后来，一位台湾地区的朋友给我解开了谜底:看《甄嬛传》不能当历史去看,看的是当下。后宫指的就是公司。皇帝就是董事长,皇后就是总经理。于是,整部电视剧就变成了如何指导公司职员用尽心机保护自己踩着别人往上爬的教科书。它之所以大受欢迎的原因就在于它在观众心中引起了强烈的共鸣——也许每个人都踩过别人,同时也被别人踩过。开始都是好人,但险恶的外部环境逐渐把一个好人变成了心狠手辣的魔鬼。据说,春节期间,台湾人之间访亲探友最重要的礼物就是一部《甄嬛传》,看了它就知道怎么和大陆的人打交道。

中国旅游团在境外的公共场合大声喧哗,是因为没有人教给他们在公众场合要照顾到别人的存在;一句话,今天中国社会中存在的种种不尽如人意之处皆能从教育中找到源头。但是,教育仅仅是学校的事情吗?孩子在学校里的时间总是有限的。在以移动互联网为主要特征的信息社会里,孩子接收资讯的渠道日益多元。比如,孩子们都喜欢看电视,边看边学电视里的情节,学主人公的口吻说话。如果孩子们在动画片里看到可以把人绑起来用火烧,那么他们就会学着这样做;如果孩子们在电视剧里看到可以在别人的茶杯里下毒,那么他们将来上了大学有机会接触到剧毒物质的时候就可能也会这么做;如果孩子们在电视里看到几个男孩可以轮奸一个女孩还哈哈大笑,那么当他们也这么做时就不会感到有什么不对;如果孩子们从小就在电视上看到,一个人可以用尽心机把别人干掉以后自己爬上去还不受惩罚,他们将来走上社会也可能就会学会这种生存之道。我不明白的是,生活中有那么多美好的事情可以展现,为什么我们一定要在电视上展现那些人性中丑恶的一面呢?退一万步说,你也可以展现丑恶的东西,认为这是真实的生活,但总要告诉人们,做好事会有好报,做坏事会有恶报吧。中国的电视连续剧恰好做了相反的事情。它告诉人们:心机最深、最心狠手辣、最冷酷无情的人往往是最成功的,能当很大的官,能挣很多的钱。

我无意主张电视剧只能歌功颂德,呈现伪善的道德说教。我只是想表达一个观点:也许我们可以用不那么笨的方法,实现我们希望实现的教育目标。美国拥有世界上最发达的私有制经济,但美国人的爱国热情要比我们高得多,应当说这和美国人的教育方式有极大关系。好莱坞的大片最追求票房收入,但爱国主义往往是这些追求票房收入最大化的大片的主题。这一看起来是悖论的现象,也许可以启发我们更深的思考:我们的影视作品,究竟带给观众什么?我们应该通过怎样的方式教育我们的孩子?

2013 年 5 月 24 日初稿于倚林佳园

2013 年 9 月 10 日深夜定稿于倚林佳园

第三部分　访谈与报告

北大的精神

——重庆南开中学访谈

时间:2009 年 12 月 24 日

地点:重庆市南开中学艺术馆

记者:高一(2)班朱凤致　高一(15)班胡怀瑾

记者:北大是中国顶尖级的学府,这一定和它代代相传的内在深厚文化传统有关,并不断影响着一代一代的北大人。在您的心目中,北京大学的核心精神是什么?换句话说,是什么令北大人才辈出?

秦春华:在中国近现代史和现代化进程中,北大是一所非常特殊的大学,具有不可替代的作用和地位。她是中国最早传播马克思主义和民主科学思想的发祥地,也是中国共产党最早的活动基地。中国共产党早期领导人中有一半以上曾在北大工作或学习过。此外,正如我们所知,蔡元培先生奠定了中国现代高等教育的基础,胡适先生建立了中国现代科学研究机构的基本格局,李四光先生开辟了中国现代地质学和能源研究的新领域,王选先生在古老汉字和现代信息技术之间架起了桥梁等。在中国的大学地图上,如果去掉任何一所大学,也许中国社会的历史进程不会发生太大的变化;但如果没有北京大学和上述这些伟人,那么中国自 20 世纪初叶至今的一百多年历史可能就要改写。因此,北大对于中国的影响和意义,已经超越了大学和教育层面,进入更深远的文化和历史空间。这种文化现象不仅在中国独一无二,即使在世界上也并不多见。人们常常喜欢说,北大是中国的哈佛,哈佛是美国的北大。但实际上,北大之于中国的意义远远超过了哈佛之于美国的意义。正如杜维明先生所说:“作为文化中国的象征,其实北京大学早已成为了世界一流大学。因为世界上再也找不到任何一个国家的任何一所大学,能够像北京大学这样和国家、民族的命运结合得如此紧密,息息相关。北大对于中国的意义远远超过了哈佛之于美国、牛津与剑桥之于英国的意义。五四以来,北京大学不仅是中华民族争取独立自主的象征而且是现代中国哲学家、史学家、文学家、社会学家、政治学家和自然科学家所向往的精神家园。仅此一端,世界其他大学,如东京、首尔、哈佛、牛津或柏林的大学都无法望其项背。”

赋予北大这一特殊地位的是它的不朽精神。这种精神影响塑造了我们的先贤和我们,还将继续影响塑造后来的北大人,代代相传、生生不息。当然每个人对北大精神都有不同的理解,而且你和它发生联系的岁月越久,你对它的理解就愈加深刻。就我本人而言,我认为北大精神的核心可以概括为以下几点。

第一,是独立思考。这是北大人身上最鲜明的气质,也是判断北大人和非北大人的一个重要区别。假如一群人在一个房间里开会,即使绝大多数人对某一问题的意见都一致,只要有一个人提出不同的意见,很可能他(她)就来自北大。即使他(她)同意其他人的观点,也一定要从不同的角度,阐释他(她)自己的理解。这种独立思考不人云亦云的习惯,是在长期的培养过程中形成的批判性思维的具体体现,也是北大人能够始终保持旺盛创造力的重要原因。

第二,是民主思想。我所理解的民主,折射的是平等的精神——正如佛家所云“众生平等”——体现了对他人的“同情的理解”和尊重。在北大,很少有人会看重行政职务的高低,所有人的称谓都是“老师”。学生见到校长,也是称其为“老师”。当年举办百年校庆时,北大曾经定下了一条规则——“序齿不序爵”。就是说回到母校,不管你职位有多高,成就有多大,一律按照入学先后排序。在中国这样一个“官本位”社会,能够做到这一点很不容易。这条规则后来也成为其他许多大学举办校庆时遵循的惯例。

第三,是悲悯情怀。之所以悲悯是因为北大人太热爱自己的国家和民族,因此可以全身心投入,虽九死其犹未悔。即使化为灰烬,也要坚持自己的理想和信念。这已经成为北大人共同的信仰。鲁迅先生曾经有一句话说:"北大是常为新的,改进的运动的先锋,要使中国向着好的,往上的方向走。"[①]北大的每一个人都有一种使命感,觉得自己的存在价值是为了大多数人的幸福而谋福利。尽管每一个北大人的个性都很鲜明,但同时在他们身上体现了一种共性。我想,北大之所以人才辈出的原因可能就在于此。

记者:我国大多数顶尖大学都有自主招生考试,北大也不例外。请问北京大学的自主招生考试主要是考察考生哪些方面的能力?

秦春华:从 2003 年起,在教育部的统一部署下,北大和其他一些顶尖大学开始自主选拔录取改革的试点工作,目的是为了进一步深化高校招生考试制度改革,积极探索选拔优秀创新人才的新机制。作为高考的补充,自主选拔录取考试一般分为笔试和面试两种,在考查学生能力方面具有一些和高考不尽相同的特点,具体如下。

第一,自主选拔的对象是更适合北大培养的学生。由于在历史传统、学科特点以及文化背景等诸多方面存在不同,大学所需要的学生是不一样的,只有那些最适合自己特点的学生才更有可能在未来取得成功。但目前的大学招生工作忽视了这些差异性,只把注意力集中在追求高分学生上,这是非常短视的做法,将来一定会自食其果。事实上,自主选拔录取通过报名条件、命题特点等一系列因素引导学生进行主动性的选择,在发现学生的同时也帮助学生发现自己的兴趣。

第二,自主选拔录取的挑战性很强。打一个比方来说,好比把一群孩子扔进海里,不要求游完全程,只要尽最大努力位于前端即可。至于你采用的是蛙泳、蝶泳还是自由泳,甚至是狗刨,都不重要,从而可以最大限度地挖掘学生的潜力。

第三,高考考察的是学生学过的知识点,偏重于记忆与理解。一般而言,

---

① 鲁迅:《鲁迅全集》第三卷,人民文学出版社 2005 年版,第 168 页。

自主选拔录取的笔试恰恰相反,它不关心学生过去学了什么具体知识,而偏重于观察学生运用这些知识分析未知问题的能力。正因为如此,高考是可以准备的,但自主选拔录取考试则完全无法准备。

记者:前一段时间,北京大学刚刚向几十所全国重点中学提供了校长实名推荐名额,包括重庆南开中学。您认为北大此举有何意向与目的?另外,在您的心目中,什么样的学生才有资格享有推荐机会,进入北大接受一流的教育?

秦春华:"中学校长实名推荐制"是北京大学在自主选拔录取改革试点工作的整体框架内探索的一条优秀创新人才选拔的新路径。我们希望通过校长实名推荐这种方式,能够使学生从单纯追求分数的窠臼中解脱出来,从而为促进各种类型的优秀学生的脱颖而出创造条件。

如何评估一个学生是否具备进入北大的资格呢?我想,一方面,他(她)不仅要成绩优异,同时还对自己感兴趣的事物充满了好奇心,热心社会公益事业,体现出全面的素质。这种综合素质强的学生显然要优于只有成绩好的学生。事实上,一个人要想真正做出一些成就,成绩好只是其中一个非常有限的方面。他(她)的理想抱负、道德观念、意志以及身体条件等都是更为重要的方面,但这些无法量化的因素却很难进入高考的标准化考试序列,因此不能反映在高校招生的过程之中。对于人才选拔而言,这显然是不科学的。另一方面,由于高考具有的"指挥棒"效应,会引导学校、学生和家长只重视学习成绩一个方面,而忽视了促进学生全面发展的其他方面,对于人才培养而言,这可能会带来更大的危害。

在推荐过程中,我们要防止从一个极端走向另一个极端,认为既然是推荐,就应当推荐那些成绩不一定很优秀的学生——因为成绩好的学生可以很轻易地通过考试而无须推荐——这是对推荐含义的明显误读。对于一个优秀学生而言,成绩优异是应有之义。成绩好不是罪过,我们反对的是单纯把成绩作为评价学生的唯一标准。

我希望中学校长能够向我们负责任地推荐适合北大培养的学生。在我的心目中,这样的学生应当是一个综合素质全面,胸怀远大理想抱负,对自己感兴趣的事物充满好奇心,关心他人和社会,同时具备较强的学习研究能力的优秀学生。

记者:您对我们所有重庆南开中学学子有什么寄语和建议吗?

秦春华:重庆南开中学是中国现代教育史上的一个奇迹。我希望同学们要从使自己不断成长的角度去认识和看待在重庆南开中学的这一段岁月。每个人来到世界上都有自己的使命和存在价值。教育可以帮助我们更快地认识自己,认识他人,也认识社会,从而在未来能够成为自己想成为的那个人。考上北大或者其他大学只是这个过程当中的一个短暂目标而已,它远不是终点。同学们要利用一切可能的机会去全面提高完善自己的能力,争取每一天都过得比前一天更好。

2009 年 12 月 28 日初稿于北大老化学楼

2014 年 3 月 17 日定稿于 Stanford University

招生的指标*

——答《科学时报》记者采访

《科学时报》:高校在全国各省普遍设有“招生工作组”,请问在整个招生录取过程中,这个工作组在各地的主要工作是什么?各高校是否对其招生工作设有硬性指标?

秦春华:招生工作组在各地的主要工作有三项:一是完成在当地的招生计划;二是向考生和家长介绍学校当年的招生政策、专业设置和学科特点等情况;三是指导考生合理填报志愿。学校对招生工作组只有一个硬性指标:完成招生计划。当然,招生工作组也要为学校招收最适合自己培养的学生,努力争取最优秀的生源。但并不像外界猜测的那样有一个具体的明确的考核指标。

《科学时报》:高校招生录取中是否存在一些不合理的现象,现有的考试方式、志愿填报方式等,与招生制度不配套的表现有哪些?

秦春华:由于我国考生数量庞大,优质高等教育资源相对稀缺,这一矛盾决定了在相当长的一段时间,中国高校招生录取制度不会发生根本性的变化,即仍然只能采取目前的高考招生录取制度。众所周知,经过三十多年的发展,高考制度本身出现了一些弊端,需要进行改革。但任何改革,都必须在坚持高考整体框架不变的前提下进行。因为到目前为止,高考仍然是最公平的人才

---

* 此次为书面采访,删改版发表在《科学时报》(现名《中国科学报》)2011 年 7 月 26 日 B1 版大学周刊,题目为《专访北大招办负责人:高考招生不只是高校的事》。

选拔制度。作为国家考试,它保证了任何一个符合报考条件的高中毕业生,无论他的家庭背景、经济条件、社会地位如何,都能有平等的机会参加高考,从而改变自己的命运。因此,问题的关键并不在于高考志愿填报方式和高校招生录取制度二者未能同步配套,而是在于,在坚持目前的高考招生录取制度的前提下,如何选择更为合理的高考志愿填报方式。

在目前的所谓"招生乱象"中,有一种观点将其归结为高校招办错误地制定了争取优秀生源的硬性指标,认为只要取消了这些指标,就不会出现这些问题;另一种观点将其归结为考生和家长错误地向高校提条件,认为只要考生和家长道德素质高,根据自己的兴趣爱好选择学校,也不会出现这些问题。我认为,这两种观点都没有抓到问题的本质。

任何一个机构和个人都要追求自身利益的最大化,在这一追求过程中,他们会受到外部制度环境的制约。不同的制度环境提供了不同的激励。制度变化了,机构和个人的行为也会随之改变。这和道德水准没有任何关系。仔细观察一下就可以发现,这些"招生乱象"主要发生在高考后知分填报志愿的省市。在那些高考前或高考后估分填报志愿的省市,则完全没有发生。这说明,问题的根源可能出在高考后知分填报志愿的方式上。它改变了考生和高校的行为方式。

在高考后知分填报志愿的方式下,一方面,高校为了争取最优秀的生源,一定会采取各种措施,确保目标学生能够填报本校。这是一场"零和博弈",但由于生源竞争关系的存在,谁也无法从这场博弈中脱身。当前,高校在招生中的所有做法都和这一方式有关。比如,和考生签订预录取协议,人为减少公布的招生计划,甚至只在某个省市投放一个招生名额等。不是高校喜欢这样做,而是制度设计逼迫你只能采取这样的方式。另一方面,考生为了最大限度地实现自己的利益,确保自己被某一高校的某一专业录取,一定会采取各种措施,和高校进行谈判。如果学校不答应考生的条件,考生就报考另一所高校。由于考生之间也存在竞争关系,因此,高校招生变成了一场依据分数高低进行的拍卖和交换。不是考生和家长喜欢这样做,而是制度设计逼迫你只能采取这样的方式。如果高考志愿填报方式是考前或估分,就不会出现这样的情况。

因为在不知道考生分数的情况下，高校想去争取某个学生却没有目标；考生想去和高校进行谈判却没有资本。双方都没有对接的动力和途径。

《科学时报》：在招生录取过程中，高考分数是最直接体现生源质量的硬指标。在招生过程中，是否还有其他评价指标来综合判断考生素质？在目前的高考体制下，有没有可能突破招生的“唯分数论”？

秦春华：有一种观点认为，依据高考分数录取是导致招生乱象的原因。如果有其他替代性指标来综合判断考生素质，就可以防止高考招生中的“唯分数论”。应当说，这是一个良好的愿望，但问题的关键在于，在现行高考体制下，我们很难研究出这样的替代性指标，更不要说在实践中推行了。对一个人进行评价是非常困难的事情。即使在西方国家，学生学业成绩也仍然是高校招生的重要依据，尽管不是唯一依据。他们也还在研究更为合理的评价体系。在中国现阶段国情下，高考分数仍然是老百姓公认的“硬杠杠”。突破了这个“硬杠杠”，就突破了老百姓心理的底线，就会被认为是不公平。当然，我们不能把依据高考成绩录取直接等同于“唯分数论”。在高考分数之外，我们还要考察学生的理想抱负、社会责任感、好奇心和志趣等非智力因素。这也许是高校自主选拔录取所要考虑的核心问题，也是北大“中学校长实名推荐制”所要探索的重要内容。现在看起来，传统的以分数论英雄存在很多弊端，国外的方式方法很难在国内实行，我们必须要探索一条具有中国特色的人才选拔新模式。

《科学时报》：很多考生选择院校和专业时，在不同程度上有着“盲目性”。在您看来，高校招生部门是否能够对其进行更多的指导，以帮助他们更加合理地选择？在实际的录取过程中，招生部门是如何衡量考生专业倾向和适应性的？

秦春华：在高考前或高考后估分报志愿的省市，高校招生老师能够对考生报考志愿提供一定程度的指导，帮助他们进行更加合理的选择。但在高考后知分报志愿的省市基本上做不到。原因很简单，一旦考生知道了自己的分数，当他来和你进行谈判的时候，高校就变成了弱者。你只能答应他的专业要求，否则他就转投其他高校。如果考生的专业选择是理性的,这也没有问题。但实际情况是,考生往往并不清楚自己的兴趣爱好和对未来的规划,他只能依据社会上普遍的看法进行选择。而且,由于他已经明确地知道了自己的分数,也清楚地知道自己分数的“价格”,于是,普遍存在怕“吃亏”的心理。如果我考了一个很高的分数,却没有选择一个“热门专业”,那我岂不是吃亏了?于是,经济管理等所谓“热门专业”的“价格”被抬得越来越高,而一些基础学科或长线专业变得越来越无人问津。显然,这对高校学科建设以及国家和民族的创新人才培养是十分不利的。

《科学时报》:在一些国外大学招生中,考生可以同时拿到多份录取通知,最终选择其一。这种招录方式,在目前我国的高考制度中是否有实现的可能性?

秦春华:现在有一种观点很流行,认为中国应当实行和国外大学一样的招生制度,考生可以同时拿到多份录取通知书,最终选择其一。这种观点有一定的道理,但它忽视了中国现阶段国情。国外大学实行这样的招生制度有一个前提,就是该国的高等教育足够发达,优质高等教育资源充裕,生源数量相对较少。但这些前提在中国现阶段都不存在。首先,中国目前只是一个高等教育大国,还不是一个高等教育强国,优质高等教育资源还很稀缺。如果我们和美国一样,有几十所水平相当的一流的高水平大学,当然可以实行这样的招生制度;如果我们和台湾地区一样,高校招生数量已经超过考生报考数量,当然也可以实行这样的招生制度。但显然我们还达不到这个水平。实际上,中国也实行了这样的招生制度,只不过是在民办大学和高职等学校而已。如果把高等教育看作一个市场,高校是供给方,考生是需求方,只要需求远远大于供给,就很难实行这样的招生制度。其次,中国目前每年的考生人数仍然有九百多万,本科一批院校招生数量只有一百多万。如果实行这样的招生制度,会造成巨大的资源浪费和不公平。结果只有少数人获得了多个机会,而多数人可能连一个机会都没有。

《科学时报》:有学者指出,高校招生、培养和毕业应该是一体的。在您看来,招生工作应当如何更好地与学生培养相结合?目前的招生录取制度应该作哪些改革才能使人才选拔更加科学合理?

秦春华:高校招生不是目的,对于北大来说,招生的根本目的不仅仅是招收那些高考成绩最优秀的考生,而是要招收未来能够改变世界的拔尖创新人才。因此,我们始终强调,招生要为人才培养和学科建设服务,为建设世界上最好的本科教育之一奠定坚实基础。但高考招生制度不只是高校自己的事情,它牵涉千家万户的利益,必须要考虑公平问题。这是我们的历史责任。事实上,我们始终在寻求拔尖创新人才培养和促进社会公平之间的平衡。这是一对矛盾。现在看来,在现行高考招生制度内解决这个矛盾有很大困难。最根本的解决办法,还是按照《国家中长期教育改革和发展规划纲要》提出的关于“考试招生制度”改革中的设计方案,即实行“综合评价、多元录取”的方式。这方面我们还有很长的道路要探索。

2011 年 7 月 21 日初稿于北大博雅国际会议中心

2011 年 7 月 23 日定稿于北大博雅国际会议中心

北大自主选拔录取的原则和标准

——中国国际广播电台访谈

时间:2012 年 6 月 21 日

地点:中国国际广播电台,《成长你我他》栏目。

主持人:很多人对于中国高考有不甚满意的地方,所以这几年开始的高校自主招生是不是对于高考大一统的考试模式的完善和改进呢?

秦春华:目前,社会对于高考的态度处于纠结状态。一方面,认为根据中国国情,大一统的高考是最公平的选拔方式;另一方面,认为高考制度是导致当前各类教育问题的源头,对其持批评甚至是否定的态度。不满意的地方主要集中在:一是认为高考过于僵化,分数决定一切,会导致基础教育中严重的应试培训倾向;二是认为高考用一张试卷衡量了不同层次的学生,在选拔人才的区分度上面临无法回避的问题;三是认为现行高考制度没有体现高校的招生自主权,不利于优秀创新人才的培养。

正是因为意识到上述问题的存在,从 2003 年起,在教育部的统一部署下,北大、清华等一批“985”高校开始实行自主选拔录取改革试点工作,目的是“积极探索以统一考试录取为主、与多元化考试评价和多样化选拔录取相结合,学校自主选拔录取、自我约束,政府宏观指导、服务,社会有效监督的选拔优秀创新人才的新机制”,“进一步深化高等学校招生录取制度改革,扩大高等学校招生自主权”。实际上,这正是国家“关于高考制度一要坚持,二要改革”的战略思想的具体体现。应当说,试点工作开展十年来,自主选拔录取对于逐步改变“一考定终身”的弊端,用自身的灵活性弥补高考制度的僵化性,以及扩大高校招生自主权等方面发挥了积极作用。

主持人:目前北大的自主招生原则和标准是什么?

秦春华:从长远来看,我们的目标是通过自主选拔录取能够选拔出最适合北大培养的学生。目前,我们采取了两种形式:一种是组织自主选拔录取的笔试和面试。根据名额和分数线确定一部分候选人,这些学生在参加高考后可以根据事先确定的降分标准享受相应的录取政策。也就是说,它用两次考试成绩弥补和避免了一次考试可能出现的偶然性。另一种方式是近年来我们推出的“中学校长实名推荐制”,根据中学校长的推荐意见和北大组织的面试成绩,综合确定候选人,这些学生在参加高考后可以根据事先确定的降分标准享受相应的录取政策,其降分幅度要远远大于普通自主选拔录取的降分幅度。它的特点是以对学生的过程性评价部分替代了高考的一次性偶然评价,应当说更为科学合理。

上述两种方式的招生原则是在确保公平的前提下,尽最大可能追求人才选拔的效率,也就是要把最适合北大培养的学生发现、选拔出来。第一种方式的招生标准依然是分数。在目前的中国国情下,它有助于消除人们对于自主选拔录取的疑虑,增强公信力,但同时也削弱了改革的力度,甚至延宕了真正的改革。第二种方式的招生标准是中学校长对学生的长期观察和北大对学生表现的综合评价。这项工作的难度和挑战性都很大,应当说我们的经验还很缺乏,尤其和世界一流大学相比更是如此。

主持人:在学生的整体素质方面,北大自主招生的考虑是什么?

秦春华:受到考试形式的制约,高考只能考察学生的学业成绩,但对于人才选拔来说,仅此一点显然是远远不够的,我们必须对学生进行综合评价,全面考察学生的整体素质。概括地说,我们对学生提出的要求是,综合素质全面,学科特长突出,志向远大,具备发展潜能,社会责任感强。当然,还可以在这个清单上列出更多的项目。实际上,它们就是北大自主选拔录取的标准,同时也是北大本科招生的标准。现在我们面临的主要问题是:这些标准科学吗?它们可以被转化为可以测量的标准吗?这可能是今后十年北大招生工作的努力方向。

主持人:有没有对这些学生大学毕业以后的情况进行跟踪呢?

秦春华:目前,自主选拔录取改革的试点工作仅仅进行了十年,当初第一批参加自主选拔录取的学生,现在可能刚刚博士毕业或者参加工作的时间不长,因此很难对他们的状况进而对试点工作的效果进行客观公正的评价。这是教育政策的特殊性所在——它的政策时滞特别长。德国著名教育家洪堡曾经说:"一项教育政策的效果往往要在25年以后才能看到。"对此我们要有足够的耐心。尽管如此,我们还是对在校学生进行了追踪调研。结果显示,通过自主选拔录取进入北大的学生在学业、社会服务等各方面的表现要普遍优于通过高考录取的学生,特别体现在相比而言前者的思维更加活跃,求知欲望也更加强烈。这从一个角度说明了自主选拔改革试点工作的成效。

主持人:北京大学的自主招生如何接近您刚说的努力方向?

秦春华:目前,我们正在以"中学校长实名推荐制"为试验田,谨慎稳健地推进本科招生综合评价体系的建设。我们希望通过这一制度,除了考察学生的智力因素外,还要考察学生的理想抱负、批判性思维、领导力、研究潜质以及社会责任感等一系列非智力因素,以日常的过程性评价替代高考的一次性评价,从而对基础教育的发展产生一定程度的影响。

主持人:在国外有没有可以借鉴的先例?

秦春华:这是目前国际上的大学,特别是顶尖大学普遍采用的招生办法,也就是以学生的平时成绩、各类表现等综合情况作为大学录取的依据。例如,美国的大学录取标准有几十项之多,如高中学业成绩、SAT或ACT成绩、中学课程、参加义工活动,以及所获奖励等,每一种因素都会起到作用,而不是只有考试成绩一项。但我们不能把这一套做法进行简单的移植,必须进行创造性转化,建立具有中国特色的人才选拔模式。因为任何一种招生制度都不是独立的存在,而是和其所在国家的教育制度、社会环境、文化背景等因素紧密联系在一起的。脱离了这些因素，只是简单移植了外在的方法，很可能会造成巨大的混乱。特别是在中国目前的情况下，我们更要倍加小心。

主持人：现在有一些学者提出欧美国家的大学是宽进严出，而中国的大学是严进宽出，您怎么看待这个问题？

秦春华：对于这个问题我没有做过专门研究，但我认为，宽进严出和严进宽出只不过是两种不同的人才选拔和培养模式，而且符合一个国家高等教育发展的不同阶段的要求。宽进严出的灵活性高，能够根据教育过程的实际情况进行调整，适应性比较强，但它必须建立在高等教育资源非常丰富的基础之上——你能够给淘汰下来的人提供重新选择的机会。目前，在中国高等教育资源——尤其是优质教育资源——还相对缺乏的情况下，严进宽出可能是一种成本相对较小和稳健务实的选择模式。从长远来说，为了提高教育质量，中国大学可能也要逐步严格毕业的标准，但这需要同时建立一系列相关配套措施，例如学分互认制度，等等。

主持人：我们看到很多大学生在上了大学后就找不到学习的方向和目标，没有动力了，对于这种情况北大有什么考虑和措施吗？

秦春华：这种情况的出现和当前基础教育的严重应试倾向有直接关系。教育是一个连续的、终身的过程。高考和上大学只是其中的一个内容和阶段性的小目标而已。但由于高考制度的僵化，现在这个小目标在中学、家长和学生那里就变成了终极目标。教师的任务是为了训练学生考上好大学，学生的目的是为了考上好大学，在这个过程中，教育的本质被毫不留情地丢弃了。因此，并不奇怪，当学生考上大学之后，他（她）当然就找不到目标了。因为他（她）原来的目标已经实现了，而他（她）从来都没有想过在这之后还会有什么。正如鲁迅先生在1923年提出的那个著名的“娜拉出走之后怎么办”一样，今天的大学生也没有思考过“考上大学之后怎么办”的问题。这一方面需要通过高考制度的改革加以引导，另一方面，也要努力使学生在中学阶段能够发现自己的兴趣，逐步清晰自己的人生追求和目标。

就北大而言，这种情况不是特别突出——当然他（她）们也同样面临“娜拉出走之后怎么办”的问题——一方面是因为他(她)们可能还希望到世界上最好的大学深造,目标还没完成;另一方面是因为北大的学习压力很大,竞争很激烈,学生如果不努力的话,可能很难顺利毕业,一旦被淘汰成本实在太高,因此每个人都不敢掉以轻心。

主持人:我听到国内一些学者说现在的中小学实行应试教育,是因为应试教育在大学里继续得到推行,您怎么看待这些学者的观点?

秦春华:我不太清楚这个观点的前提和背景,也看不出二者之间的逻辑联系。目前中小学实行应试教育的根本原因在于大一统的高考招生制度造成的“指挥棒”效应。因为大学招生只看学生的高考成绩,政府和社会评价中小学的标准是升学率和考试成绩,作为中小学校长就不可能有第二条选择道路。一些怀有教育理想和良心的校长尽可能地“一心二用”“脚踩两只船”,在确保考试成绩的前提下推行素质教育,但他们的处境已经越来越艰难,很可能在面临巨大压力的情况下无法继续支持下去。大学在这个问题上要承担起自己的责任。

至于大学本身是否推行了应试教育,我不了解其他高校的情况,不能妄下断言,但至少北京大学不是这样。我们鼓励学生的创新思维,大胆提出不同的观点,挑战老师和教科书的权威,努力消除学生在中学阶段养成的应试习惯。毕竟,人生是一段旅程,不是考试。如果大学还在实行应试教育,那么它所培养的学生就不会具有任何创造力。

主持人:我们都觉得应试教育很害人,但为什么都扭转不了这种状况?

秦春华:这正是我们的悲哀。我们每个人都意识到应试教育的危害,都不希望把自己的孩子送到这样一个泥潭之中,但是每一个人又不得不这么做。这是一个典型的“囚徒困境”——每个人都知道最优选择是什么,但没有一个人会做出这样的选择。我们就好像进入了大草地一样,一旦陷入沼泽,就会越陷越深,而且越挣扎陷得越深,单靠自己的力量无法自拔。更可怕的是,周围有一种看不见的力量,裹挟着你明明知道前面是陷阱,也还要义无反顾地陷进去。很多中学校长、老师、家长和学生就这样被迫进入了一个看不见任何希望的人生。其根源仍然在于大一统的高考招生录取制度。如果不从根本上对其进行调整和改革,基础教育中的应试状况就不可能得到改变。无论教育主管部门下发多少文件,提出多少口号都没有用。因为即使中学在政府压力之下退出,自然也会有市场化的培训机构跟上来。

最近几年,伴随着中国经济的飞速发展和居民个人财产的快速增长,一些不愿意踏入泥潭的家长选择了另外一条道路:“用脚投票”,直接送孩子去国外接受教育。他们已经具备了不再和高考制度玩的意愿和能力。这是我们面临的另一个严峻的挑战。从这个角度看,高考招生录取制度的改革的确迫在眉睫。

主持人:您怎么看待“钱学森之问”:为什么我们的学校总是培养不出杰出人才?

秦春华:“钱学森之问”是社会非常关注的热点话题,同时也是一个非常宏大的命题。既是对教育的拷问,也是对社会的拷问。不同的人从不同的角度可能会给出不同的答案,这些答案将有助于我们更深刻地反思我们的教育。

就我本人而言,我认为,学校总是培养不出杰出人才的一个重要因素是人才选拔制度的制约。杰出人才所必须具备的创新精神、批判性思维、好奇心和坚韧不拔的意志等非智力因素,统统无法在大一统的高考招生录取制度中得到体现。更重要的是,这一制度从两方面正在扼杀学生的这些宝贵素质。一方面,它通过大规模重复性训练将这些素质从学生的培养过程中剔除出去;另一方面,它将具有这些素质的学生排斥在好大学之外——因为他(她)们的高考分数可能因为没有接受足够的重复性训练而不够高。将来我们要想培养出像钱学森先生那样的杰出人才,首先必须从人才选拔制度上进行调整,一定要给那些具备创新精神和潜质的学生提供适合培养他们的土壤和宽松自由的氛围,帮助他们不断向着成为杰出人才的方向努力。

主持人:在您看来,什么是真正的高等教育?

秦春华:一般认为,大学具备三种功能:人才培养、科学研究和社会服务。也有人提出,应当加上第四种功能:文化传承。我认为,就高等教育而言,最根本的任务和最核心的使命是人才培养,尤其是本科人才培养。真正好的高等教育,应当使学生在接受教育的过程中,能够建立一套终身不易的价值观体系,形成正确的思维方法,养成终身学习阅读的习惯,发现自己,认识他人和社会,面对未来社会非常复杂的变化时可以从容应对,推动社会的进步而不是成为一个反社会的人。但真正实现这些目标是非常困难的。

主持人:是不是必须要在大学校园里接受这样的教育呢?

秦春华:人类社会进入网络时代以后,关于教育出现了一种新的观点,认为网络教育可能会取代校园教育。我对此持谨慎的保守态度。大学教育的关键不在于给学生讲授更多的知识——现代社会的知识存量如此丰富以至于一个人不可能学完所有的知识,并且知识的蜕化速度很快——而是在于引导帮助学生在获取知识的过程中通过系统性的训练形成正确的思维方法和习惯,使他(她)们能够适应未来社会复杂快速的变化。具体的知识完全可以通过搜索引擎获得,但思想的方法必须通过系统性的讨论和交流才能掌握。大学的意义在于来自不同地域、不同民族、不同种族、不同文化背景的学生可以集中在一起相互学习、相互砥砺、相互借鉴、相互促进和相互竞争,从而形成对不同文化的理解和包容。这和通过网络学习知识是完全不同的概念。因此,大学校园教育是不可替代的。

2012 年 6 月 25 日初稿于北京大学老化学楼

2014 年 3 月 19 日定稿于 Stanford University

北大的选材之道

——中国教育在线访谈

访谈人：任蕾，中国教育在线执行总编

时间：2013 年 1 月 29 日

任蕾：据报道，北京大学将在高中推行 5 门“中国大学先修课程”，此举的初衷是什么？是否会对吸引更多优质生源起到促进作用？

秦春华：这个说法不准确。“中国大学先修课程”不是北京大学在高中开设的。“中国大学先修课程”是高中新课改选修课体系内的一个组成部分，是高中选修课程分层体系中处于高端部分的课程，主要满足少数学有余力的学生进一步发展自己兴趣的需要。“中国大学先修课程”委员会负责整个项目的规划、指导和实施。委员会主要由大学和中学的相关人士组成。事实上，在北京十一学校、北大附中等中学，已经开设了这样的课程，而且不止一门。在课程建设过程中，中学感到迫切需要得到大学的支持和帮助，因此找到北大，一方面希望北大的专家教授能够参与课程设计，提供师资培训；另一方面希望北大招办能够认可“中国大学先修课程”的成绩。我们认真研究了中学的需求，认为这是一个正确的方向，应当给予支持。因此，准确的说法是，应中学要求，北大支持部分中学试点开设“中国大学先修课程”，北大招办承认先修课程成绩，将其作为自主选拔录取综合评价系统的重要依据之一。“中国大学先修课程”是一个开放的体系，不可能被贴上某一个大学的专属标签，我们也不主张这么做。北大在“中国大学先修课程”建设中只起了两个作用:一个是提供支持和帮助,另一个是承认课程成绩。这也正是我们称其为“中国大学先修课程”而不是“北京大学先修课程”的原因。

为什么北大要支持这样一个项目呢?原因在于,首先,它是解决目前中学教育和大学教育脱节的有效途径。学生从个人兴趣出发,提前体验、了解大学课程内容,可以为更好地完成大学阶段的学习做好准备;让学有余力的学生提早开始接触大学课程,可以为将来理性地选择大学相关专业奠定基础;通过有准备地学习自己感兴趣的领域更广、层次更深的内容,能够有效提升学生面对挑战时的自信,同时培养了思维方法和探究未知世界的能力;选修“中国大学先修课程”显示学生有能力接受并完成大学教育,表明学生具有接受挑战的热情,并充分展示自己某方面的学业成就,将为大学自主选拔录取时综合评价提供重要参考依据。其次,《国家中长期教育改革与发展规划纲要(2010—2020年)》中明确提出要“深入推进高中课程改革,创造条件开设丰富多彩的选修课,为学生提供更多选择,促进学生全面而有个性的发展”“推进培养模式多样化,满足不同潜质学生的发展需要,探索发现和培养创新人才的途径”。教育部在2013年工作要点中支持有条件的中学与高校、科研院所开展创新人才培养研究和试验,建立创新人才培养基地。2012年,浙江省教育厅出台了《浙江省高等学校面向普通高中学生开发开设大学先修课程的指导意见》,积极鼓励省内高校以多种形式参与全日制普通高中选修课建设,特别是参与开发开设面向普通高中学生的大学先修课程。北京市教委也在2013年工作要点中明确提出,要积极推进高中自主课程设置试验,支持开设自主研修课程、选修课程,探索开设大学先修课程。应当说,“中国大学先修课程”在发现和培养拔尖创新人才方面的积极作用正在得到越来越多的认可。中学和大学合作开设“中国大学先修课程”的条件已经基本成熟,可以迈出实质性步伐。再次,多年来的实践经验告诉我们,高校招生录取制度是基础教育改革的关键。长期以来,基础教育工作者本着办“人民满意的教育”的宗旨,凭着对教育事业的神圣感、激情和良知,在素质教育方面进行了大量卓有成效的创新,为拔尖创新人才培养奠定了坚实基础,对此,高校招生机构应当给予充分尊重和积极支持。如果招生录取制度不发生变化,"指挥棒"的指向仍然是单纯依赖高考成绩作为唯一录取依据,无论基础教育出台多少好的政策措施,都无法撼动"应试教育"的根本,最终都会导致基础教育改革动力不足,使改革无疾而终。当基础教育发出强有力的呼唤的时候,高校招生机构不能无动于衷,要伸出手来拉一把。上下互动,才能把孩子从"应试教育"的泥潭中拉出来。最后,当前,中国大学——特别是"985"高校——的招生工作正在面临着内外两方面的严峻挑战。一方面,国内基础教育在"分数为王"的指挥下,以培训替代教育的现象愈演愈烈,并且呈现越来越严重的"劣币驱逐良币"效应。孩子的创造力、想象力和创新精神正在被像磨盘磨面一样一点一点榨干。大学招收的学生,越来越缺乏远大理想,越来越缺乏独立发现和探索问题的能力,只知道考试和做题,只关心分数和奖学金,不知道自己喜欢什么,兴趣在哪里,甚至不知道自己不喜欢什么,越来越难以适应大学培养未来能够影响世界甚至是改变世界的灵魂人物的要求。另一方面,越来越多的优秀中学生和家长开始"用脚投票",直接选择去世界一流大学读本科。北大和清华等高校如果再不在人才选拔制度上进行根本性变革,未来将只能招收一批分数很高但缺乏创新精神的二流生源,那将会对国家和民族的人才战略带来难以估量的致命危害,而且其速度和规模将会呈几何级数增长。

北大支持"中国大学先修课程"的起点和立意,根本不是为了吸引更多优质生源。我们早就超越了这个层次。如果真是这个目的,我们就不会强调这是一个开放的体系,希望越来越多的中学和大学加入这一行动之中。"中国大学先修课程"发展得越顺利,受益的中学和大学就越多。多几个还是少几个所谓"高考状元",北大毫不在意。当面临如此严峻挑战的时候,中国大学如果还在为争夺几个高分学生而"厮打"的话,那不只是一种悲哀,更是一种耻辱。

任蕾:当前,学生的课业负担已经很沉重了,教育部也三令五申要求中学"减负"。"中国大学先修课程"的推出会不会使学生的负担变得更重?

秦春华:首先,我们要正确理解什么是"负担","减负"减的是什么"负"?在我看来,这个"负担"指的应当是"应试教育"中的大量的重复性的机械训练。如果一个学生成天面对的是上不完的课,写不完的作业,这的确是负担,必须要减。但是,如果给学生提供的是多样化的分层次的课程体系,学生可以根据自己的兴趣、爱好和特长去选修,上课的方式不只是传授知识点,更重要的是教会学生养成良好的阅读研究习惯,养成正确的思维方法和价值观,那它可能就不是负担,而是一种快乐,尽管你需要阅读的书可能更多,付出的时间可能更长。比如北京十一学校,它的必修课只有四门,却有 200 多门选修课。没有一个学生觉得负担沉重——他自己会选择哪些课程适合他。其实,勤奋和汗水从来都是成就宏图伟业的基本条件。天上不会掉馅饼,没有人能轻轻松松获得成功。在美国最顶尖的私立学校,最优秀的学生一样学得很辛苦,睡觉时间很少,唯一不同的是他们自己觉得很快乐。不加区别地片面地强调"减负",既是对教育部政策的误读,也会消磨我们孩子的意志,降低他们迎接挑战的勇气和能力,甚至使他们耽于安逸而不自知,后果是严重的。就在前几天,日本首相安倍晋三宣布本届内阁最重要的课题是"重建日本教育",为小学生增压,核心目的就是增强日本小孩的竞争力,将来能够有效地参与全球竞争,特别是其声称的要与中、韩学生进行竞争,应当引起我们的深思。其次,我们要对"学生"这个范畴有一个正确的理解。教育部关于中学"减负"的命令是一个普遍性的要求,但学生是分不同层次的。对于少数学有余力的学生来说,他面临的问题不是学习负担重,而是吃不饱。强迫他和其他学生齐头并进,对他而言既是痛苦,也是人才浪费。中国传统教育思想的核心是"因材施教",对于这一类学生,应该给他们提供不同层次的课程以满足他们多样化的需求。因此,我们始终强调,"中国大学先修课程"一定是在中学选修课体系内开设的,面对的对象是学有余力的学生,而不是全体学生。事实上,我们并不主张每一个学生都去选修这样的课程,也不是选修的课程越多就越好。在制度设计上我们已经保证了即使某些学生一定要勉强去选修,最后的结果却未必是好事,可能反而是坏事。如果说,"中国大学先修课程"会加重学生负担的话,那就意味着高中新课改的选修课体系是增加了学生负担——因为"中国大学先修课程"就在这个选修课体系内,并非新增课程,但这个逻辑显然是荒谬的。事实上,美国类似的 AP 课程有 37 门之多,却也没有听到哪一个人抱怨AP课程增加了美国学生的负担。恰恰相反,“中国大学先修课程”的开设,将会有力地改变目前单纯依赖高考分数作为单一评价因素的招生考试录取制度,减弱中学围绕高考进行“应试训练”的动力和积极性——因为高校招生录取制度变化以后,学生不这样做可能收益更大,何乐而不为呢?——不但不会增加学生的负担,反而会大大减轻学生的负担,真正收到“减负”的效果。我们一定要深刻地认识到,学生和家长都是理性的,他们会选择利益最大化的行动。当高考分数成为决定学生未来命运的唯一因素的时候,学生不会听命于任何伟大的号召。相反,一定会选择“用脚投票”——中学不是“减负”了吗?学生一定会去找培训机构,因为有这样的需求,大量的培训机构就会应运而生。教育行政机关只能命令中学,却不能限制培训机构,即使在表面上限制了培训机构,也还会有大量私下存在的个人培训者——只要高校招生录取的唯一依据是高考分数。于是,中国基础教育最奇特的现象发生了:孩子在学校快乐轻松得很,放学和周末就苦不堪言。中学“减负”越厉害,学生的负担就越重。原因很简单,当别人不学或学得越少的时候,我只要学得越多,分数可能就越高,在高考中胜出的几率就会更大。如果要真正减轻学生的“负担”,就必须通过“中国大学先修课程”这样的努力,逐步改变高考“一考定终身”的现状,用综合评价的方式录取学生。这就是我反复强调的,制度环境的变化会极大地改变人们行为的激励方向,它比任何文件、号召和命令都管用。

任蕾:香港高校赴内地招生加剧了各高校对优质生源的争夺,很多高考状元纷纷投入港校怀抱,那么北大如何在优质生源的竞争中保持优势呢?

秦春华:我们现在面临的竞争,不仅仅来自香港地区高校,也不仅仅是几个“高考状元”投入港校怀抱这么简单。我刚才已经强调了,多招几个少招几个“高考状元”,北大毫不在意。真正的竞争,来自世界一流大学。越来越多的我们在传统意义上认为的“好学生”开始选择直接去哈佛、耶鲁、斯坦福这样的世界一流大学读本科。这些学生是真正的好学生,不仅成绩好,而且有巨大的发展潜力,否则,他们不会被这些大学录取。我们正处在人才竞争的全球化时代。但我们几乎没有任何资源和能力能够参与这样的竞争——你在人才选拔方面缺乏起码的经验,而世界一流大学已经积累了上百年的拔尖创新人才的发现、选拔和培养的成功经验。恢复高考三十多年来,你判断一个学生优秀不优秀的标准只有一个:高考分数。但任何人都知道,分数只能说明一部分问题,不能说明全部问题,甚至不能说明任何问题。如果你没有人才选拔的“火眼金睛”,看不出人群当中未来二十年后谁可能影响甚至会改变世界,你拿什么去和别人竞争?这是一个方面的挑战。另一方面,按照大多数经济学家的看法,如果保持目前的经济增长速度或者稍低一点的经济增长速度,到2030年,中国极有可能成为世界上经济总量最大的国家。当这一天真的到来时,你除了钱,还拥有什么?你的教育、科技和文化发展水平能够适应这样的经济地位吗?因此,从人才选拔的角度出发,我们必须着眼于二十年之后的中国和世界,积极寻求自己的全球定位,绝不能成为一个只有钱的暴发户。其实,北大招办可以现在什么都不用做,十年之内依然能够招收到高考分数最高的学生,但现实和未来的严峻挑战不允许我们采用这样懈怠的“鸵鸟政策”。我们必须从北大人才培养的目标和特色出发,积极探索一条具有中国特色的拔尖创新人才选拔之路,发现选拔一批最适合北大培养,未来可能成为影响世界甚至改变世界的灵魂人物,为北大加快建设世界一流大学步伐,率先建成世界上最好的本科教育之一的宏伟目标奠定坚实基础。这是北大招生工作的使命和责任。

任蕾:据了解,“元培综合评价”系统首次纳入北大自主招生选拔,这和以前的选拔方式相比,最大的不同在哪里?综合评价都包含哪些内容呢?

秦春华:2013年,北大首次全面启动“元培综合评价系统”,对“中学校长实名推荐制”学生进行全方位系统深入地考察。这是一整套包含了独具特色的选拔理念、系统化的选拔标准、全面的考核内容、科学的选拔方式在内的一体化综合评价体系,目的是进一步打破“一考定终身”的窠臼,通过长期的过程性考核评价,为北大选拔更适合北大培养的优秀学生。和以往的选拔方式相比,最大的不同是我们第一次比较彻底地改变了单纯依赖考试成绩(无论是笔试还是面试)作为唯一录取依据的办法,真正实现了综合评价。

2013年,每一位申请“中学校长实名推荐制”的考生,要接受12位以上来自不同领域的专家全方位、多角度、多层次的考核，包括初步审核评价、学科基础面试、综合面试、随机抽查笔试、体质测试等五个环节。在初步审核评价阶段，每一份申请材料随机派发给 8 名专家匿名评审。每位专家根据北大独特的人才选拔标准体系，结合学生的个人兴趣、理想抱负、高中学业成绩、参与社会服务情况、获得各类奖励情况、个人特点和自述以及《优秀中学生素质养成手册》等方面在系统中独立进行综合评价，并提出评审意见。学科基础面试环节中，每一位理科学生均需阅读数学和物理两篇英文文献，一小时后随机分别接受数学、物理专家一对一考核；文科学生则分别随机接受中文、历史两位专家一对一面试考核。在综合面试环节，两位专家结合学生申请材料提供的信息和初步审核评价环节的建议，进行进一步的综合面试并提供学科规划指导。此外，所有学生均需参加体质测试，随机抽取的学生参加笔试抽查。综合上述五个环节的考生表现和专家评审意见，经北京大学自主招生专家委员会匿名投票，确定每一位考生最终获得的政策优惠幅度。整个选拔考核过程历时近一个月。

“元培综合评价系统”的实施，标志着北大正在按照教育部关于高校自主选拔录取试点工作指导意见的精神，开始建立健全高校招生综合评价体系。这一体系的核心是“评价”，方式是“综合”。也就是说，它不再以考试成绩，特别是笔试成绩作为高校招生的唯一依据，而代之以对学生全方位多维度系统性的综合评价。在这个系统中，学生的考试成绩仍然非常重要，但已经不再是评价的唯一因素，只是诸多因素中的一种。我们希望，高校招生录取制度的这一变化，将会引导学生避免把所有的注意力全部集中在考试分数上，而转向关注大学更为重视的理想抱负、兴趣爱好、好奇心、批判性思维等更重要的非智力因素上来，从而对目前基础教育极为严重的“应试导向”产生一个“纠偏”的效应。为什么将这一系统命名为“元培”呢？因为它体现了北大老校长蔡元培先生“兼容并包”的思想：任何一个真正有才华的人都能在北大实现自己的价值，无论你的背景和学历如何。我们希望这一系统能够为北大选拔更多样化的适合北大培养的优秀人才。未来，北大应该是一所大房子，墙上开了很多道门，每一个门口都贴有标签，提出选拔要求，学生可以根据自己的特点选择其中的门,经过门槛的考核进入北大——而不是像现在只有一道门。

最令人欣慰的是,“元培综合评价系统”解决了一个长期困扰我们的重要问题:公平。社会上一直有一个普遍的认识,只有分数是最公平的,因为它最大限度地排除了人情干扰因素,分数面前人人平等。最形象的比喻是,县长和农民的孩子一同参加考试,县长的儿子可能考不上而农民的儿子可能考得上,农民可能比县长还要风光,因为分数面前人人平等。似乎只要一脱离分数,就一定会出现请托现象和腐败行为,招生秩序就会大乱。四年前,当北大推出“中学校长实名推荐制”,第一次依据中学校长的推荐而不完全是分数的办法进行自主选拔录取时,社会舆论质疑之声一片。当时我们坚信一条,实践是检验真理的唯一标准。“阳光是最好的防腐剂”,严格的公示制度,利益相关者的参与与监督,会最大限度地防止违规行为的发生。四年过去了,事实证明我们当初的判断是正确的。但即使这样,我们对不依赖于分数进行综合评价还心存疑虑,担心如果没有一个看得见摸得着的量化指标,会不会损害公平。现在我们一点也不担心了,因为我们找到了解决问题的法宝。如果你仔细了解这一系统的实施过程,你就会发现,它可能是最公平的选拔方式之一。因为考核的环节太多,而且所有的环节都是随机和匿名的,没有任何一个人能够有能力打通所有的环节,也没有任何一个人能够有能力在任何一个环节上施加任何影响。即使万一有人在其中某个环节施加了影响,也不会产生太大作用,因为最终结果是综合评价的,被施加影响的环节可能对最终结果产生不了太大影响。当然这个系统还要继续完善。这就是通过程序正义实现了结果正义。

任蕾:自主招生在争议中走过了十多年的历程,您认为现在的自主招生最应该改进和完善的是什么?对于农村考生无法像城市孩子一样享受到自主招生的实惠这样的声音,您是如何看待的呢?

秦春华:不知您是否注意到,我一直使用的表述是“自主选拔录取”,而不是“自主招生”。和“自主招生”相比,“自主选拔录取”是更为规范也更为准确的表述——选拔录取和招生不完全是一回事。最近我写了几篇文章,站在研究者的角度对高校自主选拔录取试点工作的十年历程进行了一些粗浅的也许是并不正确的分析,只代表个人观点,与我所服务的机构无关。我的基本观点是,十年高校自主选拔录取试点工作,打破了大一统的高考招生录取模式,为高校招生注入了活力;扩大了高校办学自主权;推动了中学教育由“应试教育”向“素质教育”转变,取得了丰硕成果。当前,高校自主选拔录取试点工作的核心,应当是教育部早在2003年提出,2012年再次强调的,建立健全高校各具特色的招生综合评价体系,不宜再在考试的内容和形式上修修补补,否则极有可能把试点工作拖入死胡同。

为什么招生综合评价体系是高校自主选拔录取试点工作的核心?要回答这个问题,我们要回到2003年——历史的起点。那一年春季,在教育部的统一部署和领导下,部分高校开始进行自主选拔录取改革试点工作。试点工作的初衷,是意识到传统的大一统高考录取模式存在一定弊端,希望在一个比较小的范围内——比如,各高校当年本科招生计划总数的5%——“积极探索以统一考试录取为主、与多元化考试评价和多样化选拔录取相结合,学校自主选拔录取、自我约束,政府宏观指导、服务,社会有效监督的选拔优秀创新人才的新机制”,目的是要“进一步深化高等学校招生录取制度改革,进一步扩大高等学校招生自主权”。(《教育部关于做好高校自主选拔录取改革试点工作通知》教学厅〔2003〕2号)可以看出,高校自主选拔录取试点工作的起点一开始就很高,目标直指高校招生录取制度改革和建立完善选拔优秀创新人才的新机制,并不完全如社会上某些人所说的要给在高考中达不到录取分数线的学生提供入学机会这么简单。当时的招收对象主要考虑有两类:一类是综合素质优秀,另一类是学科特长突出。但在实际操作过程中,由于各高校普遍采用了在高考前先期选拔,高考后加分的模式(中南大学除外,他们从一开始就探索了高考后面试的方式),使自主选拔录取逐渐异化为各高校提前圈定甚至争夺生源的工具。有学者因此认为这不是真正意义上的自主招生,只是降分录取,的确切中了要害。这种模式在一定程度上弥补了统一高考录取的不足——毕竟,它不是依据高考成绩“定终身”,虽然高考成绩仍然起决定作用——给更多优秀学生提供了机会。十年来部分高校的调研结果显示,通过自主选拔录取途径进入大学的学生表现普遍高于通过高考途径进入大学的学生。但是,这种模式的最大弊端,在于它并没有从根本上改变传统高考录取的选拔方式:它仍然是用一次笔试成绩作为录取依据。虽然很多高校采用了面试方式——姑且不论面试的科学性——但在最终录取结果上起到的作用并不大。也就是说,它只不过是在用另一次也许没那么科学没那么权威的考试成绩去替代了高考成绩而已。无论是选拔对象还是选拔途径抑或是选拔内容都没有本质上的变化——录取线上的学生你不想要也不行,录取线下的学生你想要也不行。实际上,高校自主选拔录取试点工作的全部内容可以概括为一句话:从根本上改变传统高考录取的选拔方式,不再用一次笔试成绩作为录取依据。至于录取依据是什么,需要各高校根据自身人才培养特色和需求制定综合评价体系,选拔适合自己培养的学生。

用分数选拔人才是最简单的办法,成本最低的办法,也是最偷懒的办法,用计算机就可以完成。用综合评价选拔人才是最复杂的办法,最辛苦的办法,也是成本最高的办法,必须要通过人去选拔人。但是,高校为了能够选拔出适合自己培养特色的,未来能够影响世界甚至是改变世界的灵魂人物,付出这样的成本就是值得的,最终的投入产出比也许最高。

您提到的第二个问题,农村孩子无法像城市孩子一样享受到自主选拔录取的实惠,实际上指的是公平问题。原本按照教育部的规划,自主选拔录取试点工作因为只涉及很少一部分学生,基本不涉及公平问题。但是,随着试点高校自主选拔录取规模的不断扩大,特别是自主选拔录取联合考试,使数量庞大的学生开始被裹挟进去——每个人都要争取这一机会,任何人都不会放弃这一机会——"马太效应"开始形成。由于参加自主选拔录取需要投入远比参加高考高得多的成本,使农村和家庭经济困难的学生处于不利地位。"连参加公平竞争的机会都没有"开始成为对自主选拔录取改革试点工作的最大指责,因为它使原本就十分脆弱的教育不均衡问题显得愈加突出。也许,这将是对政策制定者最大的考验——在当前中国社会对公平问题十分敏感的情况下,任何对社会公平可能构成的威胁都将成为废除这一政策的强大压力和动力。如果是这样,十年辛劳毁于一旦不说,中国招生考试制度乃至中国教育再想启动任何变革都会变得更为艰难,后果可能是难以估量的。

目前,解决这个问题的基本办法有两个,一个是增加名额,另一个是单独划定录取线。教育部在高校自主选拔录取试点工作的指导意见中，明确提出要增加对农村地区、偏远地区和少数民族地区学生的政策倾斜。北大、清华、人大等高校都采取了这个办法。实际上，这也是明太祖朱元璋曾经采用过的办法——六百多年前，他为了提高北方士子的中榜率，单独为北方士子划定了中举名额。

但这只是一个治标的办法，治不了本。姑且不论单独划定的名额是否一定会落在真正的农村孩子身上——"房姐"的故事告诉我们，有些人可能能够拥有多个户籍。单就单独划定名额一项，就会引发很多具体问题。我们一定要清醒地认识到，公平意味着正义，但正义的涵义本身常常就是含混的。比如，当一列火车正在行进时，司机发现前面出现了五个人，旁边有一个岔道，上面有两个人。火车如果直接冲过去，是五个人死亡；如果拐到旁边的岔道，是两个人死亡。司机怎样做才算是公平和正义的呢？这个问题其实很难回答。在招生考试录取制度上也是一样。如果你要承认"分数面前人人平等"，你就很难提出要为某一类学生单独划定录取线的理由，除非你同时承认"分数面前可以有人不平等"。当然，有人会提出，这是"补偿性平等"——用"不平等"方式通过补偿实现"平等"，以"反歧视"治理"歧视"。但"补偿性平等"的政策后果直到今天仍然在世界范围内存在争议。

请不要误解，也不要断章取义，认为我不支持对农村孩子提供政策倾斜。恰恰相反，我认为，必须要为广大农村优秀孩子提供接受优质教育的机会。北大多年来也是这样做的。要从根本上使农村孩子和城市孩子享有同样公平的接受优质高等教育资源的机会，必须从高校招生综合评价系统上入手，改变传统的单一依赖分数录取的现状。如果高校招生录取依据对城市孩子有利，那当然会造成对农村孩子的不公平。但如果高校招生录取依据是适合自己培养的拔尖创新人才，那就不会存在城市孩子和农村孩子的根本差别。比如，北大最为看重的学生的兴趣爱好，绝不是指芭蕾舞、交响乐这些只有城市孩子才能享有的专利，而是指孩子本身就具有的天性。华罗庚的家境贫寒，并不妨碍他对数学的痴迷。再比如，北大最为看重的学生的好奇心，也许农村孩子从大自然中获得的灵感要远远高于城市孩子。在今年启动的"元培综合评价系统"

中,我们完全隐去了学生的背景,但结果显示,很多优秀的农村孩子从中脱颖而出,表现得比城市孩子还要出色。因此,我的主张是,不要轻易降低高校录取标准,不要让农村孩子感觉自己是受照顾进入高校的——达不到标准强行进入,那样他在心理上可能感到更痛苦。关键还是看高校的选材标准到底是什么,到底要选什么人。

任蕾:前不久,您曾撰文《高考知分填报志愿的悖论》,指出知分报志愿的弊端,引发网友极大关注。您在文中指出,考前填志愿是相对合理的,为什么呢?很多考生和家长认为知分填报志愿把握更大,您怎么看?

秦春华:《高考知分填报志愿的悖论》和此前发表的《高考后知分填报志愿可能加剧招生乱象》实际上是一篇文章,只不过是分成了两个部分。前一篇文章说的是,高考知分填报志愿违背了教育规律,后一篇文章说的是,高考知分填报志愿并没有降低落榜风险。高考知分填报志愿有很多好处,这是越来越多的省市选择知分填报志愿的原因。我的文章旨在说明高考知分填报志愿的好处可能并不像人们想象中的那么大。高考知分填报志愿的最大弊端,在于它改变了人的预期和行为方式。它把高考分数推向了极致,使分数成为考生和高校谈判的筹码。从长远来看,并不利于人才的培养,甚至可能是有害的。很多考生和家长认为知分填报志愿把握更大,这个问题我在《高考知分填报志愿的悖论》中已经有了详细的分析。我的基本观点是,高考知分填报志愿不能降低落榜风险,甚至使落榜风险变得更大。它只对最顶尖的考生有利。原因很简单:信息不对称。因为相对于庞大的考生人群而言,具体到每一所高校的招生计划是很少的。即使你准确地知道自己的高考分数甚至排位之后,你仍然不清楚报考某所高校的某个专业的人数到底是多少,其他人会不会也报考这所学校和这个专业。不但考生不清楚,高校招生老师自己也不清楚。所以当你填报志愿时,你只能大体上依照这所高校的这个专业往年的录取分数来参考。于是,高校招生中的“大小年”现象就出现了:今年这所高校的录取分数高,来年考生都害怕落榜,都不敢填报,这所高校的分数一定就低,甚至断档;再过一年,考生发现这所高校分数低,纷纷填报,结果导致该校录取分数线飙升,大量考生落榜;再过一年,情况重演。如此循环往复。也就是说,在高考后知分填报志愿的方式下,考生所面临的信息不对称情况和在高考前或高考后估分填报志愿方式下所面临的信息不对称情况是一样的。高考后知道自己的分数没有改变这一结果。

为什么实行高考后知分填报志愿方式后,考生的落榜风险反而增大了呢?当实行高考前或高考后估分填报志愿时,考生参考的实际上是平时的学习成绩。一般说来,由于存在相当大的不确定性,为了规避风险,考生填报志愿时往往比较谨慎。当多数人都比较谨慎的时候(现实生活中的多数人都是风险规避者),落榜风险一般说来比较小。当实行高考后知分填报志愿后,考生在填报志愿时,由于已经明确知道自己的高考分数,在心理上自然把握性比较大——因为不确定性降低了。换句话说,比较敢填了。当所有人都比较胆大的时候,自然会"扎堆"到某一所高校,这所高校的报考人数一定远远大于招生计划数。由此,考生的落榜风险反而增大了。这就是经济学上的一个著名悖论——"囚徒困境"的涵义:个人的理性却导致了集体的非理性。为了避免风险却导致了更大的风险。

之所以出现这一悖论的更为根本原因在于,不同的高考志愿填报方式下,考生所面临的信息搜集成本不同。在高考前或高考后估分填报志愿的时候,考生搜集信息的成本是比较小的。他只需要了解自己的平时成绩、排位和自己所在中学最近几年考上某一所高校的人数,就可以做出一个大致准确的判断。比如,自己平时成绩在630分左右,在所在中学的位次大致为100名上下,以往处于这一位置的学长一般都会进入某一所高校。当他填报志愿时,就可以以此为依据。一般说来,由于成绩和位次都比较稳定,考生的落榜风险是不大的。他搜寻这几个数据的成本并不高,也不需要搜寻全省其他考生的数据。一是搜寻不到,二是搜寻到了也没有意义,因为可能是假信息,没有参考价值。他唯一能够相信和依赖的就是自己的实际情况,命运很大程度上可以掌握在自己手中。这时候,有一只"看不见的手"在数十万考生之间进行分流,把他们分流到各种不同层次和类型的高校中去。但是,在高考后知分填报志愿方式下,考生仅仅知道自己和周围同学的分数是没有用的,他必须要了解全省报考某一所高校的考生数量到底是多少,他才能做出准确的判断来填报志愿。当一个省市有几十万考生时，某个考生要想了解到这个信息，其成本显然是太高了。这个数据只有教育考试院知道。但教育考试院显然不可能把这个数据发布到每一个考生手上。而且，即使技术上可行，这也已经是考生填报志愿后的数据。考生无法根据这个数据进行二次填报。这样，考生在填报志愿时面临的是高度的不确定性，他不再能够根据自己的情况做出判断，不再能够把命运掌握在自己手中，命运已经掌握在别人手中了——你能否被某所高校的某个专业录取，完全取决于有多少个别人填报了这所高校的这个专业。这个风险显然是太大了。

我的文章发表后，有学者已经提出了商榷意见。认为实时动态填报志愿可以避免上述风险。事实上，内蒙古自治区可能最早意识到了这个问题。为了让考生更准确地掌握信息，提出了一种独特的高考志愿填报方式，即考生可以在一段时间内多次修改自己的志愿，内蒙古教育考试院则将考生填报信息即时发布，考生可以根据不断变化的信息随时动态调整自己的志愿。比如，当某个考生发现他想报考的某所高校报考人数较多时，他可以修改自己的志愿，填报另外一所报考人数较少的高校。这被戏称为高考填报志愿的“炒股模式”。这仍然是一个初衷良好的模式，为了解决一方面的问题，却引发了更多的问题。这种模式的最大问题是，它假定考生只能修改一次志愿，而且只有在一次修改的情况下才能收到政策制定者想要看到的效果。但事实上，每一个考生都不傻，他们不会按照政策制定者设计的道路前进，会多次进行修改。而且，他们比政策制定者更为聪明。他们想到了一个绝妙的方法：占座。我先填报某一所高校，把位置先占住，等到最后一刻，比如关网前的半小时或十分钟再做最后的决定。如果那时候填报这所高校的人不多，我就坚持原来的选择；如果那时候填报这所高校的人太多，我就填报另一所高校。这在理论上是成立的，但现实中却出现了让人始料不及的结果。最后一刻的节点在哪里呢？是最后一个小时、半个小时，还是最后一分钟？在最后一刻，全自治区十几万考生都会抓狂。明明自己不想修改了，可是突然发现报考的人数增多了；如果不修改，自己可能会面临灭顶之灾，如果要修改，改成哪一所学校呢？想填报自己原先想好的备用学校，结果发现报考人数可能更多；临时再换一所，面对数千所高校,到底选择哪一个啊?在最后一刻,全自治区十几万考生面临着空前的不确定性:他们只能把自己的命运交给上天。为了解决这个难题,内蒙古自治区把最后的确认时点限定在了关网前的半小时。在我看来,尽管这是一个相当大胆并且有一定效果的制度创新,但由于解决不了关键的“信息不对称”问题,特别是只要仍然存在一个填报志愿的最后时刻,由于彼此之间的博弈,考生依然无法规避落榜风险。

高考填报志愿问题之所以如此复杂,是因为虽然这是每一个个体的决策,但这个决策不仅仅是个人的决策,其结果往往依赖于其他人的决策,其他人的决策反过来又会影响个体的决策。这就是高考填报志愿的博弈。

任蕾:您认为知分填报志愿的方式是高校生源同质化的根源,那么高校生源同质化究竟会对高校带来哪些影响呢?

秦春华:和生源同质化相对的一个范畴是生源多样性。要讨论生源同质化对高校带来的负面影响,首先必须明了生源多样性对高校带来的正外部效应。生源多样性一直是大学追求的目标。为什么大学,特别是研究型大学一定要追求生源多样性呢?首先,正如生物多样性是人类社会赖以生存和发展的基础一样,生源多样性也是大学赖以生存和发展的基础。生物多样性告诉我们,一个物种的基因越丰富,它对环境的适应能力就越强,品种就越优良。这一特点同样适用于大学。北大前校长许智宏院士曾说过一段精辟的比喻。他说,“我觉得大学是个花园,应该为同学们的成长、为老师的成长提供最好的土壤。同学们是各种各样的植物种子。也许会长成参天的大树,也许会长成非常不错的一株灌木,也许是各种非常漂亮的花朵,也许是默默无闻的路边青草。但是大学应该根据每一个同学的情况,为他们提供最好的成长条件。”其次,生源多样性越强,学生之间相互交流学习的效果越显著。大学时代是一个人身心成长的黄金阶段。在这个阶段中,知识学习固然是最重要的内容之一,但远不是全部。学习不等于教育。教育的内容远比学习丰富得多。事实上,在大学阶段,一个人从同学、朋友、社会各阶层人士那里学到的东西可能要比从老师和课堂上学到的更多更广。世界上最古老的大学意大利博洛尼亚大学成立于900多年前,它对大学的定义是,大学大学,大家来学。也就是一群人为了探求某种共同感兴趣的问题而聚在一起学习研究，那些掌握更多知识的人就成了老师，学习结束后，给学生发一纸表明经历的文凭，就形成了最初的大学。从这个意义上说，那些大学里最深刻最厚重的东西是无法被培训的，它只能被感知、被熏陶、被领悟。在大学里，除了老师课堂讲授之外，更重要的是同学之间的相互学习。而且学生的文化背景之间差异越大，这种相互学习的效果越显著。第三，生源多样性越强，越有利于培养学生的创新思维。不同文化背景下学生思维方式的差异，会直接映射到对同一个现象和问题的不同看法和理解，这些差异交汇在一起相互激荡相互冲击就会挤压出许多创新思维和成果，促成最优化的学习。

和世界一流大学相比，中国大学对于生源多样性的重视和研究还远远不够。美国是世界上最重视大学生源多样性的国家。为什么美国大学这样重视生源多样性？据说哈佛大学的一位教授曾做了四十年的追踪研究，结果发现，生源多样化显著的大学培养质量普遍要高于那些生源多样化不显著的大学。这当然是一个重要原因，并且是用统计数据支持的原因。但实际上，美国大学的生源多样性有着极为深刻的美国历史文化和社会背景，并非完全出于社会公平目的。在美国，生源多样性最初是私立大学，特别是最好的私立大学追求的目标。美国是一个教育高度不平等的国家，私立大学的招生对象，主要是能够支付起高额学费的家境富裕的学生。他们认为，富人的基因好，受教育程度高，学生毕业后由于有家族的强有力支持，更容易在社会上取得成功，成才的概率会更高，对大学的回报相应也会更大。但是，富家子弟也有缺点。从教育角度看，最大的不足来自于家庭条件优越所带来的欲望不足，缺乏迎接挑战的激情。为了让他们有足够的动力迎接挑战，必须有另外一些家境贫寒的人来刺激他们。这就是著名的“鲶鱼效应”——在一条鲶鱼的刺激下，其他沙丁鱼加速游动，保持活力。出于这个目的，私立大学在有限的招生计划中拿出一部分招生名额，并提供奖学金，为家境贫寒但非常优秀的学生提供财务资助。这项政策的实施进一步提高了私立大学的培养质量。一方面，家境贫寒的学生上了大学以后，因为倍加珍惜学习机会，成才概率提高，并且因为胸怀感恩之心，成功后对学校的回报更大。另一方面，富家子弟因为面临家境贫寒学生的挑战,刺激了他们的好胜心和竞争意识,成才的概率也大为上升。在人才培养过程中,私立大学发现,不同种族、不同民族、不同文化、不同背景的学生之间相互学习相互砥砺,促进了跨文化交流,的确有助于提升人才培养质量。渐渐美国公立大学也开始重视生源的多样化。这是美国大学追求生源多样性的根本原因。

中国大学和美国大学性质不同,但人才培养的基本原理并无二致,因此也应当追求生源多样性。在我看来,生源同质化对高校人才培养的危害是巨大的。它使高校培养出来的人都是一个模子刻出来的。学生没有自己的特色,千人一面,彼此之间没有思想和观点的交锋,不能帮助学生进行有创意的思考,形成批判性思维和创新意识,也不能适应未来社会千变万化的需要。北大光华管理学院之所以要进行自主选拔录取试点,学校之所以支持他们的探索,也正是出于这个原因。按理说光华管理学院已经招收了全国分数最高的学生,他们不需要在招生上下功夫。但他们完全没有沾沾自喜于招收了多少高考状元,而是清醒地认识到这么多的高分群体集中到光华管理学院,对学生的培养和学院的发展会带来巨大的危害。他们确实是居安思危、高瞻远瞩。我非常敬重他们。

任蕾:您曾经写过一本书叫《相约北大》,记载了优秀学子通过不懈努力考取北大的事迹。那么,您认为北大学子在新时期的精神实质是什么?曾有某高校学子毕业后选择遁入空门,您对此有何看法?

秦春华:《相约北大》是一套系列丛书,也曾以很多名字出现过,比如《助飞梦想》《筑梦北大》等,内容都差不多,历任北大招办主任都担任过主编。每年新生入学后,我们都会征集一部分文章,结集出版,让他们的经历激励以后的学弟学妹也能实现自己的梦想。

北大学生其实具有一种外界人很难把握的独特气质。谢冕先生在北大90周年校庆时曾写过一篇文章——《永远的校园》,准确概括过北大学生的精神实质。"一旦配上北大校徽,每个人顿时便具有被选择的庄严感。他们为一种深沉的使命感所笼罩。这真是一块圣地。近百年来,这里成长了中国数代最优秀的学者。丰博的学识,闪光的才智,庄严无畏的独立思想,这一切又与耿介不阿的人格操守以及永锐的抗争精神相结合,构成了一种特殊的精神的魅力。民主与科学,已成为这圣地不朽的魂灵。”燕园总是有一种特殊的气氛。无论多少年过去,无论经历多少代人,她最核心的东西从未改变。离开了这座园子,离开了没有被命名的湖,很多人就像丢掉了魂一般。我在北大学习生活了二十年,据我的观察,北大学生的主要特点是:一是不为自己而活,一定要超越点什么,以天下为己任;二是一定要有自己独立的见解,和别人有所区别;三是思想非常活跃,机智聪慧,洒脱而充满活力;四是知道自己要什么,不喜欢按照别人的指令行事。这些东西在课堂上学不到,只能慢慢被熏陶。

您说的某高校学子毕业后选择遁入空门,我想您是有所指的——的确有北大高才生选择出家。我明白您的意思,既然北大学生以国家民族为己任,怎么还会遁入空门呢?这是一个个人的选择,应该受到尊重。宗教信仰是自由的。《中华人民共和国宪法》第三十六条规定,中华人民共和国公民有宗教信仰自由。任何国家机关、社会团体和个人不得强制公民信仰宗教或者不信仰宗教。作为他者,我们不宜评论。我想,北大校长周其凤院士对此已经给出了最好的回答,“北大的学生,如果你要出家,就争取做一个杰出的和尚,为构建和谐社会发挥你的作用。”顺便多说一句,我的一个好朋友,也是我的老师,是世界级的顶尖学者。他抛弃了在国外的一切,把房子都卖了,回国来做教育。有一天半夜十二点他发给我一条短信,最后一句话是:“以出世的精神,做入世的事情。”我感动得泪流满面。他也是北大校友。

任蕾:您曾说过北大不要只会考高分的学生,那么北大更希望要什么样的学生?北大又能给予这些学生什么?您心目中能称得上精英的学生应该是什么样的呢?

秦春华:北大更希望要适合北大培养的学生。北大希望要高分的学生,但不要只会考高分的学生。因为一个人如果只会考高分,那就意味着他可能丧失了许多其他更为宝贵的东西,比如,创造力、同情心、社会责任感,等等。那么,什么样的学生才是适合北大培养的呢?坦率地说,到现在我们还不是特别清楚。因为恢复高考后三十多年来,我们一直是按高考分数进行招生录取的。我们只知道,考进北大的学生分数都很高,甚至是最高。但是,他们是否都适合北大培养呢？其实并不见得。我知道有许多分数很高的学生在北大过得并不快乐，并不幸福，甚至很痛苦。比如，在北大没有人会告诉你应该做什么，不应该做什么。因为没有人知道你的未来是什么样的，你将面对一个怎样的未知世界，怎么就知道你选择的道路就一定是错的呢？说不定最伟大的发现就存在于你所选择的但很多人看起来是错误的道路上。但对于那些已经习惯了按照别人指令做事的学生，在这种环境里他就会无所适从，很茫然。一个人被放在一个不适合他的土壤里，不仅是人才的浪费，对他个人而言，也是一个悲剧。我们必须清晰地认识到什么样的学生适合北大培养，然后沿着这个目标去发现，去选拔，这是我们的目标，也是横亘在我们面前的一座大山——因为我们在这一点上还缺乏起码的经验——我们要以愚公移山的精神去攻克它。我们计划的时间是十年。如果十年之内，我们对北大究竟要选拔培养什么样的学生有一个基本判断，我们就完成了一件非常有价值、非常有意义的大事，对于推动北大建设世界一流大学也将起到积极作用。

每所大学都是不一样的。适合北大培养的人，不一定适合清华，也不一定适合复旦。反之亦然。我曾经做过一个实验。同一所中学的同一个班级的两个男生，彼此成绩差不多。毕业后一个去了北大计算机系，一个去了清华计算机系。三年级的时候我曾经问过他们有什么差别。他们告诉我，北大的学生二年级的时候可以自己提出研究方向，但他做大作业的功夫不如清华的同学。清华的学生只能完成老师给出的题目，但他做大作业的能力很强。后来，另一个现象旁证了我的实验。全国每年都有大学生程序设计大赛，出现了一个非常有意思的现象：凡是北大学生得奖的比赛，清华学生都得不了奖；凡是清华学生能得奖的比赛，北大学生也得不了奖。为什么会这样呢？原来，前者一般是发散性项目，不规定具体题目；后者一般是命题作文。这个事例鲜明地说明了北大和清华两所大学因为学科性质不同，人才培养的特点也不一样，并不说明谁更优秀。另一个故事我也深受启发。有一年，耶鲁大学在中国招生。上海有一个中学生，酷爱历史，曾通读过《资治通鉴》，并且阅读了耶鲁大学历史学系著名学者史景迁教授的全部英文著作和中文译本，学习成绩也很优秀。这样的学生，按理说每一个大学都会抢着要。但耶鲁拒绝了他。因为耶鲁的面试官问他:你晚上回到宿舍里干什么?他说,我给同学讲各种各样的历史故事。面试官因此拒绝了他。拒绝的理由据说是,面试官认为,十七八岁的男孩子,晚上回到宿舍,不是谈女朋友就是谈足球,有谁会去听枯燥的历史故事呢?这要么说明他说的是假话,要么说明他不合群。而耶鲁人才培养目标是培养世界领袖,一个不合群的人怎么能号召其他人跟着他去完成伟大的事业呢?所以尽管他非常优秀,可能会是一个优秀的学者,但不适合耶鲁大学培养。

我在美国访问的时候,斯坦福大学的招办主任告诉我,斯坦福大学的招生标准是学生要认同斯坦福的价值观。但究竟什么是斯坦福的价值观,如何去观测一个学生是否认同这些价值观,这里有斯坦福大学积累了上百年的发现和选拔人才的经验,局外人并不清楚。为什么我说明确北大要选拔培养什么样的人这件事要干十年,原因就在这里——我们需要慢慢地一点一滴地积累。我们要有一套发现选拔拔尖创新人才的标准,并且这些标准要能够被观测得到。现在我们已经有了一些,但还远远不够。

北大能够给学生带来什么呢?我想,首先是一个世界上最好的本科教育。目前,我们的本科教育也许是和世界一流大学最接近的领域。原因很简单,我们的毕业生在全球人才市场上可以和任何一所世界一流大学毕业生相互竞争。去年,美国纽约时报旗下的国际先锋论坛报发布了全球毕业生就业能力大学排行榜,全世界最受雇主欢迎的大学,前十位都在欧美,第十一位是中国的北京大学。我们有这个实力和自信。其次,我想北大给了我们在这个世界上生存、生活和发展的基本价值观。这是一个有灵魂的大学,教会了我们如何进行有创造力的思考。这个校园是让无数校友魂牵梦萦的精神家园。最后,其实这个问题我曾经问过一位世界级的成功校友,你认为北大给你的最重要的东西是什么,你猜他的回答是什么?他说,他认为北大给他的最重要的东西就是没有教给他什么有用的东西。

我心目中的精英学生应该是什么样的?我想,他应当成为未来能够影响世界,甚至是改变世界的灵魂人物。在我的心目中,被誉为“当代毕昇”和“汉字激光照排之父”的王选先生就是这样的人。王选先生发明了汉字激光照排技术,将数以万计的汉字信息压缩进电脑里,使中文印刷业告别了“铅与火”

的时代,走进了“光与电”的世纪。王选先生最伟大的贡献,首先是他在信息时代挽救了汉字,从而绵延了中华文化。他的第二个伟大贡献,是他怀揣“顶天立地”的豪情壮志,完全依靠中国人自己的智慧,发明了汉字激光照排技术。他的第三个重大贡献,是他把自主创新的技术成功转化成了商品,并且引领了中国IT产业的潮流。一个人的工作不仅改变了中国,也改变了世界。今天,我们之所以能够在电脑、电视、手机上阅读、书写、打印汉字,我们之所以能够浏览中文网页,我们之所以能够在中文报纸上读到刚刚发生的世界各地的新闻,全都是因为有了王选和他的“汉字激光照排”。互联网上的中文搜索引擎也孕育了百度和李彦宏这样的企业和个人。很难想象,如果没有王选,今天的中国人怎样进入信息时代?他甚至改变了我们的生活方式。正如我们很难想象,如果没有爱迪生,今天的世界会是怎样?2006年,当王选因病辞世之后,有人说了这样一句广为流传的话,“只要你读过书,看过报,你就要感谢他,就像你每天用到电灯就要感谢爱迪生一样”。王选领导了一个时代的潮流。我们的使命和目标,就是尽可能多地选拔培养像王选先生这样的灵魂人物。

任蕾:节目的最后,请您为2013年高考考生送上一份祝福。

秦春华:四个字,心想事成。

鞋子舒不舒服，只有脚知道

——2013年高考招生搜狐网访谈

时间：2013年4月25日

地点：搜狐网络大厦

采访人：马晓倩

马晓倩：请问北京大学2013年在全国的招生计划有哪些变化？

秦春华：媒体一般都比较关心变化，有变化才有新闻，没有变化的事情很难引起公众的关注和兴趣。变化能够吸引眼球。然而，每当你们充满期待地问起这个问题的时候，我的回答往往令你们失望——因为没有什么太大的变化。多年来，北京大学的本科招生计划保持了基本稳定，虽然不同的年份会根据具体情况的变化进行微调。不是我们不想有变化，而是教育规律要求我们不能有太大变化。做教育不能有政绩思想，不能为了追求政绩而刻意求新求变。“十年树木，百年树人”。教育是高度追求稳定的领域，特别是大学招生政策，更不能大起大落。大学要给考生和家长以稳定的预期，否则他们将无法做出判断和决策。因此，2013年北京大学的招生计划大体上和往年保持一致。但是，我们会根据教育部的有关要求，继续进一步加大对广大中西部地区、少数民族地区和农村地区的政策倾斜。这些地区的招生计划会比往年增加一些。当然，各省市增加的幅度不一样。那些生源享有度低的省市增加的量会更大。

马晓倩:在专业设置上,2013 年北京大学新增了哪些专业?

秦春华:这又是一个关于“变化”的问题,媒体和考生都很关心,但这个问题和北京大学的本科招生没有什么直接关系。北京大学有独立的专业设置权。也就是说,北京大学可以根据自己的人才培养目标和需求,科学合理地设置自己的专业。因此,北京大学每年都会有一些新增专业。比如,近年来我们非常重视前沿交叉学科建设,新增了一些交叉学科专业——外国历史与外国语言,政治、经济与哲学(PPE)等。但是,这些专业只有在学生进入北大的第二年或第三年才会遇到,它们和本科招生不发生直接联系。

为什么会这样呢?因为北京大学并不是按照专业而是按照学科大类进行招生和培养的。这是北大最重要的人才培养理念。在我们看来,本科阶段最重要的任务在于给学生打下坚实的基础,拓宽他们的视野,帮助他们形成正确的思维方法,养成终身受益的阅读和学习习惯。过早进入过细的专业,会极大地限制一个人未来的发展空间。把专业划分得很细,按照工业生产的要求去培养螺丝钉,这是承袭了苏联的“专业化”教育模式,已经很难适应现代社会对人才的需求。因为在一个瞬息万变的世界中,知识蜕化的速率大大加快了。一个人在大学时代学过的知识,很快会随着技术的进步而过时。而一个人能够在社会上取得一定的成就,基本上是在本科毕业后的二十年。那时,僵化的知识将无法应对未来复杂的未知世界。《耶鲁 1828 年报告》中区分了两个非常深刻的概念:思想的“方法”和“内容”。这份对美国本科教育产生深远影响的报告指出,掌握一门专业的知识,就是获得“内容”。但在这万变的世界中没有永久的价值。想要成为商界、医学界、法律、政治和学术领域的领袖,学生们需要的是“方法”,就是能够适应瞬息万变的形势,面对新的挑战去创造性解决问题的能力。这是世界本科教育发展的趋势。我们希望在借鉴世界一流大学普遍通行的教育体制基础上,结合中国和北大具体情况,形成独具北大特色的本科人才选拔和培养模式,为建设世界上最好的本科教育奠定坚实基础。

马晓倩：这几年，高校自主招生的“神题”在社会上引起了热烈的讨论。与其他高校对于面试题的保密态度相比，北京大学一直是开诚布公的。今年的考题也在网上引起非常热烈的反响，比如让学生发表对“千年的王八，万年的龟”的见解。请问北大的出题标准是什么？希望选拔出什么类型的学生？

秦春华：从2010年开始，北大自主选拔录取复试工作一结束，我们就把面试题目在北大招生网上公布了。这样做的目的，一方面希望对当前基础教育有所引导，另一方面使中学、学生和家长对于北大人才选拔的目标和方向有正确的认知。这几年北大自主选拔录取的试题在社会上引起了强烈反响。不只是您刚才提到的“千年的王八，万年的龟”，也包括今年的“北约”语文试题——让学生讲笑话、对对联、根据山歌写一段故事，等等。据说有的考生见到这样的题目，“连掀桌子的心都有了”。网上的讨论也很热烈，认为它们都是些“天雷滚滚”的“神题”。乍看之下，这些题目的确很“雷人”，但实际上高校招生是一项政策性非常强的严肃工作，事关千家万户的根本利益，虽然是自主选拔录取，高校也不可能对于招生考试的试题做随意化的处理。因此，这些题目远不是看上去那样“无厘头”，而是蕴涵了命题者精湛的学术造诣、宏远的学术追求以及他们力求通过高校招生考试的“指挥棒”来扭转中学基础教育误区的顽强努力。

以您提到的“千年的王八，万年的龟”为例，网上的争议很大，有些人批评说北大怎么会出这样的题目。但是这道题完整的表述是：“有人说生命在于运动，但是民间也有‘千年的王八，万年的龟’这样的说法，请谈谈你的看法。”这是一道典型的思辨性试题。公说公有理，婆说婆有理。每一种观点，无论是生命在于运动，还是“千年的王八，万年的龟”，都可以找到大量的例证来予以支持。但是每一个例证、每一种观点都很难完全说服对方同意。因此，在这道题中，我们综合考察了学生的批判性思维、对于固有看法的认知，以及他(她)对于哲学、历史、文化方面的理解。

再比如，今年北约语文试题中关于讲笑话、对对联、编故事的题目也引起了社会关注。很多人认为，讲笑话和编故事这种题目怎么能进入大学考试呢？怎么能登上大雅之堂呢？但是如果了解当前语文基础教育的现状和弊端，就会发现,这些所谓"天雷滚滚"的"神题",其实在纠正弊端,引导培养学生养成正确的语文学习和阅读习惯上具有多么大的正能量!中国的语言文字非常讲求意境和整体性,但是在标准化的高考中,原本生趣盎然、意境优美的文字被人为地割裂成一道道僵化的题目,一条条生硬的定理、一个个标准答案,鲜血淋漓,令人目不忍视,完全扼杀了学生对语文学习的兴趣。另一方面,我们的教育正在使学生距离本民族的精华越来越远。在所谓全球化、国际化的氛围下,学生知道《哈利·波特》,却不知道《刘三姐》;能流利地背诵勃朗宁夫人的十四行诗,却对不上一副简单的对联;能熟练地弹奏巴赫的作品,却听不懂壮族的山歌——那些也是同样优美的旋律啊。一个只会背诵外国经典却对本民族的文化瑰宝视而不见的人在灵魂上是悲哀和耻辱的,同样,一个只会教给学生背诵外国经典却对本民族的文化瑰宝视而不见的教育是悲哀耻辱的教育。因此,我们希望通过这一类看上去"无厘头"的"神题",能够选拔出来那些更具有批判性思维、更富有想象力,同时对于本民族文化有深刻认知的学生。

考试本身不是目的,考试的目的是为了选拔人才。选拔有许多维度。有智力的维度,比如笔试分数;还有一些属于非智力维度,比如,一个人的价值观,批判性思维、挑战权威的勇气,等等。从一个人未来的成长来说,现在普遍的认识是,非智力因素在一个人成长过程中起的作用更大。智力维度相对比较容易考察,但非智力维度就很难通过考试的方式进行考察。比如,北大非常看重学生的社会责任感,但一个人的社会责任感如何被有效地观测出来,这是一个很大的挑战。这些年来,我们只有一个非智力标准可以被观测,就是领导力,途径是通过"无领导小组面试",但这个方法是从国外引进的。在其他的非智力因素考察标准上,我们的办法还不多,还需要做更加深入的研究。

马晓倩:大多数学生从小是听着北京大学的名字长大的,北大是许多人的梦想。但是北大在教学上有什么样特点,大家可能不是特别清楚,请秦老师为我们介绍一下。

秦春华:北大是中国高等教育的象征,也是许多人心中的梦,甚至是一个遥不可及的梦。这代表了中国人对北大的期许。现在,北大正在加快建设世界一流大学的步伐。和全球公认的世界一流大学相比,我们在师资力量、科研水平、硬件设施上还有一定差距，但在本科教育上，应当说我们已经跻身世界一流大学行列。大学以培养人才为第一使命。毕业生是它最重要的产品。一所大学本科教育质量如何，关键是看其毕业生在全球人才市场上的竞争力如何。去年，《纽约时报》对全球大学毕业生就业竞争力做了一个调查，北大毕业生位列全球大学第11位。前十名全部是欧美的世界一流大学。为什么北大毕业生具备这样的实力呢？这和北大的本科人才培养特点有着紧密联系。从二十世纪八十年代起，北大就开始努力摆脱苏联“专业化”教育体制的影响，提出了至今仍然有重要意义的本科人才培养“十六字方针”：强化基础、淡化专业、因材施教、分流培养。二十多年来，始终未曾改变。近年来，我们在此基础上进一步发展了本科人才培养的新“十六字方针”：加强基础、尊重选择、强化指导、促进交叉。表述虽有差异，但基本思想是一脉相承的。

北大本科人才培养的第一个特点，是非常强调学生的基础扎实和视野宽阔。学术训练的完整性、严谨性和系统性，在学生未来的成长中会显示出更大的优势。本科阶段我们不希望学生过于强调和明确具体的专业。特别是十年以前，北大启动了以老校长蔡元培先生的名字命名的本科教学改革试验班，现在已经成立了元培学院。一二年级不分专业，三四年级在全校范围内根据自己的兴趣选择专业。为什么要开展这样一个试验呢？除了“加强基础、淡化专业”的理念之外，还有一个重要原因是，在统一的高考录取模式下，现在的中学生对于大学的特点和专业设置并不了解，填报高考志愿时，只是根据高考分数和家长、老师的意见以及社会舆论去选择专业。其实他（她）自己并不知道自己喜欢什么，甚至不知道自己不喜欢什么。但选专业就像谈恋爱、穿鞋子一样，“鞋子舒服不舒服只有脚知道”。专业对于学生来说，没有最好，没有最热，只有最适合。怎样才知道适合不适合呢？需要有一个了解的过程。我们主张，在本科一二年级，学生通过不断“试错”的方法，逐步增加对于自身兴趣和专业的认知，从而能够理性选择出适合自己的，值得相伴一生的专业。所以我们非常强调尊重学生的选择。因为我们相信，对于北大学生来说，只有在你真正感兴趣，甚至具有狂热激情的领域，你才可能坚持下去，做出非同一般的成就。

北大本科人才培养的第二个特点，是现在越来越强调根据每一个学生的不同特点，有针对性地进行精细化培养。人才培养是世界上最复杂的事情，不能采取工业化的大规模流水线生产模式。那样只能生产出“问题鸡”和肯德基。真正的人才培养，必须采取老母鸡带小母鸡的办法，一个一个地带。过去我们的培养模式是批量化的，上课都是几百人的大课。但事实上，每个学生的特点是不一样的，天赋、兴趣、爱好各不相同。北大的人才选拔和培养应当走高端定制的路线。人要一个一个地招，然后一个一个地培养。近年来，我们一直坚持推行“小班教学”，每个班大约 15 个学生，最多不超过 20 人，相互之间进行研究和讨论。老师对每一个学生都非常熟悉，每一个学生对老师也非常熟悉。老师可以根据每一个学生的不同特点，对他（她）进行有针对性的培养。这是北大本科人才培养未来最重要的努力方向。

北大本科人才培养的第三个特点，是非常强调学科之间的交叉和融合。我们相信，现代科学技术发展到今天，传统常规学科如果要实现革命性的突破，是非常困难的。未来科学技术新的增长点和重大科技成果的创新，很可能会出现在学科交叉的交汇点上。比如生物和化学、物理学、工程学的结合，形成分子生物学；整合科学和水科学，等等。目前，北大已经组建了大量的前沿交叉学科群。我们希望在本科阶段学生就能够接触到这些学科交叉的基本理念和思维方法，经过一段时间的训练，使他们能够成为这个领域的领导者。北大的学生天赋很高，重要的是要建立一个能够发挥他（她）们兴趣，施展他（她）们才华的平台。

马晓倩：国际化也是高等教育发展的一个必然趋势。北京大学在国际化方面有哪些举措呢？

秦春华：国际化是判定一所大学质量与地位的重要指标之一。在全球化的时代，国际化程度高的大学要比国际化程度低的大学更受欢迎和重视。但在大学的国际化问题上，有几个重要问题值得我们深思：第一，国际化的内涵究竟是什么？是一所大学的教师构成是国际化的？还是学生构成是国际化的？抑或是和多少国家的大学签订了合作交流协议？教师和学生中，外籍人士占多大比例才算是国际化？大学之间的合作交流达到何种程度才算是国际化？这些问题，现在恐怕都没有一个统一的共识；第二，国际化是否一定意味着美国化或欧洲化？今天，美国是全球学术和科技的中心，这往往使人们容易把国际化和美国化等同起来。其实，在美国之外，也有许多非常优秀的大学，比如俄罗斯的莫斯科大学，就非常值得重视。在国际化问题上如果走上美国的中心主义，有可能使我们丧失许多可能非常珍贵的东西；第三，大学国际化的目的是什么？长达一百五十多年的落后局面使我们的民族心态发生了非常微妙的变化。仿佛什么东西不沾上国际化的边就毫无价值，什么东西沾上国际化的边就变得不得了。我们一方面骄傲得很，陶醉于五千年的优秀文化和位居世界第二的经济总量；另一方面，又缺乏起码的自信，似乎没有得到国际上特别是美国人的认可，任何成绩都不值一提。我们往往为了国际化而国际化，却忘记了开展国际化的初始目的。

我认为，大学国际化的根本目的，是为了推动提高人才培养质量。大学国际化的本质是在大学校园里，生活着一群来自不同国家、不同文化、不同种族、不同肤色的人，相互之间一起交流、碰撞、学习、启发，以此促进学术和文化的进步。大学国际化不仅仅意味着和多少国家的大学签订了合作交流协议，不仅仅是开设了哪些国际实验班，不仅仅是为学生出国交流提供了多少奖学金，不仅仅是开设了多少英文课程，这些都很重要。但最核心的，是大学能否提供一个环境和平台，帮助学生和来自不同国家、不同文化、不同背景的人进行思想上的交流，形成国际化的氛围。这些看不见的东西，往往和大学的历史文化、精神传统和学科特点结合在一起，具有更为重要的价值。

因此，我并不关心国际化的具体措施。只要有足够的投入，措施很容易实施。事实上，早在20世纪80年代初期，北大就是中国改革开放后最早走向国际化的大学。国际高等教育界对北大的认同度很高。我刚才提到的那些措施，北大已经坚持不懈地实施了三十多年。目前，光华管理学院等一批学院的出国交流机会在满足所有学生的需要之后还有剩余。我们现在真正做的，是当你走进北大校园的时候，你感到这里和世界上其他大学其实没有根本上的差异。我们仍然在为实现这些看不见的东西而一刻不停地努力，而且步伐越来越快。

马晓倩：今年是异地高考实施的第一年。异地高考的破冰，让许多人对教育公平有了些许的期待。曾经有人说过，北京大学是北京人的大学。您是怎样看待这个问题呢？针对教育公平，北京大学采取了哪些措施？

秦春华：异地高考是一个非常复杂的社会问题，是教育体制改革面临的深层次矛盾之一，我对此没有研究，很难发表有价值的意见。关于招生名额的省际分配，这是中国招生考试制度独有的现象，世界上任何国家都没有像中国这样对大学的招生名额按照行政区域进行分配。实际上，这是中国传统科举文化和苏联计划经济体制结合在一起的特殊产物。大学招生名额省际分配的源头，可以追溯到科举时代。今天中国高考招生制度面临的大多数问题，在科举时代早就出现过。比如作弊与反作弊、一考定终身、形式和内容的僵化，等等。八股文的产生，实质上就是科举考试改革的产物。早在宋代，王安石和欧阳修之间就曾经在"择优录取"还是"分路录取"问题上发生过激烈的争论。当时的"路"，相当于我们今天的省。为什么会有这样的争论，也是因为京师中举的人比例较大，偏远路中举的人比例较低的缘故。争论的结果，最后还是采纳了王安石的主张——择优录取，但也折中吸收了欧阳修的一定意见，给偏远路的生员保留了一定名额。这些传统思想和苏联的计划经济体制结合在一起，就形成了今天中国高校按省划分招生计划的制度。

这个问题的实质，是教育领域中效率与公平的冲突。这是世界性的难题，在当今教育最发达的美国和欧洲，也仍然还没有得到根本性的解决。一方面，教育在实现代际转换、社会阶层流动、改变个人和家庭命运方面具有不可替代的作用。人们往往可以容忍现实生活中的很多不公平，但不能容忍教育不公平。因为一旦教育不公平超出了人们的容忍限度，就断绝了人们对未来的憧憬和希望。在"不患寡而患不均"的思想根深蒂固的中国，人们对教育公平的呼声和期望就更为强烈和迫切。但另一方面，教育本身又在制造着差异——追求效率是它内生的驱动力。任何教育机构孜孜以求的目标，都是使自己的毕业生在社会中取得比其他机构的毕业生更大的成就。效率与公平的内在冲突，使得这一问题变得极为复杂。

复杂的原因，在于公平本身难以清晰界定。以中国高考制度为例。比如，人们往往喜欢强调起点公平,但起点公平完全无法实现。一方面,人与人之间由于天赋不同、家庭环境不同,从一出生就不处于同一起跑线上;另一方面,中国各省市、各地区之间由于自然环境、经济条件、文化传统不同,基础教育之间差异极大,本身也不在同一条起跑线上。理论上说一句起点公平容易,现实操作极为困难。又比如,人们喜欢强调分数面前人人平等。似乎只要实现了完全按照高考分数录取,就一定能够实现教育公平。姑且不论"唯分数论"的种种弊端和危害,即使完全按照高考分数录取,仍然不能从根本上解决公平问题,反而可能强化了不公平效应。一方面,经济条件优越的家庭可以额外雇佣教师来进行有针对性的训练,而且往往效果显著;它会激励更有经验的教师从学校流向家庭教育,从而造成正规学校教学质量的进一步下滑;另一方面,当一个省市之内的学生总体智商既定的情况下,提高高考分数的最有效途径是降低试题难度,或者放宽阅卷标准,在分省命题的情况下这一点很容易实现——这正是这几年各省市高考录取线直线上升的现状与趋势。显然,这对于选拔富有创造力和创新精神的学生极为不利,会从根本上危害国家和民族的人才培养质量。如果恢复到全国一张试卷的情况,问题依然存在,因为它没有解决省际基础教育存在巨大差异的现状。

我认为,解决这个问题的可能方向,是各高校根据自身人才培养的特点和需求,在维持高考统一录取框架不变的前提下,建立完善招生综合评价体系,选拔适合自己培养的学生。这些年来,北大千方百计通过各种措施,逐年加大对中西部地区的招生计划投入,在自主选拔录取中,确保农村户籍学生的比例不低于20%,而且保持逐年增加的态势。不断调整和改变招生录取的评价方式,使之有利于农村地区和偏远地区中的优秀学生,这是极富挑战性的工作,我们还将继续探索和研究。

马晓倩:前一段时间,因为卖猪肉而出名的北京大学毕业生陆步轩受母校邀请,与即将毕业的学弟学妹交流。这条热点新闻引发了网上非常激烈的讨论。有人说作为北京大学毕业生,不应该做卖猪肉这样的工作,您怎么看待这个问题?

秦春华:这个事件已经持续发酵了十年。最近,陆步轩校友和另一位卖猪肉的校友陈生一起回到母校，再一次引发了社会的关注。这件事本身就耐人寻味，其中实际上蕴涵了人们对教育、就业和人生选择等一系列问题的思考和分歧，反映了在社会剧烈变革的时代，人们在心理上的断层和迷茫。

北大毕业生应不应该卖猪肉？这是一个规范问题，涉及价值判断。任何人都可以卖猪肉，为什么北大毕业生卖猪肉会成为社会的热点呢？这里面有一个默认的假设：卖猪肉是低贱的工作，北大毕业生不应该从事这样的工作。但这个假设本身不成立。为什么卖猪肉就一定低贱呢？卖猪肉也有很多卖法，如果你能够像陈生一样，一年能卖几十亿，那是非常了不起的成就，为社会做出了巨大的贡献，至少为上千人提供了就业岗位。即使你不能成为陈生那样的人，只是像陆步轩一样，经营好自己的肉铺，不卖病猪、死猪、水猪肉，凭自己的劳动和汗水吃饭，那同样值得尊重。一个人不危害社会，就是为社会做了贡献。多一个不危害社会的人，就会少一个危害社会的人。一进一出，社会的总福利是增加的，也就意味着实现了社会的进步和发展——这正是高等教育的功能之一。

中国人的社会心态很奇怪。一方面嘴上强调劳动价值论，另一方面在现实中却不尊重劳动。社会把人分成三六九等，把职业和工作分成三六九等，把大学分成三六九等，把一切都分了等级。等级高的就高贵，等级低的就低贱。这种心理很不正常。我在北大学习、工作、生活了二十年。在这段并不算长的时间里，我的体会是，北大精神中最深沉的信仰是平等。北大人天生有一种悲天悯人的情怀，在他们眼里，一切众生皆平等。民主和科学精神的背后，折射的是平等精神。因为信仰平等，所以尊重他人的人格和意见；因为信仰平等，所以不迷信权威，挑战权威。1998 年北大百年校庆时，曾经提出了一个著名的接待原则：序齿不序爵。无论你取得了多高的社会地位，回到母校的时候，你就是一个普普通通的校友。至今在我脑海里还浮现着一个场景：在北大南门外，一位穿着非常简朴的校友，脚上穿着一双黄胶鞋，背着一个黄军书包，手里拿了一个馒头。他毕业于 20 世纪 60 年代，毕业后在大山里教书，培养了很多优秀的山里孩子。回母校参加校庆的时候，他一点儿也没有自卑，一脸的自豪。一个人无论做什么工作，只要认真负责，尽自己最大的努力做到最好，都值得他人尊重和敬佩。日本内阁最年轻的大臣野田圣子从上智大学毕业后，进入东京帝国饭店工作。她出身望族，但第一份工作却是洗厕所。就是在这里，野田圣子对自己说，即使一辈子洗厕所，也要成为最优秀的洗厕人。她多次喝过自己擦洗过的马桶里的水，以此验证自己的工作质量。凭借着这种“喝马桶水”的精神，野田圣子取得了巨大的成功。这个故事给了我非常大的启示。我认为，北大的毕业生，不管你卖不卖猪肉，无论你做什么工作，只要凭劳动吃饭，尽职尽责地把每一件事做到最好，对家庭负责任，不给他人增添负担，不危害社会，就是实践了北大精神。如果你能够通过自己的努力和智慧，为他人和社会做出了贡献，就是北大的优秀毕业生和校友。

马晓倩：复旦大学投毒案也是近期的热点新闻。近年来无论国际还是国内校园凶杀案事件频发，大学生心理健康问题得到全社会广泛的关注。您认为应该怎样培养学生积极向上的人生观呢？

秦春华：这个问题很严重，也令人痛惜。一个学生费尽千辛万苦进入复旦大学，走到今天不容易，家庭、社会和国家在他们身上付出了巨大的时间、精力和金钱。出现这样的悲剧，不只是家庭的损失，也是社会的损失。但它不完全是一个大学生心理健康问题，是我们的教育和社会出现了问题。

中国也许是世界上最重视教育的国家之一，但中国人重视教育的目的，并不太在乎学生的生理、心理健康和价值观、习惯的养成，而是要通过教育使孩子未来能够成为“人上人”。所谓“吃得苦中苦，方为人上人”。“人上人”的观念意味着每个人要取得成功，必须要踩在别人的肩膀上，你得比别人高一头。因此，中国人特别容易对离他最近的人下手，“杀熟”的根源就在这里。尤其是，这种教育心理和大规模的统一高考录取制度一经结合，会产生出非常严重的后果。由于高考是大学招生录取的唯一录取途径，中学和家长为了在激烈的竞争中胜出，不得不采取大规模的重复性训练。只有高考考到的东西才学、才记、才背。凡是高考不考的，都不学，甚至不接触。心理问题高考不考，道德问题高考不考，价值观问题高考没有办法考，导致当前基础教育领域里道德教育严重缺失。学生不知道什么是对的，什么是错的，哪些事是绝对不能做的。没有是非观念，心里没有做人做事的底线，判断事情的标准只剩下了对自己有利还是没利。这是中国教育目前面临的最严峻的挑战。北大为什么在自主选拔录取——特别是在"中学校长实名制推荐制"选拔——中特别强调理想抱负、社会责任感等非智力因素的考察？就是要试图纠正扭转目前以高考统一录取为唯一途径带来的这些弊端。否则，殷鉴不远，"朱令铊中毒"犹在，"复旦投毒案"又来，这样的悲剧不会越来越少，只会越来越多，而且会带来仿效效应。这是非常可怕的。

教育的目的不是为了让学生能进入北大、清华，不是为了让学生能够进入哈佛、耶鲁，也不是让学生背会前人的知识，学习各种层出不穷的技能，在他人面前展现自己的才华，甚至不是为了让学生能够比别人更强。教育的真谛是帮助一个人成为他(她)想成为的那个人，一个对社会有贡献的合格公民。人生的意义不一定全部是奋斗和攀登，它是一段旅程，享受生命的过程可能更为重要。

马晓倩：随着党和国家新一届领导集体的上任，大家发现一个很有趣的现象，那就是新一代领导人大多数都是文科生。有人说，这意味着中国开启了"文科治国"时代。您认为这对于学生选择专业是否会带来一定的影响呢？

秦春华：1949 年新中国成立后，按照苏联模式，中国建立了以优先发展重工业为主要特征的无所不包的计划经济体制。为了在最短时间内实现建设现代工业化国家的"赶超战略"，国家的财政、金融、教育、科技以及社会组织等一切领域都必须与重工业优先发展战略相适应。因此，1952 年，全国高等院校进行调整，拆分了一大批综合性大学，组建了一大批以工程师为主要培养对象的工科院校，目的是为工业化建设提供专业人才。人才培养的目标是"又红又专""两个肩膀挑担子"。在国家建设的初期阶段，这种集中优势力量有针对性地培养专业人才的教育体制是极其有效的。苏联在 20 世纪 30 年代，中国在 20 世纪五六十年代以及 80 年代初期的奇迹般的经济增长，主要依靠的是这一批人的奉献和努力。他们从工厂的技术员开始，一步一步升任车间主任、副厂长、厂长、工业局局长、主管工业的副(省)市长，再到省(市)长、省(市)委书记，最后走上党和国家领导人岗位。随着老一辈无产阶级革命家逐渐因为年龄原因退出领导岗位，新一代的领导人必然从工科院校中产生。这是历史的需求和必然。但是，由于教育目标是通过既有知识的传承而制造出生产需要的机器，这种过于强调专业化的教育体制对于培养工程师和中级官员可能是有效的，却不利于培养具有创新精神的领袖型人才。因此，并不奇怪，随着时代的发展，特别是社会主义市场经济的建立，一大批具有经济、法律等人文社科背景的领导人开始脱颖而出。据不完全统计，党的十八大选举出的中央委员、中央候补委员以及中央和国务院各部委领导中，副部级以上的有63位毕业于北京大学。在全部"60后"省部级官员中，学习经济、法律等人文社科专业的占了绝对多数。是不是这就意味着"文科治国"时代的开启？虽然不能就此得出明确的结论，但从世界各国的发展历史来看，当一个国家国民经济总量和人均收入到达一定阶段以后，具有人文社科教育背景的人走上国家的领导岗位，是一个比较明显的趋势。

在一个"官本位"观念根深蒂固的国家，政府官员学科背景的变化当然会影响考生的现实选择。但我的一贯观点是，选择专业就像选择婚姻的对象，一定要从自己的本心出发，问一问自己是不是真的爱这个人？他(她)是不是自己的那个"one"(真命天子)？千万不要被一些世俗的现实考虑蒙蔽了双眼。到头来搬起石头砸了自己的脚，有苦也说不出。未来的世界是瞬息万变的，大学的专业只是为你提供了一个未来发展的可能性。如果以为18岁时选择的专业就可以决定你一生的生活道路，这无异于现代版的"刻舟求剑"。盲目追随当下社会的热点选择专业，一定会让你在未来生活中无所适从，当你40岁的时候，一定会被社会和时代所淘汰。因为你对大学的专业不是真的喜欢，你就不可能为之投入毕生的精力，又怎么可能做出非同一般的成就呢？

马晓倩：现在距离高考只有40多天的时间，高三的学子正在做最后的冲刺，请您为他们送出您的祝福。

秦春华：我希望同学们能够保持一个非常好的竞技状态，就是当你参加高考的时候，有一点微微的兴奋感，但又不是兴奋过度，发挥出最佳水平，实现你的北大梦。金秋九月，我期待着在美丽的未名湖畔与您相会。

2013年4月24日初稿于北大老化学楼

2013年5月22日凌晨定稿于倚林佳园

北大的影响力

——2013年高考招生新浪网访谈

时间：2013年5月2日上午

地点：新浪网北京演播室

主持人：尹俊

尹俊：北大对高考考生来说是一直是一块金字招牌，这块金字招牌究竟代表了什么？据新浪网教育频道调查，考生和家长对学校的认知很大程度受大学排名、优秀校友等因素影响。家长及考生们在选择高校的时候，普遍都很在意大学的排名。北大一直在各种国际、国内大学排行榜中名列前茅，如何看待这些排名？

秦春华：对于许多中国家庭来说，北大是他们心中的一个梦。未名湖、博雅塔是他们魂牵梦萦的精神家园。这个梦代表了许多含义：成功、幸福和对未来的希望，等等，激励着我们要一刻不停地向前奔跑，实现创建世界一流大学的宏伟目标。

目前，世界上有许多机构和个人热衷于对大学进行排名，学生在选择大学时也容易受到大学排行榜的影响。但是对于一所大学来说，真正决定它的实力与地位的并不在于各种各样的大学排行榜，而是国际学术界同行的评价、毕业生在全球人才市场上受欢迎的程度和竞争力以及它在一个国家和世界上的影响力，等等。实际上每个人的心中都有一杆秤，对每一所大学的特点和地位有一个大体上公认的认知。判定一所大学质量高低的标准,我认为应当看它能否吸引最优秀的学者和最优秀的学生。

大学排行榜为什么不一定科学呢?因为任何一种大学排行榜,它都必须依据一定的数据对大学进行排序。这些数据包括师资力量、科研论文数量、校园面积、学生人数、硬件设施,等等,它们是一所大学的办学投入。在某种程度上,办学投入和办学质量之间存在一定关系。办学投入越大,可能意味着办学质量也越高。但这并不是绝对的。有些规模很小的学校,例如加州理工学院,是公认的全球最好的大学之一,但它的办学投入可能要远远小于哈佛大学。正像储蓄不等于投资一样,办学投入要想转化为办学质量,还需要具备其他一系列条件。办大学需要钱,需要很多钱,但只有钱却不一定能办好大学。因此,如果仅仅依据大学排行榜对大学进行评价,显然既不科学,也不客观。

我们对大学排行榜并不在意。有些排行榜把北大排得很靠前。有一年英国《泰晤士报》的高等教育增刊把北大排在全球第 17 位,我们自己也不大相信;也有的排行榜把北大排得很靠后,甚至到了全球 100 多位,我们认为也不符合事实。我们自己比较认同的,是北大目前大约处于全球大学的 40 多名。这个位置距离欧美的顶尖大学还有一定差距,但大体上相当于美国一流大学的水平。我们希望再经过若干年的努力,北大能够进入到全球大学的前 20 位。那时候,我们就可以比较自信地说,北大进入了世界一流大学的行列。

和大学排行榜相比,我们更看重的是学科排名。目前,北大已有 18 个学科进入到全球学术和科研机构的前 1%,有些学科——比如化学与材料科学进入全球前 0.1%,物理、临床医学、工程科学、地球科学、数学等 5 个学科进入全球前 0.25%——已经进入到世界最领先的行列。按照国际公认的标准,世界一流大学一般应当有 22 个学科进入全球学术和科研机构的前 1%。我们还差 4 个。根据目前的发展速度,我们相信在未来的 5—10 年内,北大就能够达到这一目标。另外,按照国际权威机构 QS World University Rankings 的排名,北大在人文科学、自然科学、社会科学和管理、生命科学与药学、工程技术等五大学科群中均进入全球前 40 位,其中人文科学和自然科学还进入了前 20 位。这是非常了不起的成就。除了学科排名之外,我们非常看重雇主对毕业生的评价。大学不同于科研机构。大学最重要的任务是培养人才,最重要的产品是校友和毕业生。衡量一所大学人才培养的质量关键是看其毕业生在全球人才市场上的竞争力。2012 年,《纽约时报》发布了全球高校毕业生竞争力排名,北大位于全球第 11 位,亚洲第一。这充分说明了北大的本科教育质量已经进入全球顶尖大学的行列。在全球人才市场上,北大毕业生不逊于任何一所世界一流大学的毕业生。

尹俊:刚才说的是大学排名,接下来我们聊聊北大的优秀校友。根据新浪网教育频道的调查,考生和家长对学校的认知很大程度上也受到优秀校友等因素的影响。另外据我们了解,北大培养了很多千万富翁,这是社会上普遍的一个认识。请您谈谈对这一问题的看法。北大对优秀校友是否有自己的定义?

秦春华:优秀本身很难被定义。到底什么是优秀?很难有一个统一的可以被量化的标准。但校友的成就的确能够影响学生对一所大学的认知。因为一所大学曾经培养出了什么样的人,意味着未来它也可能培养出类似的人。比如北大曾经培养出了像王选先生这样改变了中国和世界的学术大师,培养出了共和国的总理和一大批省委书记,也培养出了像李彦宏这样的全球企业家。这意味着未来很可能你也会成为这样的人——因为培养的土壤和环境是一样的。

当下的中国社会对于判定一个人是否优秀的标准过于单一和简单化,常常是看一个人当了多大的官,挣了多少钱。这种短视的功利化标准很危险,它会把每一个人逼上一条单向的"不归路"。到底官有多大算是"大"?钱有多少算是"多"?永远没有止境,很难实现内心的平静。更严重的是,它会造成非常大的社会矛盾,迫使每个人一生中都在和周围的人进行比较。比不过的时候,心里就会产生不平衡,就会对身边的人下手,踩在别人的肩膀上爬上去。所以中国人最喜欢"杀熟",最容易和离他最近的人发生冲突。一个和谐的社会,应当是费孝通先生提出的"各美其美,美人之美,美美与共,天下大同"。经典美剧《老友记》里的六个主人公,一个是咖啡馆的服务员,一个是餐厅的厨师,一个是不入流的演员,一个是公司职员,一个是古生物学教师,还有一个甚至是按摩师，职业和社会地位都很普通，但每个人凭劳动获得收入，过得都很开心，对社会也有贡献，应当对我们有所启示。其实对于一所大学来说，最重要的目标是培养国家和社会的合格公民。一般来说，接受了高等教育的人危害社会的可能性会降低——当然不是绝对的——这就是对社会的贡献。多一个对社会有贡献的人，就会少一个危害社会的人。当然对于北大来说，我们还肩负着更大的使命。我们要不断地推动国家和民族的进步，在实现伟大的中国梦的历史进程中，勇做走在时代前列的奋进者、开拓者和奉献者。只要做到了这些，我认为就是北大的优秀校友。

人是多样化的，每一个人都具有他人无法替代的特点。教育的功能不在于把一个人培养塑造成另外一个人，而是在一个人成长的过程中，帮助他（她）成为他（她）想成为的那个人，认识自己，认识他人，也认识社会。“三百六十行，行行出状元”，一个人能够在自己喜欢的领域做到最好，尽了自己最大的努力，我认为就是优秀。北大的毕业生即使去卖猪肉，如果能够卖到最好，对社会有贡献，也是优秀校友，一样应当受到尊敬。在我的心里一直有这样一幅图景，当一群人遇到一个问题束手无策的时候，有一个人站出来，提出一个方向，凭借着理想、信仰和激情，带领一群人为了实现一个目标而奋斗。这样的人应当是北大优秀校友的写照。

尹俊：您在北大学习、工作、生活了多年，在您看来，北大的影响力除了受到大学排名或者优秀校友这两个方面的因素影响之外，还有哪些重要的方面？

秦春华：最近我常常思考一个问题，对于一个国家、民族和社会来说，大学究竟意味着什么？我认为，一所优秀的大学，一方面固然要服务于国家和社会；另一方面，它必须要超脱于时代和社会，一定要有自己独立的见识和批判意识，不能一味跟着社会走，必须时时警惕地和社会有意识地保持一定的距离。只有这样，它才能看到一般人所看不到的东西。如果最优秀的大学也在社会中随波逐流，甚至迎合社会的需求的话，最终它也会丧失自己的地位。在一百多年的风雨历程中，北大对于中国最重要的贡献，其实是它始终和国家、民族的命运紧密相连，息息相关。中国近现代史上的每一次重大变革和事件，几乎都和北大联系在一起。这些贡献使北大远远超越了一所高等学府的有形存在,成为无数青年学子和现代人文学者、科学家所向往并依恋的精神家园。这种精神的魅力是北大最宝贵的传统和财富。1923 年,北大建校 25 周年校庆时,全世界最著名的大学校长都来表示祝贺。当时的中国内忧外患,贫穷积弱,北大建校历史也极为短暂,为什么会受到国际高等教育界如此重视呢?美国著名哲学家约翰·杜威说了一段耐人寻味的话:"拿世界各国的大学校长来比较一下……这些校长中,在某些学科上有卓越贡献的,固不乏其人。但是以一个校长的身份,而能领导那所大学对一个民族、一个时代起到转折作用的,除蔡元培以外,恐怕找不出第二个。"人们往往喜欢用哈佛之于美国和北大之于中国相比较。其实,北大对于中国的意义远远超过了哈佛对于美国的意义。北大对于一个国家和民族的贡献,世界上没有任何一所大学能够与之相比。这是北大之所以在全世界大学里具有如此影响力的根本原因。北大人天生有一种使命感和理想主义色彩,一旦配上北大校徽,顿时就有了被选择的庄严感和神圣感。这所校园里面的大部分人,一生当中所做的大部分事情,不完全是为了自己而去做的。他(她)总是有那么一点儿超越感,总是不满足于现状,一定要为更广大的人群去做点什么。这种看不见的精神和情怀,已经深深地融入北大人的骨髓和血液里,成为一生中永远抹不去的烙印。

尹俊:近年来,北大在自主招生方面推出了一系列创新措施,从"中学校长实名推荐制"到最新的"元培综合评价系统",这是不是反映了北大在招生理念上也有一些探索、一些发展?

秦春华:招生和培养紧密相连,人才选拔为人才培养服务,这是北大招生工作最重要的特点之一。从 20 世纪 80 年代起,北大开始对本科人才培养进行一系列改革,提出了"强化基础、淡化专业、因材施教、分流培养"的十六字方针,三十多年来始终没有间断。这种人才培养的理念和措施必然反映到人才选拔过程中。2003 年,在教育部的统一部署下,北大开始自主选拔录取改革试点工作,迄今已走过十年。改革的目标,是在维持高考统一录取的整体框架下,积极探索适合北大人才培养特点和需求的人才选拔模式。人是多样性的,每一所大学——由于其历史传统、学科设置、精神文化各有不同——也应当是多样性的。但在完全的统一高考录取模式下,这种多样性在很大程度上被单一性所替代。高校在录取学生时,看到的是一个个冷冰冰的分数,而不是一个个活生生的人。这种模式对于完成一般性的招生工作而言,是成本较低、工作效率较高、确保名义公平的有效手段,但对于顶尖大学选拔拔尖创新人才来说,就具有相当大的局限性。当然,我始终强调的观点是,出于中国的现实国情和老百姓对于公平的高度关注,高考必须坚持。如果现阶段取消高考,将会在社会上造成相当大的混乱和不公平,进而影响到社会稳定;但高考也必须改革,在一定程度上纠正它僵化的弊端,允许高校在一定范围内按照自身人才培养特点和需求选拔适合自己培养的学生,将自主选拔录取作为高考制度的补充和重要组成部分。十年来,我们就是按照这样的思路,通过"中学校长实名推荐制"和"元培综合评价系统"等措施,积极探索适合北大的拔尖、创新人才的选拔新模式,目的是打破高考分数作为高校招生录取的唯一依据,以长期的过程性评价替代一次考试的偶然性评价。北大欢迎高分学生,但不是所有高分学生都适合到北大来。那些从小到大都是乖孩子,听老师和家长的话,自己没有主见,只会一味死读书和考试的学生到了北大以后会很痛苦。在北大,没有人会继续管着你,告诉你应该做什么,不应该做什么,一切都要靠自己。不是老师不管学生,而是我们根本不知道你的未来发展会有多大的潜力。也许今天我们阻止你的事情,未来却恰好是重大科技创新和成果的源头呢?我们所要做的,只是给你提供一个宽松、宽容的环境,小心翼翼地保护好你的好奇心和创造天性,为你打下坚实的基础,随时提醒你、帮助你成为你想成为的那个人。因此,能不能选拔到适合北大培养的,并把他们培养成未来有可能影响世界甚至改变世界的灵魂人物,这是我们在本科招生工作中所做的最重要的探索。

在当前和未来相当长一段时间里,我们主要要做三件事情。第一件,我们正在研究制定北京大学本科人才选拔的标准。恢复高考以后三十多年来,关于人才选拔我们只有一条明确的标准——高考分数。除此之外,关于其他标准我们有一些感觉,比如社会责任感、兴趣和好奇心、批判性思维等,但既不科学,也不成体系。在这一点上我们和世界一流大学相比还有相当大的差距。比如,加州大学伯克利分校的招生标准既明确又系统,有 17 个大项,每一大项下又分成若干小项;斯坦福大学的招生标准中,首要的一条是认同斯坦福大学的价值观;耶鲁大学的招生标准中,非常看重学生的服务精神,等等。我们希望通过不断的研究探索,也能够提出北大自己的人才选拔标准。

仅仅有了标准还远远不够,我们还要做第二件事情:这些标准必须可以被测量。无法被测量的标准不具可操作性,等于没有标准。比如,我们非常看重学生的社会责任感。这是北大最重要的精神传统之一。但是,怎样在考核过程中准确观测到学生的社会责任感呢?不能因为学生告诉你他(她)具有社会责任感,或者告诉你他(她)参加了多少次社会公益活动,你就能判定出他(她)一定具有社会责任感。也许他(她)只是为了进入北大而有针对性地作秀呢?目前,我们还没有研究出科学有效的能够观测出学生是否具有社会责任感的方法。开展自主选拔录取改革试点工作十年来,我们只在一个标准上实现了可测量的目标——领导力。北大人才培养的目标是培养各行各业起引领作用的领导者,因此,在人才选拔阶段,我们非常看重学生的领导力。怎样观测一个学生是否具有领导力呢?我们的办法是"无领导小组面试"。一群学生拿到面试题目后,可以围绕一个问题进行讨论,面试官在讨论过程中基本不发表意见,从中观察哪些学生具有领导力。这个方法非常有效,那些在面试中脱颖而出的学生在以后的学习过程中的确表现出了相当强的领导力。但这个方法不是我们的发明。它是首先在世界一流大学招生过程中使用,后来引入香港地区的高校,再传入内地的。我们必须根据中国的国情、中国大学的特点和中国学生的实际情况研究设计我们自己的测量方法。

仅仅有了标准,使标准可以被测量还不够。因为测量必须通过一定的方式——特别是考试题目——来实现。因此,我们还要做第三件事情:对考试命题进行科学深入的研究,提高命题质量和水平,提升测量标准的有效性。北大教授的命题水平很高,但由于没有一个科学完善的系统,北大的命题工作还存在粗糙、随意性较大、稳定性不高等问题,这就需要我们有效整合各类资源,从人才选拔和培养的角度出发,不断增强命题工作的科学性、系统性、稳定性和有效性。

要顺利完成这三项工作,我预计最快也要十年。

尹俊:看来北大在这方面的规划是很长远的。另外,北大今年新推出的中国大学先修课程,在社会上引起了很大的反响。有网友问,中国大学先修课程和美国 AP 课程有没有相似之处?是否借鉴了美国 AP 课程的一些成功经验?或者说这是北大自己的创新?

秦春华:美国的 AP 课程诞生于 20 世纪 50 年代,迄今已经有六十多年的历史。AP 课程最大的好处,是它比较好地解决了大学和中学之间的衔接问题。教育是一个连续的过程,小学、中学和大学只是一个人在接受教育的过程中根据年龄、生理和心理的不同处于不同的阶段而已。各个阶段之间既有差别,又有联系,仿佛是一场人生的接力赛。按照道理说,学生应当在跑动中接棒,各阶段之间实现无缝对接。西方发达国家就非常重视这个问题。学生往往花费大量的时间和精力来了解大学的特点和专业情况。但是在目前的中国,这个接力赛正在被一级一级的升学考试所割裂。比如,小学六年级的学生基本上考虑的是如何升入初中的问题;初三的学生考虑的是如何升入高中的问题;高三的学生考虑的是如何升入大学的问题。单纯考虑并非不妥,甚至是必需的。但如果考虑指的是针对性训练,那就会带来非常大的危害。这意味着,在一个学生十二年的基础教育阶段,有长达四分之一的时间是在围绕着升学考试进行大规模的重复性针对性训练。这不仅仅意味着时间上的浪费,更重要的是,重复性训练会严重阻碍甚至扼杀学生的创造力、好奇心和创新精神。这对于顶尖大学培养拔尖创新人才是极为不利的。AP 课程能够让学生提前接受并习惯大学的学习方法,同时也赋予了学生挑战自己的欲望和激情。它带给学生的是正向效应,完全不同于目前基础教育中的大规模重复性训练。

“中国大学先修课程”借鉴了 AP 课程的先进理念和功能,但和 AP 课程还有比较大的区别。我们的理想,是探索一条具有中国特色的人才选拔和培养之路。中国和美国在历史、传统、文化、国情和民族心态上都有重大不同。在美国顺理成章的事情在中国可能会变得无法理解,甚至会走向反面。比如,美国一流大学普遍重视学生的 AP 成绩,但在中国,如果大学先修课程和大学招生联系得过于紧密,就可能会走上“全民学奥数”的老路;如果大学先修课程和大学招生完全没有联系,在高考指挥棒下,就会和大多数素质教育项目一样,无法发挥其积极作用,最后无疾而终。如何使大学先修课程和大学招生发生一定的联系,但又联系得不那么紧密,从而有效甄别那些真正对某些学科感兴趣并且有能力的优秀学生,对于我们来说还是一个巨大的挑战。另外,在中学教育普遍以“讲”“练”为训练模式的情况下,如何让学生养成正确的思维习惯和学习方法,对于教师来说,也是一个不能回避的问题。应当说,这些都是前进中的困难,可以在发展中逐步加以解决。我相信,看准了的事,一定要坚定不移地走下去。步伐可以慢一点,但必须要大胆地试。我们要本着实事求是的态度,从中国基础教育的实际情况出发,不断积累经验,走出一条中国人自己的道路。

尹俊:在传统的高招工作中,招生归招办,培养归院系。针对招生和培养脱节的相关问题,北大是否采取了一定的措施?

秦春华:在大一统的高考录取模式下,招生是学校招生办的工作。招生办按照高考分数把学生招进学校以后交给院系培养,此后学生不再和招办发生联系。招办既不清楚也不关心学生入校以后的发展情况,更不用说思考如何进一步改进工作,招生仅仅是完成一项常规性的技术性工作。在这种情况下,招办不需要太大的规模。有一个主任主持工作,有一个计算机工作人员操作程序即可。如果招办主任恰好是计算机专业毕业的,那就可以合二为一,还节约了用人成本。这就是目前中国大学招生办公室的现状。但世界一流大学的招生办公室却是学校最重要的部门之一,公立大学都有几十人之多,私立大学甚至多达两百多人。这一点和中国大学形成了鲜明对比。

由于招生完全依赖于高考分数,院系基本上不和招生发生联系。院系既不清楚也无法关心招来的究竟是什么人,教授也不参与招生宣传。因此,在传统招生录取模式下,招生和培养是完全脱节的,是两个毫不相干的体系。因此,在国外大学看来,中国大学的招生办公室的管理体制是很奇怪的。招生办公室不是一个独立的机构,有的和教务处放在一起,这还可以理解;但把招生和就业甚至是学生工作放置在一起,就完全不符合逻辑了。

更为严重的是,招生的依据是考生志愿和高考分数。在目前高考出分后填报志愿的情况下,考生的心态发生了巨大变化。他们不是根据自己的兴趣和爱好去选择自己的专业，而是把高考分数看成是一个价格，凭借这个价格能进入哪个高校和专业。社会也根据所谓的专业热度，对学校和专业进行了标价。学生在填报志愿时，基本上不清楚大学的特点和专业情况，要么机械地听从老师和家长的意见（他们也未必清楚），要么盲目地追随社会的热点，形成所谓“羊群效应”——头羊怎么走，其他的羊跟着走。大学为了吸引高分生源，不是把精力放在如何提高培养质量上，而是热衷于包装专业名称，层出不穷地推出各种各样的实验班、国际班。锅炉系没人愿意上，就改名为热能自动化控制；地质系没人愿意上，就改名为宝石鉴定。在这种情况下，学生进入大学以后，往往对所学专业没有兴趣，当然也就不可能成为这一领域的杰出人才。这不仅意味着人才的巨大浪费，更为严重的是，大学的人才培养将会丧失极为宝贵的可能性。一个学生本来有可能成为一个领域里非常出类拔萃的领导者，但因为没有被放置在合适的土壤里，结果成了一个平庸之辈，不能不令人扼腕痛惜。反过来，一个人如果被放置在合适的土壤里，他（她）就完全有可能成为影响世界甚至是改变世界的灵魂人物。钱学森先生当年上大学时本来选的专业是机械工程。叶企孙先生对他说，你不要读机械工程；如果你学了机械工程，将来中国不过是多一个机械工程师而已。你应该去读航空动力学，那个领域更适合你。钱学森先生说，我没学过航空动力学啊。叶企孙先生说，没关系，你可以从头开始。钱学森先生听了他的话，结果成长为世界著名的航空动力学专家。如果没有叶先生的引导，就不会有钱学森，也就不会有中国“两弹一星”的伟业。

北大现在做的事情，是根据每一个学生的不同特点，为他（她）制定不同的培养计划。我们为学生提供各种各样的模块和机会，让学生根据自己的兴趣、爱好和志向去选择，通过小班教学、母鸡带小鸡等方式，一个一个地来培养学生。如果说，传统的人才培养模式是工业化的流水线作业的话，北大现在就在用手工方式来定制学生。只有手工定制才是最高端的奢侈品。

人才培养的变化必然对招生提出新的要求。因为要对学生一个一个地培养，因此，招生时就必须一个一个地去发现、选拔适合北大培养的学生。但什么样的学生最适合培养，只有院系最清楚。这些年我们做的最重要的工作就是把招生工作重心下移,不断使院系在招生中发挥越来越重要的作用。北大不仅要有自己选拔学生的标准,各院系也要相应有自己的选拔学生的标准和特点。只有通过这样精细化的选拔和培养,我们才能实现建设世界上最好的本科教育的目标。

我深深地体会到,招生不是一项工作,而是一项事业,值得为之倾尽一生的心力。

尹俊:从前最优秀学生的选择只有国内的一流高校,但是近年来很多学生在高中毕业之后就选择直接去国外的一流高校读书,香港的很多优秀大学也加入了内地的招生竞争。您认为这种变化对北大造成了压力吗?如何应对?

秦春华:我们做了一个基本的估算。现在中学生出国读本科的比例有两个20%:一是中学生中大约有20%选择了出境或出国读书;二是这部分学生中大约有20%是非常优秀的学生。这些学生不仅仅是成绩优秀,而且在各个方面都很突出,是真正的好学生,否则也不会被世界一流大学所录取。在北京、上海这样的发达城市,比例有可能还会更高——有些中学"弃考留学"的比例甚至达到了40%。在一个全球化的时代,学生去哪个国家的哪所大学读书是他(她)的权利和自由,只要他(她)具备相应的能力就可以。但是我想告诉这些考生和家长的是,即使你具备了这样的经济实力,你也仍然要考虑未来20年你在全球人才市场上的定位。我们的根在中国,只有在这片土地上我们才有可能做出影响世界甚至改变世界的事业。中国的发展速度和蕴涵的机遇举世瞩目。离开了这片土地,特别是本科阶段的熏陶,也许你可能在某个领域里做得还不错,但你将丧失掉一个机会,一个你未来可能成为影响世界甚至改变世界的灵魂人物的机会。当这个机会摆在你面前的时候,你为什么不把握住它呢?

"弃考留学"的变化给我们带来了两个方面的压力:一方面,的确有一部分最优秀的学生选择直接去世界一流大学读本科,北大、清华在生源上的垄断优势已经被打破——当然这不一定是坏事;另一方面,也促使我们要进一步加快在人才选拔和人才培养方面的改革,增强对最优秀中学生的吸引力。

北大正在加快建设世界一流大学的步伐。按照北大"2048远景规划"的战略构想，再过五年，北大将在建校120周年前后率先跻身世界一流大学行列；在建校150周年前后，全面实现建设世界一流大学的奋斗目标，并力争走在世界一流大学前列。这将是北大历史上发展速度最快最激动人心的时期之一。当这一天来临的时候，你会发现，在北大读本科也许是你一生中做得最正确的选择之一。

尹俊：最后一个问题，今年北大招生政策有调整吗？有哪些新增的专业？

秦春华：和许多高校不同，北大是按照学科大类招生的，这是北大人才选拔和培养最重要的特点。在本科阶段，我们非常强调"强化基础，淡化专业"。因此，尽管北大每年都会有若干新增的专业，特别是一些前沿交叉学科，但这些专业在招生阶段和考生并不发生直接联系。学生什么时候开始关注专业问题呢？一般要到大学二、三年级，那时候你再根据自己的兴趣、爱好和志向，选择一个适合自己的专业。

2013年4月27日初稿于北京大学老化学楼

2013年5月17日夜定稿于倚林佳园

坚守教育工作者的良知、责任和诚信

——答《广州日报》记者采访

时间:2013年7月30日

采访人:《广州日报》驻京记者张丹

张丹:近日,有关名校通过奖学金吸引"状元"的情形在招生环节愈演愈烈。据了解,北大从2007年开始,就已经改变了奖学金吸引"状元"的做法,只在新生入校后一视同仁申请奖学金,并主要倾向于家庭经济贫困,但非唯"状元"奖学金。请问:当年北大的改变源于怎样的理由?

秦春华:中国高校的奖学金和助学金制度经历了一个漫长的发展历程。20世纪50年代,在国家的大力支持下,高校开始实行助学金制度,帮助了一大批当时没有任何经济来源的学生顺利完成学业,接受了完整的高等教育,为中华人民共和国的建设与发展提供了强有力的人才支持,也改变了他们个人的命运。今天,在许多人的脑海里,还保留着当年没有一分钱,赤脚上大学,完全依靠助学金读书的美好记忆。20世纪90年代以后,在一批关心支持教育事业的企业家和社会贤达人士的努力下,许多高校恢复了奖学金制度,奖励那些在校期间成绩优异、表现突出的优秀学生。90年代中期以来,由于高校开始实行收费制度,一些家庭经济困难的学生无力完成学业,为了帮助他们实现梦想,政府和高校相应推出了助学金和助学贷款制度。因此,和国外不同,中国大学的奖学金带有奖"优"性质,而助学金带有助"贫"性质,这往往导致许多学生因为面子问题而不愿意申请助学金。实际上,在许多世界一流大学,奖学金和助学金的含义是一致的,多数都是为了帮助家庭经济困难的学生顺利完成学业。其中比较典型的是哈佛大学,它提供全额奖学金的依据是家庭年收入在6.5万美元以下,家境富裕的学生则被排斥在奖学金之外,因此也被称为"劫富济贫"式奖学金。

2008年,北大设立了"新生奖学金"制度,初衷是为了奖励在中学阶段表现突出优秀高中毕业生,而不是为了争取所谓"状元"。原因很简单:一是"新生奖学金"的数额不大,一等奖学金只有5万元人民币,而且分四年逐年发放,实际上是覆盖了学生在北大读书期间的学费和生活费;二是"新生奖学金"采取申请制,不是只有"状元"才能得,而是所有的北大新生都有机会;三是在评定"新生奖学金"名单时,综合考虑学生的各项表现,通常会优先考虑家庭经济困难的学生。

然而,近年来,在高考后出分填报志愿的情况下,高校间生源竞争日益激烈,部分高校用高额奖学金收买高考状元和高分学生的情况愈演愈烈,部分高分学生以高考成绩作为交易筹码与高校谈判奖学金和录取专业等条件,坐看高校间"叫价竞拍",使高校招生变成了一场围绕着高考成绩为标的物的拍卖,从而把"唯分数论"推向了极致,严重背离了教育的宗旨和本质,既不利于学生的身心健康,也不利于国家民族的长远发展。北京大学是一所高贵的学府,我们要培养精神高贵的人。奖学金不能沦为收买高分学生的工具。因此,为了能够招收到真正适合北大培养、品学兼优的学生,借鉴世界一流大学颁发奖学金的通例,2013年北京大学新生奖学金主要用于支持真正有需求、家庭经济困难,无法负担学生本科四年生活和学习的优秀学生,帮助他们顺利进入北京大学完成本科学业,并鼓励他们勤奋学习,实现德、智、体、美全面发展。2013年新生奖学金由原来的一、二、三等奖学金变为全额奖学金和半额奖学金。全额奖学金总金额5万元人民币/生,覆盖本科四年的学费和生活费;半额奖学金总金额2.5万元人民币/生,覆盖本科四年的学费。新生奖学金不是一次发放,而是分批逐年发放。

张丹:近几年北大的招生情况如何？是否会因为没招到“状元”而惋惜？

秦春华:今年,北大的招生工作顺利实现从被动单纯录取高考分数最高的学生向主动多样化选拔最适合北大培养的优秀学生的战略转型。经过多年的不懈探索和研究,我们首次明确提出了新型“招生观”:一是要招收对北大核心价值观充分认知、高度认同的学生;二是要招收具有远大的理想抱负、强烈的社会责任感、活跃的批判性思维、巨大的发展潜能的最适合北大培养的学生。这和传统意义上的以“状元”和高分考生数量、录取分数线等“招生 GDP 政绩观”有着本质不同。尽管按照这些传统指标来衡量,多年来,北大依然招收了全国最多的包括“状元”在内的分数最高的学生。然而,面对高等教育在世界范围内的激烈竞争,我们清醒地认识到,继续沾沾自喜地沉湎于所谓“状元”数量带来的虚假繁荣,将会使我们日益远离教育的功能和本质,并逐步丧失判断能力。

首先,在日趋激烈的生源全球化竞争下,中国最优秀中学生群体中的一部分已经开始“用脚投票”,直接选择去世界一流大学读本科,而且规模和速度呈几何级数增长。“弃考留学”现象日益突出。他们没有参加高考,客观上降低了竞争的激烈程度;其次,在高考之前,各高校通过保送、自主选拔录取等方式已经录取了一部分优秀学生或确定了一部分候选人,他们要么没有参加高考,要么因为获得较大幅度的降分优惠而降低了冲刺的欲望(例如,北大“中学校长实名推荐制”候选人最高可以降分至当地一本线),客观上也降低了竞争的激烈程度;最后但至关重要的是,在高考题目难度降低的情况下,分数最高的学生群体中分值之间的区分度已经非常微弱,谁能获得“状元”的称谓凭借的不仅仅是实力,更多的可能是运气——谁都有可能在下一次考试中获得“状元”。在这种情况下,高校间盲目争夺所谓“状元”,除了面子和虚荣之外,非但没有任何实际意义,而且会将教育引向“分数拜物教”的深渊,使整个社会陷入非理性的“分数膜拜”,危害可谓大矣！因此,对于“状元”数量的多少,北大毫不在意。拒绝少数索要巨额奖金的“状元”,北大绝不惋惜。北大欢迎“状元”和高分考生,但绝不会为争取他们选择北大而讨价还价。“状元”和高考分数不能成为交易的筹码。今年,在高考志愿填报咨询阶段,我们明确拒绝了少数企图向北大索要巨额奖金、进行讨价还价的所谓“状元”,用实际行动切实坚守并捍卫教育工作者的良知、责任和诚信,使教育回归本质。

对于正在加快建设世界一流大学步伐的北大来说,我们必须有更高远的追求,立足于全球视野,从培养“人”而不是招收“分”的目标出发,超越目前国内高校盲目争夺高分生源的恶性竞争,沉下心来做应该做的事情,不再公布高考“状元”和各省市前十名等所谓反映招生政绩的“GDP”指标,引领全国高校和基础教育共同探索一条具有中国特色的拔尖创新人才选拔新道路,在人才选拔培养领域和世界一流大学在全球范围内展开竞争与合作。

张丹:作为已经改变招生方式的名校,北大是如何看待这种通过奖学金吸引“状元”的做法的?

秦春华:几天来,关于北大拒绝少数索要巨额奖金的“状元”的消息引起了社会广泛关注。我认真阅读了几乎所有的评论。这样一个本不该成为新闻的“事件”,反映了公众对于当下中国的招生考试制度、教育乃至我们这个时代的思考和认识。许多评论指出,通过奖学金吸引生源是世界各国大学的通例。因此,大学提供奖学金,学生申请奖学金,体现了相互平等的“契约精神”。但这些评论没有注意到的事实是:第一,世界上没有任何一所世界一流大学通过设立巨额奖学金去吸引所谓的“状元”,他们吸引的是适合自己培养的优秀学生。即使是“状元”,如果不符合自己的招生录取标准,一样会遭到拒绝。哈佛大学、斯坦福大学、耶鲁大学等世界一流大学曾拒绝了不止一个SAT满分的学生。2010年,北京市理科“状元”申请11所美国大学被拒也是一个典型的例证。第二,许多世界一流大学的奖学金政策的目的是为了增强生源多样化,用来帮助不同种族、不同民族、不同文化、不同社会阶层以及家庭经济困难的学生完成学业,奖学金的数额以满足学生学习和生活费用为限,单纯依赖高额奖学金吸引学生的情况极为罕见。美国是一个视交易为当然的社会,但在教育的问题上,也不屑于单纯依赖金钱进行交换。中国人往往对美国大学动辄提供数万美元的奖学金的消息津津乐道,一方面固然是将其折算成了数额可观的人民币(其实人民币升值之后也不见得有多可观),另一方面也是因为不了解这些奖学金本身就包含了大学的高额学费,扣除学费之后往往只能满足基本的生活需要。第三,中国单一根据确定的高考成绩进行录取的招生考试制度是世界上独一无二的制度,这和美国大学提供奖学金,学生申请奖学金的背景完全不同。在高考出分填报志愿的情况下,在分数崇拜的社会舆论驱动下,"状元"及其分数已经成为高校招生市场竞拍中明确的标的物。这时候,高校设立巨额奖金(远远超过学生学习和生活费用的奖学金),学生申请巨额奖金,就不再只是简单的双向选择、你情我愿,而是带有强烈的用分数去交换金钱的烙印,高校招生因此被异化为市场交易行为。这一点显然为害巨大。为什么在高考前或高考后估分填报志愿的省市和时代,这个问题并不严重呢?因为在这种情况下,谁也不知道盖子揭开后的分数。学生填报某一所高校和专业,更多的是出于对这所高校和专业的兴趣和热爱。因此,在不知道学生确切的高考分数和排名之前,高校设立奖学金,学生申请奖学金是理性的——高校选拔的是自己喜欢的学生,学生选择的是自己喜欢的高校——和高考分数与金钱没有那么直接的对应关系。但正如我们所看到的,恰恰在高考前或高考后估分填报志愿的省市和时代,反而没有出现高校设立奖学金、学生申请奖学金的情况。原因也许正是因为,在"状元"和高考分数没有明确的情况下,高校没有用奖学金争取"状元"的动力——成本和收益不匹配,万一赌错了可能血本无归;"状元"也没有凭借高考分数索要奖学金的资本——天知道你最后是不是"状元"。也许在这个时候,高校和学生之间的行为,所反映的恰恰才是真实的供给和需求。

2013 年 7 月 31 日凌晨初稿于倚林佳园

2013 年 8 月 1 日凌晨定稿于倚林佳园

培养能够影响和改变世界的领导者*

——在"第二届新东方基础教育高峰论坛"上的报告

（2012年4月22日）

尊敬的顾明远先生、俞敏洪老师，尊敬的各位嘉宾、各位朋友：

大家上午好！

非常高兴今天能够出席第二届新东方基础教育高峰论坛，并有机会向各位报告我们近年来的一些工作和思考。对于我个人而言，这是很大的荣幸。我和新东方学校有着非常特殊的感情。近二十年前，作为最早的一批学员之一，我走进了新东方学校当时还极为简陋的课堂，聆听俞老师精彩的授课。虽然没有从这里走向世界，但也见证了新东方这些年来不断走向辉煌的风雨历程。请允许我向俞敏洪老师表达心中的敬意。

培养健全人格的人，为社会做出贡献

刚才顾先生的讲话给了我极大的启发。我想，尽管今天论坛的主题——2012年高考命题趋势分析及学生备考策略研讨会——是一个非常具体、明确，而且指向性很强的命题，请顾先生首先发表如此立意高远的讲话，我觉得

* 本文删节版发表于《大学》（招生指南）2013年第10期，题目为《沿着正确的轨道，做正确的事情——北京大学招办主任谈"中学校长实名推荐制"》。

它特别体现出本次论坛的一种超越。我想这既是北大的一个重要特点,也是以俞老师为代表的新东方人的精神特征——我们对于太具体的东西不是太关注,而把注意力更多地放在一些带有超越性的事情上。

那么超越性的东西是什么呢?刚才顾先生说,没有爱就没有教育,没有兴趣就不能学习。这一点我过去体会不深,因为我不是教育学专业出身。但是现在我有了孩子以后开始有了一点感觉。我的女儿才一岁多,因为我和太太的工作都很忙,只好请了阿姨带。后来我们觉得孩子成天和阿姨在一起可能不太好,就把她送到了亲子班,目的不是想让她去学什么东西——一岁多的孩子能学什么呢——而是想让她和别的小朋友能够有一些沟通交流。因为现在都是独生子女,孩子太孤单了不利于成长。结果在亲子班上第一堂课我就发现问题很大。课堂上老师教孩子们做各种游戏,比如穿绳子啊,把球放进瓶子里啊,等等。我女儿不会做,因为从来没有人教过她这些——我们这对父母好像不太称职。虽然孩子才十几个月大,什么也不会说,但她自己有感觉,不舒服,不敢上前和别的小朋友一起玩,一个劲儿地往妈妈怀里钻。结果我太太备受打击,回家以后翻箱倒柜把怀孕之前自己买的、别人送的所有的育儿经统统找出来,晚上挑灯夜战,比准备高考还辛苦。我一觉醒来发现她还在看书就很奇怪,我说:你干嘛呢?她说,我得好好教育咱家闺女。我说得了吧,她才十几个月大,你教育什么呀?她只不过没有受过训练,将来训练一下不就行了吗?我太太很认真、严肃地对我说,我过去受了你的毒害,现在我不相信你的鬼话了。我女儿已经落在后面了,我们要迎头赶上。

这是我的亲身经历,但我想这也是目前很多中国家庭孩子的缩影。在教育孩子的问题上,中国的父母总是处于一种非常焦虑的状态。每个孩子都是爸爸妈妈的心肝宝贝,每个人都爱自己的孩子,都希望孩子能够接受最好的教育。但什么是最好的教育,怎样才能让孩子接受最好的教育,并不是每个做父母的都清楚。所以家长就拼命地让孩子往前赶,不能输在起跑线上,甚至恨不得在胚胎形成之前就在妈妈肚皮上注入最优质的教育资源,生下世界上最完美的天才神童。即使知道这样做不一定正确,看着孩子受罪自己也心疼,但是为了他(她)的未来,还是要含泪把孩子往火坑里推。这就是中国家长所面临的“囚徒困境”——个人的理性导致了集体的非理性。所以顾先生刚才的讲话当真如狮子吼一般。教育必须要按照它应有的规律进行。爱孩子也要遵循正确的路径。不一定人人都能上北大、清华，但是我们可以努力做到使每一个孩子都可以成长为具有健全人格的人，能够为社会能做出贡献。这是我想讲的第一个问题。

招生考试制度改革要长期循序渐进地进行

我想讲的第二个问题是关于中国招生考试制度的改革。这是当前大家最为关心的问题。去年，教育部曾表示在年底之前要推出高考整体改革方案，但直到现在仍然没有任何音讯，估计今年的情况也不会乐观。这个问题的复杂性可见一斑。

大家都知道，改革开放以来，中国高校的招生考试是建立在统一高考基础上的凭借高考分数录取的制度。这个制度的最大优势是公平。用一句形象的比喻就是，县长和农民的儿子在一起参加考试，县长的儿子可能考不上任何一所大学，农民的儿子却可能考得上北大，分数面前人人平等——高校招生不依赖于考生的家庭背景、社会地位和经济条件。但它的最大缺陷是狭隘和僵化。全国一千万多名的考生千差万别，各具特色，却全部都要接受一把尺子的衡量。所以即使一个考生再优秀，高校也只能按照高考分数来录取。实际上，严格地说，我们的工作不能称为招生，我的工作岗位——北京大学招生办公室——其实准确地说应该叫作北京大学录生办公室，因为我们从来没有真正招过学生。多少年来，我们的工作就是在高考结束以后，各省市的教育考试院向高校提供考生报考志愿名单，我们按照100%—120%的比例通过电脑提档，而且我还要承诺不退档——退档以后学生和家长就会跟我玩命。在提档线上的学生，我没有办法不录取他，即使我明知道他精神有问题也得把他录取进来；在提档线下的学生，我没有办法录取他，即使我觉得他将来肯定是钱学森一样的人物也只能眼睁睁看着与他擦肩而过。我们在如何发现和选拔人才方面没有任何经验。

刚才顾先生提到高考制度改革目前正在进行反复的研究和论证工作。这个问题极为复杂，牵涉到千家万户的切身利益，必须采取积极的态度稳妥推进。这就是我们常说的，高考制度一要坚持，二要改革。任何一项教育政策，当它在解决一个问题的同时，一定会引发其他一些问题。因此，当我们出台一项教育政策时，从短期看是解决了某一方面存在的问题，但是从长期来看，却往往会导致许多更为严重的问题，有些甚至完全出乎意料。

最近我阅读了一些关于中国古代的考试招生制度方面的资料，很受启发。大家都知道，自五四运动以来，科举制度和八股文备受抨击和指责，被认为是钳制和禁锢中国人思想，使近现代中国落后于世界的罪魁祸首。因此，清政府改革维新的第一项举措，就是废除科举取士制度，但此后不久，清王朝也随之覆亡了。大家可能不知道的是，实际上，八股文在历史上曾起到了非常积极的作用，用我们今天的话说，是一项在短期内收到良好效果的制度创新。为什么这么说呢？八股文并不是凭空从天上掉下来的，它是科举考试制度发展到一定阶段的产物。它之所以产生的最主要的目的是防止考试作弊。

在中国两千多年的历史中，最早的人才选拔方式是汉代的举选。所谓举选，是“乡举里选”的简称，后来演变成现代的“选举”，其实说的是一个意思，就是用推荐的办法选拔人才。举选的好处是以德为先，对人才可以进行综合考察，但时间一长，就容易导致选滥，出现门阀士族垄断，不利于优秀人才的脱颖而出，更重要的是，它可能会违背正义和公平原则，导致社会矛盾尖锐。正所谓“王侯将相，宁有种乎？”为了纠正这种缺陷，以公平考试为选拔方式的科举制度应运而生。然而，只要有考试，就有可能产生作弊。防止作弊是考试改革的永恒主题。除了替考以外，比起夹带、抄袭等作弊形式来，考官与考生串通在答卷上作弊是最难对付的作弊形式之一。为了杜绝考官对熟悉的考生进行照顾，就出现了糊名制。后来发现把名字糊住也不行，因为考官可以通过考生笔迹进行判断，于是出现了誊录。后来发现用红笔誊录也不行，因为考官可以和考生提前约定，在试卷内容文辞中做好记号。考官阅卷时看到记号一样可以作弊。正是为了防止这种情况的发生，在总结前代考试经验的基础上发展了一种新的规范化的考试文体——八股文。事实上，八股文就是防止作弊走向极端化的产物。它规定了严格的程式，甚至连虚字的使用都做了标准化处理，目的就是使考官难以通过试卷辨别试卷的作者。这就把考试作弊的问题彻底解决了，最大限度地实现了公平。北大哲学系教授何怀宏先生在详细梳理科举史料后发现，在将近一千年的科举史上，只有三分之一不到的中举者祖上三代做过官。换句话说，三分之二以上的中举者祖上三代都是白丁。然而，考试在实现公平选拔人才的同时，也导致了评价手段单一和僵化，特别是无法体现对道德的考察。在二者的较量中，最终是考试占据了主流，但也禁锢了思想，扼杀了创新。

八股文的产生和发展历程启示我们，高考制度改革的确是非常复杂非常艰巨的任务，因为它牵涉的利益实在太大，对每一个家庭来说都是天大的事情。所以我始终认为，招生考试制度的改革不一定需要太快，但是看准了的事情要循序渐进地慢慢小步快走。有的时候走得太快不太稳当，由于工作中某一个环节处理不当，引起社会的巨大反弹，有可能迫使你要从头再来。一旦出现这种情况，要重新恢复公众的信心就会变得异常艰难。原本可能十年可以达成的目标，那就很可能三十年都实现不了。

中学校长实名推荐制——中国特色的拔尖创新人才选拔之路

既然高考制度改革这样复杂，是否意味着我们就无所作为呢？现在很多人主张，高考制度改革是政府的事情，需要进行顶层设计。在教育部没有出台高考改革整体方案之前，只能等待。我认为，这是一种消极的“鸵鸟态度”。尽管高考制度改革的确需要宏观控制，自上而下进行，但任何一个利益牵涉巨大的改革方案的出台，最终都将是妥协的结果。在反复讨价还价的过程中，我们依然可以从微观单位的实际情况出发，积极开展多种形式的探索。这就需要大学和中学一起来努力。从这个角度说，作为一个高等教育领域的工作者，今天能来参加基础教育领域的论坛，我深感荣幸。因为我觉得在中国目前大一统的高考招生录取制度下，如果仅仅依靠基础教育来进行各种各样的变革，不但阻力和压力很大，而且往往收效甚微，很可能不能从根本上解决问题。因为家长和考生他有现实的选择,他有“用脚投票”的强大驱动力。不管你的改革目标说得多么动听,改革方案设计得多么完美,如果不能解决老百姓的切身利益和实实在在的需求,他(她)就会用脚来投票,寻找适合他(她)自己的道路。如果学校教育不能满足他的需求,他可能会选择在家学习;如果国内教育不能满足他的需求,他就选择用脚走出去,在国外接受教育。现在国内许多一流的中学生已经用“脚”做出了他们的现实选择。如果高考的“指挥棒”再不发生变动,我相信做出这样选择的中学生会越来越多,而且速度和规模将会呈几何级数增长。

因此,我的基本观点是,招生考试录取制度的改革是教育特别是基础教育改革的核心和关键。只要单纯依赖高考分数作为高校唯一录取依据的招生考试录取制度不发生根本性变化,无论基础教育领域做出多少改革创新,都只是镜中花、水中月;只要单纯依赖高考分数作为高校唯一录取依据的招生考试制度发生变化,哪怕只是一点点变化,都会引领基础教育沿着正确的轨道健康发展。从这个意义上说,高校招生工作者的确责任重大,使命光荣。

最近这几年,我们在招生考试制度改革上迈出的最重要的步伐是以北京大学“中学校长实名推荐制”为代表的自主选拔录取试点探索。实施这项改革的根本目的,就是在现行高考招生录取制度的整体框架内,积极探索多样化人才培养的新模式,用长期的过程性评价替代高考的一次偶然性评价,努力为不同类型特别是拔尖创新人才的脱颖而出创造条件。我们希望通过招生录取制度上的变化,向社会传递一个明确的信息:除了高考这一座独木桥外,其实还有很多座桥——只要大学和中学能够携起手来共同搭桥。

原本,这只是北京大学自主选拔录取试点工作的一项尝试而已,却出乎意料地在社会上引起了强烈反响。我从来没有想到过,有一天教育领域的话题能够上升到各大报纸甚至是娱乐媒体的头版,在长达二十多天的时间里,几乎所有的媒体都在高度关注北大中学校长实名推荐制的进程,并被列为 2009 年教育十大新闻之一,这在新闻史上也是罕见的。

坦率地说,当年社会舆论对这一政策口诛笔伐,质疑之声一片的时候,处在风口浪尖的我却出奇的平静——也许,当风暴袭来的时候,风暴的中心恰恰是安静的——我始终坚信,实践是检验真理的唯一标准。公众的担忧和质疑是否成立,中学校长是否会“暗箱操作”,这些问题不需要辩论,事实要比语言有力地多。事实上,公众最为担心的腐败问题恰恰是我最不担心的问题。

现在回过头来看,2009 年的“中学校长实名推荐制”经历了三个阶段:在第一阶段,北大实施这一政策的消息刚一发布,社会的第一反应就是改革会造成公正的丧失,“超过九成的网民反对这一改革”。随着推荐过程的结束,人们所担忧和推断的事情并没有出现,每一个校长都公平、公正、公开地推荐了综合素质最优秀的学生,经得起各方的任何质疑。有惊无险的推荐结果,使人们对公正质疑的声音渐渐平息,但继之而起的是对推荐标准的质疑和对推荐结果的失望。由此进入第二阶段。由于推荐结果与高考结果基本一致,使人们原先所寄予的选拔“偏才”“怪才”的期待化为泡影,失望的意见压倒性地成为主导声音。当我在媒体上明确表示北大不鼓励招收“偏才”“怪才”并阐述了四点理由之后,对此的批评基本停止——也许这使得人们更加失望以至于不愿意再批评了吧?由此进入到第三阶段。当公平、正义和“偏才”“怪才”都不再成为关注的焦点之后,社会舆论发现了一个新的新闻话题——“掐尖”。有人认为这场改革“其实只是北大导演的一场‘掐尖戏’而已,其真正的目的只是为了和清华等名校争抢优质生源”。这一话题由于其意义和影响和前两者相比已大为逊色,社会舆论在经历了二十多天的激烈辩论后也出现了“审美疲劳”,有关讨论没过几天后就迅速销声匿迹,为这一中国现代教育史上的事件——或许只是新闻事件——画上了句号。

也许,随着时间的推移和改革效果的逐渐显现,北京大学“中学校长实名推荐制”的意义和价值还将被进一步地发掘和被社会认知。仅就当年而言,“中学校长实名推荐制”至少产生了三个方面的效果:第一个效果是使一批中学从区域性影响走向全国影响。这些中学原本只在本省市具有举足轻重的影响,伴随着改革,它们成为全国公众关注的中心。第二个效果是使一批中学校长的教育思想被社会认识、理解和接受。我一直认为,中国的教育家就蕴藏在中学。在大学行政化色彩日益严重的今天,大学校长更像一个政府官员而很难产生独立的教育思想,但中学校长则不然,他们几乎把一生都献给了基础教育和自己的学校。他们对学生怀有爱和感情,有自己的社会和职业责任感,而且也很少有未来担任政府官员的期望和动力(我认识的大部分中学校长就是如此),他们更能纯粹地从教育的本质出发去研究、考虑问题。有人曾批评说,学生是如此众多,中学校长怎么可能对每一个学生都熟悉呢——言外之意是"中学校长实名推荐制"没有现实基础。但我认为,如果一个中学校长不能够做到对自己学校里最有特点、最优秀的学生了如指掌的话,他可能就没有尽到自己的责任,也就不会是一位优秀的校长。第三个效果是重建了社会对于中学教育和中学校长诚信的信心,推动了中国教育诚信体系的建立与完善。近年来,由于市场化改革的推进,中国社会诚信程度迅速下降,社会公众对于中学校长颇多微词,中学校长在社会道德谱系中不再拥有道德光环和职业神圣感。事实上,社会对于"中学校长实名推荐制"的质疑,很大程度上来源于这种集体的心理不信任。但是,三年来,我们没有发现一起违规操作的情况。实践证明,中学校长是可以被信任的群体。中学生是国家和民族的未来,中学校长的言行对他们产生重要的影响。中学校长应当是社会最值得信赖的群体之一。改革的顺利实施使社会在某种程度上恢复了对中学校长诚信的信任,我认为这是"中学校长实名推荐制"产生的最重要的政策后果,对中国教育和社会发展将会产生深远影响。

经过三年的探索,现在我们对"中学校长实名推荐制"充满信心——我们正在沿着正确的轨道做正确的事情。目前,人们对这项改革还有许多批评意见,我们充分理解并感谢这些批评,从这些批评意见中也汲取了更多的智慧,促使我们以更加谨慎的态度稳步推进改革,把好事办好。但教育改革从来都要以时间为代价,并非一蹴而就。我预计,这项政策将在未来五年左右的时间才会慢慢见到一些效果,如果持续改下去,十年之后——十年对于教育领域而言其实是非常非常短暂的——我想我们将可能走出来一条不同于美国的道路。我始终认为,中国的问题必须由中国人站在中国的立场上,根据中国的国情,用中国人的思维加以解决。我们从美国教育制度中借鉴了许多有价值的东西,但我们有自己独特的历史文化,在美国成功的经验不一定完全适合我们。我们必须要走出一条具有中国特色的拔尖创新人才选拔之路。

北大人才培养标准:有理想、有好奇心、有社会责任感、有创新意识

改革不是目的,它只是帮助我们能够比较顺利地达到彼岸。近年来的改革使我们越来越清晰地看清楚彼岸的方向和位置。我们的目标,是根据北京大学的人才培养特点,选拔适合北大培养的未来可能会影响世界甚至是改变世界的灵魂人物,为北大加快建成世界上最好的本科教育奠定坚实基础。这是北大招生事业的核心使命。

北大是一所极具想象力的大学。她是一个巨大的熔炉,任何一个学生经过四年的培养,最后都可能变成一块百炼金刚。目前,我们招收了很多全国名省市高考分数最高的学生,但是他们是不是都适合北大培养呢?将来是不是都会做出非同一般的成就呢?我觉得不一定。这些学生凭借最高分考入北大,将来毕业以后找到一份收入稳定的工作,获得比较高的社会地位,一般而言不会有任何问题。因为北大、清华每年招生数量大约为六千人,十年不过六万人,但中国所提供的重要岗位何止六万。所以北大、清华的学生最不应该担心的就是就业问题。但是,对于这些经过层层选拔脱颖而出的优胜者而言,是否能够被放置在一个合适的环境中被培养,结果却大不相同。如果是在一个适合他(她)的环境中培养,未来他(她)就有可能把自己的优势发挥到极致,做出非同一般的成就;反之,如果这个环境不一定适合他(她),那么,未来他(她)也不会混得太差——因为北大、清华的资源是稀缺的——但却丧失了成为非凡领袖人才的机会。对于社会和个人而言,这都是巨大的浪费。因此,对于北大和清华这样的高校而言,比招收分数最高的学生更为重要的是——什么样的学生最适合你培养?

那么,到底什么样的学生适合北大培养呢?换句话说,北大招收学生的标准是什么呢?我觉得首要的也是最重要的一点就是北大的学生必须要有远大的理想和抱负。但是,我不知道是什么原因,也许是整个社会的功利化,也许是现实生存的压力,现在的学生正在日益缺乏理想抱负。他们不再野心勃勃。

近几年,我接待了许多优秀学生,也参加了面试,当我问他们未来的理想是什么的时候,大多数学生的回答是毕业以后要挣很多钱。这样的学生越来越多。这使我日益感到悲哀和忧虑。因为一个把挣钱作为理想的学生,未来一定挣不到钱,或者挣不到大钱。现在分数最高的学生都愿意去光华管理学院和经济学院,毕业以后希望去华尔街工作。但我告诉他们,除非你真的想去学经济,对此有浓厚的兴趣,否则,将来你一定只能给别人打工——给那些在某一个领域做出巨大成就的同学提供投资融资方案。相反,如果你有了远大的理想和抱负,未来就有可能成为影响世界甚至是改变世界的人物——当然还要具备其他的条件和要素,自己也会感到更加幸福。比如,当你仰望星空的时候,你想去月球。但你之所以想去,不是因为月球上有广寒宫,有嫦娥,而是你真的想去。否则,当你到了月球以后,发现上面只有环形山,没有嫦娥,你就会非常失落,感到很痛苦。相反,如果你有远大的理想和抱负,到了月球以后即使发现没有嫦娥,也没有关系。一个人能够做自己喜欢的事情,为人类的未来和福祉做出自己的贡献,也是一件幸福的事。这样你的一生就会始终获得一个持续发展的动力。

其次,北大的学生一定要有强烈的兴趣和好奇心。就像顾先生刚才所讲的,如果你对于一件事情没有兴趣,没有一种狂热激情的话,你就不可能把它当成一项事业去追求。我觉得现在的学生正在日益丧失兴趣和好奇心。他们不但不知道自己喜欢什么,甚至不知道自己不喜欢什么。去年我见到某省的高考第一名,就是所谓的“状元”。我问他你来过北大吗?这孩子不吱声。我问他你来过北京吗?他也不吱声。这样谈话是无法进行下去的。我只好问他,你喜欢什么呀?他还是不吱声。我没辙了,问他将来想学什么专业?我想这个问题应该可以回答。结果他果真回答了,但答案让我大吃一惊。他说你问我的老师吧。这样的学生北大是没有办法培养的,后来我把他推荐给了另外一所著名高校(笑)。

但我们不能责怪学生。学生并非天生没有兴趣和好奇心,关键是你的制度设计是保护还是损害他们的好奇心。我觉得我们现在的教育,特别是招生考试制度,对孩子的好奇心起到的不是正向激励而是负向激励。这使得学生在选择时面临非常大的困难和困惑，特别是在填报高考志愿的时候。现在绝大多数省市实行的都是出分填报志愿方式。这一制度在一定意义上有其合理性——否则不会有越来越多的省市选择它——但它同时又带来非常大的负面作用。它导致我们今天的高考录取越来越像一个讨价还价的拍卖市场。每一个分数对应一所学校，甚至对应到某一个专业。专业的好坏——社会对其价值的评判——取决于录取分数的高低。这就使学生在做出选择时会面临很大的社会压力。他（她）不是出于自己的兴趣和爱好而是出于社会对其分数的估价。比如，一个分数很高的学生，他（她）可能不想学经济，但他（她）的父母和老师都觉得他（她）应该去，否则他（她）考了这么高的分数不就亏了吗？尤其是当他（她）想去学地质或考古的话，大家一定会认为他（她）有毛病——一个人怎么可能心甘情愿地吃亏呢？所以现在越来越多的学生集中到经济、管理等所谓“热门”专业。这是很不正常的，对于社会和个人来说都可能是巨大的灾难。

有人会说，你说的也许很对，但我没有那么远大、崇高的理想，只想过好自己的生活，选择热门专业有什么错呢？我想表达的观点是，即使你的目标不是成为最优秀的领导者，即使你只为自己而活，如果不是出于自己的兴趣而盲目选择当下的热门专业，可能仍然是错误的。时代发展如此迅速，知识蜕化日益加快，今天的热门可能成为明日黄花。前不久我们知道已经有上百年历史的美国柯达企业宣布破产，日本最大的电影放映器材厂家也破产了。这些当时最热门最好的企业，今天都走到了尽头。教育的效果从来都不会在当下显现。今天的学生从毕业的那一天起到成为社会上有一定影响力的成功人士，一般要经历二十年左右的时间。但是，按照中国目前的发展速度，二十年后的中国是什么样子的，今天我们根本想象不到。你怎么可能用今天的知识去解决未来的问题呢？企图通过学习今天的热门专业在未来社会取得成就，这是现代版的“刻舟求剑”。因此，北大培养学生，教给学生的一定不是现成的知识，而是帮助学生形成正确的思维方法和解决复杂问题的能力，而兴趣和好奇心是最主要的动力。我们要问的是，二十年后，当你面临一个从来没有遇到的难题，也许任何人都没有遇到过，你怎么办？尤其是当所有人都对你充满期待的时候,你怎样用探索的精神和坚忍的意志带领一群人为了一个理想和目标而奋斗?

再次,我们非常看重学生的创新意识。乔布斯曾经说过一句话:“领导者和追随者之间最大的区别就是创新。”北大人才培养的目标是培养各行各业起引领作用的领导者,创新思维和创新意识的养成尤为关键,这和北大的历史传统和学科特点有关。北大是一所以文理见长的综合性大学,它的价值和使命是探索未知世界,这一点和以传统工科为主的高校完全不同。传统工科培养的是严谨的工程师。它训练和培养的是学生的是执行能力——按照科学原理设计图纸,或者按照设计好的图纸把东西做出来。它不需要甚至也不应当强调创新精神——如果你执意不按照理论和图纸的要求去做,有可能会造成灾难性的后果。但理科培养的是科学家。用一个可能引起歧义的隐喻来说,科学家仿佛是一个先知,擎着一盏明灯去照亮黑暗的世界,照到哪里哪里就亮了,照不到的地方依旧黑暗。没有创新精神,科学家就不可能完成照亮世界的任务。

我们在今年的《招生简章》中写了这样一句话:“北大培养改变世界的人。”我们也的确培养了一些改变世界的人,比如被誉为“当代毕昇”的王选先生。王选先生逝世的时候,有人说了一句广为流传的话:“只要你读过书,看过报,你就要感谢他,就像你每天用到电灯就要感谢爱迪生一样。”如果没有王选先生,如果不是他把汉字的基本信息压缩进电脑的话,在一个互联网的时代,我们可能会被整个世界抛弃。西方人发明的电脑语言是英语,由于汉字和拼音文字的截然不同,总体而言,中国人的英语水平比较低。我们连印度都比不上——人家曾经是殖民地,我们只是半殖民地(笑)。可以毫不夸张地说,王选先生在信息时代挽救了中国文化。同样,创新精神也成就了俞老师的事业。在俞老师创办新东方之前,留学对于普通中国人来说是一个遥不可及的梦;俞老师创办新东方之后,就完全改变了当代中国的留学结构,普通家庭的中国学生开始成为留学的主体。所以美国人要研究俞老师。为什么俞老师会具有这样的创造力呢?因为他是北大毕业的。

最后一个但并非不重要的是社会责任感。北大学生的社会责任感特别强。这是他们与生俱来的已经融入血液的一个重要特点。根据我在北大近二十年的观察，北大学生很少为自己而活，总要超越些什么。即使开始时考虑的是自己，要解决生存问题，但是有一天当已经实现这个目标的时候他（她）一定不会满足，要为社会上更多人的幸福去奋斗。这是北大的历史传统所决定的。如果大家看过《建党伟业》这部电影，会看到很多熟悉的北大画面——这部影片的一半内容取自北大。试想，如果没有新文化运动和五四运动，就不会有中国共产党；如果没有中国共产党，中国将会怎样？而这一切都是发生在北大校园的，也通过一代又一代北大人延续到了今天。

然而，对于今天的学生来说，社会责任感似乎变成了一个越来越遥远的概念，这让我们有时候会产生困惑。在去年“中学校长实名推荐制”实施细则中，我们曾经提出，不孝顺父母的学生不得被推荐。结果社会舆论就说北大在“举孝廉”。我不想和说这些话的人辩论。我想不出来这二者之间有什么联系。如果说不孝顺父母的学生也可以被校长推荐上北大的话，这只能说明社会上某些人的基本价值观出现了偏差。近二十年前，当我在新东方学习的时候，俞老师曾教给我们一篇讲述家庭的英语短文。那篇文章的结尾这样写道：“A home is more than a family dwelling. It is a school in which people are trained for citizenship. A man will not render good services to his country if he can do nothing good for his home; for in proportion as he loves his home, will he love his country. The home is the birthplace of true patriotism. It is the secret of social welfare and national greatness. It is the basis and origin of civilization.”中文的大意就是：如果一个人不爱自己的家人，他就不可能去爱周围的人，也就不可能去爱自己的国家和民族。从这个意义上说，家庭是爱国主义精神的真正发源地，也是文明的基础和起源。

有人说，是否孝顺父母很难被观测和评价。说这句话的人不明白，孝顺父母是一种习惯，装也装不出来。当一个人和父母走在一起的时候，他走在前面，他的父母走在后面，这就是不孝顺，至少没礼貌；当有一个空座位的时候，他（她）先坐下的，让父母站着在一边，这就是不孝顺，至少没心没肺。这样的人怎么可能指望他（她）将来会对所服务的机构有责任感？他（她）怎么可能去认真对待交给他(她)的每一项工作？当国家有危难的时候他(她)怎么可能挺身而出？一个连父母都不知道孝顺的人是没有底线的。这才是北大之所以提出“不孝顺父母者不得被推荐”的真正意义,也是北大特别看重学生的社会责任感的原因所在。

上面谈到的四条要素——理想和抱负、兴趣和好奇心、创新意识、社会责任感——只是北大选拔学生的部分标准。目前,这个标准体系我们正在进行完善。关键的问题是要明确标准的要素,并且要使这些要素可以被观测。这是一项巨大的工程。我衷心希望,这些要素能够通过招生考试制度的变化影响到目前的基础教育。中学校长和教师能够从日常生活的一点一滴中悉心培养学生的社会责任感、创新意识,发掘保护他们的兴趣和好奇心,激励他们树立远大的理想和抱负。毕竟,考上北大、清华只是人生的第一步,比第一步更重要的是第二步要迈向何方——它决定了你未来成就的高度。让我们大家一起努力,克服目前的困难,培养出我们国家和民族的未来能够影响世界甚至改变世界的灵魂人物。我相信这一天一定不会太遥远。

谢谢大家!

2012 年 4 月 20 日夜初稿于北大老化学楼

2013 年 3 月 4 日夜定稿于巴西利亚联邦大学

北大人才选拔工作的昨天、今天和明天

——在“2013 中国基础教育改革与杰出人才培养高端论坛”上的报告

（2013 年 4 月 20 日）

尊敬的各位专家学者，各位参会代表：

大家下午好！

非常荣幸参加本次论坛，有机会向各位报告我们以前所做的工作，现在正在做的工作，以及未来将要做的工作。

从 1977 年恢复高考到 2003 年，中国的高校招生实际上只做了一件事：录取。从严格意义上说，它不是招生。“招”这个字在汉语中是主动性用语。“招”者，“呼”也，含有“呼唤、吸引”的意思。但在三十多年的时间里，我们基本上没有主动地去“招收”学生，只是根据各省级招生考试机构提供的高考分数来被动地“录取”考生。特别是在高考后出分填报志愿的情况下，高校招生录取工作变得极为简单——只要通过计算机按照高考分数排序即可。高校只需配备一名识字和识数的工作人员——只要不是文盲——就可以完成全部的招生录取工作。因此，和世界一流大学恰恰相反，中国大学的招生机构不是越来越壮大，而是越来越萎缩。

从 2003 年到现在，在这十年时间里，我们所做的最重要的工作，是对已经实行了三十多年的大一统的以高考成绩为唯一录取依据的招生录取制度进行某种程度的改革。这就是始于2003年春季,在教育部的统一部署下实施的高校自主选拔录取改革试点工作。从这个意义上说,2003年可以被称为中国考试招生制度改革元年。

为什么要进行高校自主选拔录取改革试点工作?改革的动力和目标是什么?近年来,社会上有一种普遍的看法,认为高校自主选拔录取应当选拔那些在高考中无法脱颖而出,但在某一方面有特殊才能的学生,即所谓的"偏才""怪才"。套用一句时髦的话说:"元芳,你怎么看?"(笑声,掌声)

2003年2月24日,《教育部办公厅关于做好高等学校自主选拔录取改革试点工作的通知》(教学厅〔2003〕2号)发布,开始启动高校自主选拔录取改革试点工作。试点工作的初衷,是意识到传统的大一统高考录取模式存在一定弊端,希望在一个比较小的范围内——比如,各高校当年本科招生计划总数的5%——"积极探索以统一考试录取为主、与多元化考试评价和多样化选拔录取相结合,学校自主选拔录取、自我约束,政府宏观指导、服务,社会有效监督的选拔优秀创新人才的新机制",目的是要"进一步深化高等学校招生录取制度改革,进一步扩大高等学校招生自主权"。可以看出,高校自主选拔录取试点工作的起点一开始就很高,目标直指高校招生录取制度改革和建立完善选拔优秀创新人才的新机制,同时给予高校一定程度和范围内的招生自主权,并不完全如社会上某些人所说的要给在高考中达不到录取分数线的学生提供入学机会这么简单。高校自主选拔录取要招收"偏才""怪才"可能是一个误读。

十年来,通过自主选拔录取,我们招收了一大批综合素质全面、学科特长突出的优秀学生。这项政策实施的效果究竟如何?因为时间太短,目前还无法做出科学准确全面的评估。教育是效应时滞极长的领域。一项教育政策的效果,往往要到几十年之后才能完全显现。目前,仅就学生在学校内的表现来看,根据十年来的追踪调查,通过自主选拔录取的学生普遍要优于通过高考录取的学生。

经过一段时间的探索,从2009年底开始,我们在自主选拔录取上迈出的最重要步伐就是实施了北京大学"中学校长实名推荐制",至今已有四年。我相信,随着时间的推移,这项改革措施将会显示出越来越强大的生命力。

为什么我们要实行“中学校长实名推荐制”呢？因为在大一统的高考招生录取体制下，中学基础教育是紧紧围绕着高考来进行的。凡是高考考的内容，就千百遍地反复训练，追求熟练程度和反应速度；凡是高考不考的内容，则看都不看。在这种体制下，高校企图选拔培养拔尖创新人才是非常困难的。

让我给大家举几个例子。在今年的自主选拔录取测试中，有一道题目，请学生谈谈对暖贴的认识。暖贴在南北方是很常见的物品，通过简单的化学反应产生热量。这道题和日常生活联系得比较紧密，也在中学的基础化学范畴之内。但让我们始料未及的是，只有极少数学生能够把暖贴和正确的化学反应联系在一起。更可笑的是，有不少同学居然回答说，暖贴可以产生氢气。我们都知道，暖贴是透气的，而氢气是一种可燃的、易爆炸的气体。如果暖贴可以透出氢气，那岂不是一个很恐怖、很危险、很可怕的产品？这个例子暴露出我们当前的基础教育所教出来的学生只知道做题，只知道为了完成题目而完成，根本不去想题目背后的原理是什么，也不会和实际生活联系在一起。

有一天，我接待了一位学生家长。孩子很优秀，但是家长仍然不满意，还要孩子更加优秀，更加努力。家长总是对孩子说，你们班上某某的成绩比你还要好。孩子对家长说：“爸爸，我做不到那一点，因为那个人不是人，是神！”那个被称作“神”的学生，每天的生活内容就是坐在课桌前做题。他基本上没有吃饭的时间。从教室到食堂打饭，打完饭一边往回走一边吃，能吃多少是多少，回到教室后又继续做题。这样一种高强度、大规模的重复性训练，使我们的学生慢慢变成了对试卷和题目形成条件反射的小白鼠，完全丧失了主动思考的能力——思考在答题过程中已经被省略了。

经过这种训练洗礼的学生，进入大学以后很难适应大学人才培养的要求。大学教育的本质是什么？大学不是职业技术学校，它不以训练学生掌握已知的某种就业技能为目标，而是要培养学生获得能够适应瞬息万变的形势，面对新的挑战和创造性解决问题的能力。训练和培养是完全不同的方式。训练的实质是有人知道问题的答案，要训练学生去更加熟练地做自己会做的事情；而培养的实质是没有人知道问题的答案，要培养学生去做自己不会做的事情。为了根据不同学生的特点实行针对性的培养，近年来，我们越来越强调小班讨论课教学。这种教学方式要求学生要更加主动地思考，积极参与课堂讨论。但现在的学生越来越不会提问题，也不知道怎么提问题，提什么问题，无论教师如何引导，学生仍然不知道如何开展讨论。比如北大数学系的学生，不管遇到多么难的问题，只要有题型，都可以做出来。但对于那些没有固定题型的题，不管有多简单，他（她）都做不出来。这说明，学生的思维已经被完全固化了。

正是在这种情况下，我们下决心要在维护高考录取整体框架不变的前提下，逐步探索打破以一次高考成绩为唯一录取依据的招生考试制度，实施在"中学校长实名推荐"基础上的综合评价体系。在招生录取的时候，我们不仅要看到冷冰冰的"分"，还要看到活生生的"人"。

2009年开始实施"中学校长实名推荐制"的时候，它曾经成为当年教育十大新闻之一。在连续二十多天的时间里，社会舆论高度关注这一改革措施，当时质疑反对之声一片。大家普遍认为，北大不以高考分数而以推荐为录取标准，将会为腐败分子大开方便之门，寒门子弟将更加没有机会进入北大。面对这样的质疑，我选择了沉默。实践是检验真理的唯一标准。事实是最有力的武器。我相信，在强大的舆论和利益相关者的监督之下，没有中学校长敢冒天下之大不韪去做违法乱纪之事。退一万步说，如果真的出现了，那就发现一起，惩治一起，决不姑息。这是需要我们用生命去捍卫的神圣制度。现在回过头来看，四年来，只有一例不符合要求的推荐，也许大家已经从媒体上看到了相关的报道，后来这位校长因此被撤职，在当地产生了强烈反响。从这一事件中，人们清晰地看到了北大的立场、风骨和态度。

经过三年多的不懈努力，2012年我们成功开发出了以北大老校长蔡元培先生的名字命名的"元培综合评价系统"。这是一整套包含了独具特色的选拔理念、系统化的选拔标准、全面的考核内容、科学的选拔方式在内的一体化综合评价体系，通过长期的过程性考核评价，为北大选拔更适合北大培养的优秀学生。和以往的选拔方式相比，"元培综合评价系统"最大的不同，是我们第一次比较彻底地改变了单纯依赖考试成绩（无论是笔试还是面试）作为唯一录取依据的办法，真正实现了招生录取的综合评价。在实践的过程中，我们欣喜地发现，校长的信誉保证、多环节的综合测试、多角度的立体评价以及完全随机的过程确保了这套系统的公正性——其公正性并不亚于看得见的分数，甚至比它可能更公正，因为没有任何一个人能在其中施加个人的影响。这使我们意识到，以前我们的某些认识可能是不准确的，比如，只有分数最公平。从表面上看，按照分数录取的确是公平的；但除了这种方式之外，也许还有其他同样甚至更公平的方式。

以上就是我们目前正在做的工作。未来我们要做什么事呢？我想，至少有三方面的工作可以开展。

首要的一个工作是，我们要认真总结出北大人才选拔的标准。这是一项极其艰巨的任务。大家可能会问，你们做了这么多年的招生工作，难道对于招什么样的学生还没有标准吗？实际上，这个标准是有的。恢复高考三十多年来，我们一直采用高考分数来录取学生，但这个标准太单一，功能过于局限。事实上，人才选拔是极端复杂的工作，世界一流大学无不对其投入巨大的人力、物力和财力。例如，拥有最多诺贝尔奖得主的芝加哥大学成立于 1892 年。从 1892 年到 1912 年，芝加哥大学用了二十年时间，制定了关于人才选拔的定量和定性的标准，为芝加哥大学成为世界一流大学奠定了坚实基础。

现在我们遇到大量因为高考分数不够而被拒绝但被耶鲁大学、哈佛大学录取的学生。我们不知道他们为什么会录取这些学生，录取的依据是什么。让我举一个例子。有一年上海的一个学生申请了耶鲁大学。他的学习成绩很优秀，尤其对历史学非常感兴趣。他最崇拜的人是耶鲁大学著名历史学教授史景迁，阅读了他所有的英文著作以及翻译成中文的著作。不仅如此，他还通读了《资治通鉴》。耶鲁大学复试时，面试官问了他一个问题，你放学后在宿舍里和同学们谈什么？他回答说，我给同学们讲历史故事，他们都很爱听。就因为这句话，耶鲁大学的面试官拒绝了他。

这让我们百思不得其解。按照我们一般性的感觉，如果要说兴趣，这个学生对某一学科有极其浓厚的兴趣；如果要说基础，他也有比较扎实的基础。这样一个在我们看来非常优秀的学生，为什么会遭到拒绝呢？耶鲁大学的面试官告诉我，之所以拒绝他，是因为他不符合耶鲁大学的培养标准。耶鲁大学选拔的是未来有可能成为领袖的人,它的人才选拔标准是是否具有“公共服务精神”。大家都知道,耶鲁大学是美国培养出总统和政界要人最多的大学,它非常看重学生潜在的领袖气质和与人沟通交流的能力。耶鲁大学的面试官告诉我说,一个十七八岁的男孩子放学回到宿舍,不是谈女朋友就是谈足球,有谁会听你唠叨枯燥的历史故事呢?这要么说明你说的是假话,要么说明你不合群。无论是哪一条,都不符合耶鲁大学人才选拔的标准。

研究制定北大人才选拔的定量和定性标准,这项工作我们预计要做十年。现在才刚刚开始。虽然已经落后世界一流大学上百年,但做比不做好,早做比晚做好。只要坚持不懈地做下去,我相信一定会收到效果。

有了北大人才选拔的标准,我们还必须要让这些标准成为可以观测的标准。这是我们要做的第二项工作。不可观测的标准说了等于没说。比如,北大很强调学生的社会责任感,但如何观测到一个学生有没有社会责任感,这是一个非常大的挑战。到目前为止,中国高校在人才选拔上唯一可以被观测到的标准是领导力,采取的方式是无领导小组面试,这是国外大学普遍采用,后来经香港地区的高校引进到内地高校的一种方式。所谓无领导小组面试,是指学生围坐在一起,就一个或几个问题发表观点,可以辩论,也可以补充。面试官在一旁观察,从中评价学生是否具备领导力潜质,一般不会发表意见。这是一种相当有效的标准,但除此之外,可以被观测到的标准目前我们还没有找到。不仅仅是人才选拔标准的测量,其他任何一项教育政策,都应当建立在科学研究的基础上。美国的加州大学设立了一个已经运行了47年的高等教育测量机构,对学生选拔的标准进行了持续深入的研究。这些都值得我们认真学习和借鉴。

我们要做的第三个工作是要研究人才选拔的考试题目。中国是考试历史非常悠久的国家,但考试题目的质量亟待提高。开展自主选拔录取改革试点工作以来,北大对笔试和面试题目进行了认真的研究和探索,但总体而言,尚处于粗糙和初级阶段,命题工作的有效性、系统性、科学性和稳定性还比较差,需要我们投入巨大的资源进一步加以完善。

以上三项工作的核心目标是建立一套科学有效的人才选拔体系,为北大选拔一批适合北大培养的拔尖创新人才,为建成世界上最好的本科教育之一奠定坚实的基础,在未来能够培养出像王选一样的能够影响世界,甚至改变世界的灵魂人物。这是北大招生工作的使命。为了实现这个宏伟目标,我们正在筹备组建北京大学考试研究院,依托北大的优质教育资源,组织社会各界的力量开展有针对性的研究。在这个过程中我们需要也期待着和中学开展更加密切的衔接和合作。让我们携起手来,共同推动中国考试招生制度的改革,谱写中国教育史上更加璀璨辉煌的崭新篇章!

谢谢大家!

中国大学的招生考试制度

——在巴西教育考察团交流会上的报告

（2013 年 5 月 8 日）

女士们、先生们：

下午好！

非常欢迎各位校长和老师访问北京大学。春天的燕园，美丽而热情。现在恰逢一年中最好的时节，希望大家能够在这里充分享受每一缕阳光所带来的欢乐。中国和巴西虽然远隔千山万水，但彼此情深义厚。两个月前，我刚刚访问过巴西，对巴西教育，特别是“科学无国界”行动留下了美好而深刻的印象。更重要的是，我们都热爱巴西足球（笑声）。中国传统文化讲究“缘分”二字。今天，能够在北大接待远道而来的巴西朋友，对我而言，这也是一种特殊的缘分。Estejam Bem-vindos！（葡萄牙语：欢迎你们！）

很荣幸今天有机会向大家介绍中国大学招生考试制度的有关情况。正如许多人所知道的那样，中国是最早通过考试制度选拔人才的国家。科举制被认为是除了造纸术、印刷术、指南针和火药之外的中国“第五大发明”。今天，学术界公认的结论是，西方政治体系中的文官制度正是起源于中国古代的科举制度。那么，什么是科举呢？它指的是中国古代由中央政府统一组织的旨在选拔人才的一种考试制度。“科”指的是科目，“举”指的是选拔。在相当长的历史时期里，读书人如果想进入政府担任官吏，科举是最重要的甚至是唯一的途径。它诞生于隋代，成熟于宋代，在明清两代达到顶峰，在 20 世纪初叶退出历史舞台，前后实行了 1300 多年。虽然在“科举取士”的时代，中国还不曾出现过真正意义上的大学，但是中国近现代大学招生考试制度的主要思想和形式，仍然在相当大程度上受到科举制的深远影响。

1905 年，在清王朝灭亡前夕，科举制度被正式废除。在此前后，随着北京大学的前身——京师大学堂等学堂和学校的陆续建立，中国逐步构建起近现代教育制度。民国时期，中国的大学在招生时，主要是通过笔试或面试的方式选拔学生。一般要考察学生的数学、英文和国文程度。值得注意的是，当时的国民政府设立了“考试院”——这是孙中山先生在《建国大纲》中所提出的与“行政院”“立法院”“司法院”“监察院”并立的机构——其主要职能即是选拔人才。

1949 年，中华人民共和国成立。三年之后，开始在全国实行统一高考制度。“高考”是一个简称，它的全名是“全国高等院校招生录取考试”。每年的同一时间，全国所有希望上大学的高中毕业生都要参加这一考试，成绩合格之后被各类不同层次的大学录取，达不到标准的学生则被淘汰。每一所大学都要事先编制按照省来划分的招生计划——每一个省的招生计划往往不同——并报教育部批准。录取时严格按照高考成绩进行排序，直至名额录满。这一制度在实行了 13 年之后被中断，然后在 1977 年又被重新恢复。今天，中国所有的大学所录取的绝大多数学生，都必须参加高考。和以往有所不同的是，20 世纪八九十年代全国所有学生面对的是同一份试卷，但现在高考的命题权从中央下放到地方，省级考试机构可以自行决定是使用全国性试卷还是本省命题的试卷。之所以出现这一变化的主要原因在于中国的国土面积大，各省基础教育水平参差不齐，每年参加高考的考生人数接近 1000 万人，比某些国家的人口总量还要高。分省命题可以根据各省的实际情况提高测试的有效性。

在今天的中国，坚持高考统一录取制度是最核心的教育制度和社会制度之一，其意义和重要性无论怎样强调都不为过。它牵动着千家万户老百姓的神经，寄托了人们对改变自身和家庭命运的向往和追求。这一考试制度的最大好处是公平。和巴西不同的是，1952 年以后，中国的绝大多数大学以及全部的高水平大学都是由政府投资设立的。中国并不存在一个强大而有力的私立高等教育。从理论上说,公立大学在招生时不能对学生进行区别对待,特别是不能依据家庭经济状况来作为录取与否的依据。因此,根据统一的高考成绩录取学生,就可以有效避免权贵或富人的子女在大学录取时处于优势地位,实现"分数面前人人平等"的目标。打一个比方来说,假如在一个小村庄里,最有钱的一个人的儿子和最穷的一个人的儿子同时参加高考,前者的成绩差而后者的成绩好,那么,大学就会录取穷人家的孩子而不录取富人家的孩子。无论一个人的出身如何,家庭经济状况怎样,高考成绩是决定他(她)是否被大学录取的唯一依据。

这一制度的另一个好处是运行成本相对较低。对于学生来说,他(她)可以在当地所在中学参加考试,考试费用极低。如果某个学生因家庭经济困难而无力支付考试费用,通常学校和政府会代为缴纳。对于大学来说,因为录取程序严格而透明,录取依据一目了然,录取学生的成本也很低。当然,在极短的时间里组织全世界规模最大的统一考试,政府所支付的隐形成本可能很高。但由于形式单一,操作简便,而且一年只有一次,总体而言,其社会总成本依然并不高。这一特点特别适合经济发展水平较低、资源相对匮乏的发展中国家的需要。

然而,在确保公平和低成本运行的同时,统一高考录取制度也出现了越来越严重的弊端。弊端主要体现在缺乏弹性和过度僵化上。每一个学生是不同的,每一所大学也不同,怎么能够用一个标准来录取学生呢?分数也许可以说明一个学生的智力水平,但肯定无法说明一个学生的全部素质。更为严重的是,由于大学的招生录取只有高考分数一个标准,因此,中学、家长和学生就会把全部的时间和精力集中在如何提高高考成绩上,除此之外的其他方面的内容将被置于次要甚至是被忽视的地位。这既不符合我们对教育的认识和追求,也对学生的成长成才带来不利影响。

因此,为了解决全国统一高考制度内生的僵化性等问题,2003 年,在教育部的统一部署下,北京大学、清华大学、复旦大学等一批中国最好的大学开始实行自主选拔录取改革试点工作。"自主"这个词可能会让你们感到困惑——难道大学不能自己决定到底要招收什么样的学生吗?从某种意义上说,这的确可能是中国大学在招生时所面临的现实:它只能根据学生的高考分数来录取学生,而不能主动地选择学生。因此,当我们在一个有限的意义上来使用“自主”这个词语的时候,它实际上指的是,大学在招生时可以不完全以一次高考成绩为唯一录取依据,而是根据自己的录取标准和方式,在考生的高考成绩基础上进行“浮动”。也就是说,它是有“弹性”的。根据教育部的规定,试点高校可以进行自主选拔录取的比例是当年招生总计划的5%——这个比例并不算高。

以上我向各位简要介绍了中国大学招生录取制度的历史沿革。接下来,我以北京大学为例,说明中国大学招生录取制度的结构性特征。

今天,从时间上来说,北京大学的招生录取工作可以分为两个阶段:一是自主选拔录取阶段。学生从每年的11月开始申请,经过资料审核、笔试、面试等一系列环节,至第二年的4月结束,通过者获得录取候选人资格。能够最终获得资格的学生人数很少,并且只占当年招生总人数的较小的比例;另一个阶段是每年的6月至7月,学生参加高考后根据成绩被大学录取。这部分学生占当年招生总人数的绝大多数。

从录取形式上来说,北京大学的招生可以分为七种类型:一是通过高考录取;二是自主选拔录取;三是保送生——这部分学生可以不参加高考,直接被大学录取,录取的依据是因为他们在各类学科的奥林匹克竞赛中取得了优异成绩;四是体育特长生;五是艺术特长生;六是来自我国香港、澳门和台湾地区的学生;七是留学生。

北大招收留学生的历史可以追溯到一百多年前。在京师大学堂时期和民国政府时期,就有留学生在北大学习。中华人民共和国成立后,1952年,原先设在清华大学的“东欧交换生中国语言专修班”整体并入北京大学,标志着北京大学外国留学生工作掀开了新的一页。每年,大批对中国文化感兴趣的学生都会选择到北京大学学习,许多人日后成为所在国家的精英,致力于加强中国和所在国的政治经济文化交流。泰国公主诗琳通就是一个典型的例子。希望来北京大学攻读本科学位的外国留学生,提出申请后,要通过学校必要的考试或者考核，根据不同的情况，有些需要通过笔试和面试，有些则只参加面试即可。目前，北大每年招收的本科外国留学生为300多人，约占当年本科生招生总规模的12%。[1] 今年3月，我们曾经到巴西进行过招生宣讲，受到当地学生的热烈欢迎。我们深切地感受到，在巴西有许多对中国文化感兴趣的学生，我们应当为他们创造更多来北大留学的机会。一方面，北大的外国语学院开设有葡语专业；另一方面，北大也提供了越来越多的英文课程供留学生选修。随着中国和巴西在经济、文化和教育领域的交流越来越紧密，我相信，将有越来越多的巴西学生来北大留学，也会有越来越多的北大学生到巴西的大学留学。这对我们双方来说都意味着巨大的机会。

巴西是拉丁美洲最大的国家，与中国同为"金砖国家"成员。今年3月，我在里约天主教大学、坎皮纳斯大学和巴西利亚大学访问期间，在那里度过了一段美好而难忘的岁月，对巴西的高等教育和基础教育所取得的辉煌成就留下了深刻印象。在大学招生录取制度的改革上，我们非常希望得到包括巴西高校在内的世界一流大学的支持和智慧。我们要向你们学习选拔优秀人才的经验和做法，特别是如何处理好效率和公平之间的平衡。这对我们而言仍然是一个巨大的挑战。让我们共同携手，创造中巴友谊更加美好的明天！

Obrigado！（葡语：谢谢大家！）

2013年5月7日初稿于北大老化学楼

2014年1月13日定稿于Stanford University

---

① 本段内容经北京大学国际合作部分管留学生工作的副部长王勇修订，在此表示感谢。

北京大学2013年本科招生政策

——在新闻发布会上的报告

（2013年6月9日）

各位媒体朋友，大家上午好！非常荣幸有机会向大家报告北京大学2013年本科招生政策的有关情况。

一、招生计划及农村考生倾斜政策

1. 2013年招生计划

2013年，北京大学本科招生规模为3430人，其中，校本部2650人，医学部780人，大体上和往年保持基本稳定，但在结构上进行了一定的调整。这几年，根据教育部相关政策，北大连年减少属地计划（今年减少20人），大幅增加了中西部省份和一本享有度较低省份的招生计划，连续两年增加了河南、贵州、广东、广西、云南、河北、宁夏、内蒙古、甘肃、重庆、山西、江西、青海、四川、安徽、湖北等省份的招生计划。

去年北大招生计划在贵州增加了48%，在此基础上今年又增加了5.4%；去年河南增加了33.3%，今年在此基础上又增加了6.3%；去年广西增加了25%，今年又大幅增加了40个百分点；四川去年增加了13%，今年再度增加

15%；去年甘肃增加了16.7%，今年继续增加14.3%；云南在去年增加22.7%的基础上，今年再次增加11.1%；在考生数量跃居第一的广东，招生计划去年增加了30.8%，今年又大幅提高了47个百分点。其他中西部省份都有不同程度的增加。

在实际录取过程中，北大还将进一步增加中西部地区的录取总规模。去年，北大在中西部地区的录取总规模增加95人，提高了3个百分点。今年预计仍将继续增加。

2. 贫困地区专项计划

2012年北大圆满完成了在21个省的连片贫困地区的30个专项招生计划。今年根据国务院常务工作会议精神，北大在22个省的贫困地区专项招生计划翻了一番，达到60个，并将优先录取贫困地区农村户籍考生。

3. 针对农村学生的倾斜政策

近两年来，北大一直在自主选拔录取的各个环节中加大对农村户籍考生的政策倾斜，确保自主选拔录取候选人中农村户籍考生比例不低于20%，在光华管理学院自主选拔录取中，农村户籍考生比例不低于30%。北大农村户籍考生的比例连续两年以2到3个百分点的速度递增。

在2013年高考录取过程中，北大将继续加大对农村学生的倾斜照顾。各省招生工作组将会深入农村中学进行招生宣传，在填报志愿过程中加大对农村学生的关注，确保信息传递到位，指导他们合理报考。在录取过程中，北大将根据实际情况进一步加大对中西部地区和农村户籍考生的倾斜。

二、双学籍飞行学员招生

2013年，根据教育部、总参谋部、总政治部的通知，北京大学将招收海军、空军飞行院校双学籍飞行学员。具体录取政策及办法按照《2013年军队飞行院校与北京大学招收培养“双学籍”飞行学员招生简章》执行。

双学籍飞行学员是军地联合加强军事飞行人才队伍建设的重要举措，入学后进入元培学院学习。北京大学加强基础、淡化专业、因材施教、分流培养的人才培养模式，元培学院灵活的学科选择机制，以及扎实完备的多学科通识教育，都将为双学籍飞行学员的未来发展奠定坚实的基础。

三、新生奖学金

2008年，北京大学设立了新生奖学金，采取申请制，初衷是奖励在高中阶段表现突出的优秀中学毕业生。近年来，在高考后知分填报志愿的情况下，高校间生源竞争日益激烈，部分高校用高额奖学金收买高考状元和高分学生的情况愈演愈烈，部分高分学生以高考成绩作为交易筹码与高校谈判奖学金、录取专业等条件，使高校招生录取工作变成了一场以高考分数为标的物的拍卖。不仅导致招生乱象丛生，而且从根本上背离了高校人才培养的目标，同时也对基础教育造成了巨大伤害，把"唯分数论"推向了极致。

如果分数可以像商品一样被交换，学生可以通过考试去挣钱，填报志愿时不是依据自己的兴趣爱好而是根据社会一时追捧的专业热度去进行选择，那么，我们怎么能选拔到适合高校和学科专业的学生？各门学科专业真正需要的优秀人才如何涌现？在真正急需和系统全面的科学门类中，我们将来凭借什么样的人才去和世界其他民族展开竞争？教育是天底下最神圣的事业，关系着国家和民族的未来，为了下一代的健康成长，至少在招生入学这一门槛上，不能让学生与金钱、市场、交易这些东西离得太近。市场不是万能的，科学和学术更需要大批具有使命感和献身精神的人才。即使其他一切都可以与货币交换了，教育、理想、科学使命感、创新的兴趣，等等，这些值得人类永久珍视的价值还是应当保持自身的独立性。

北京大学是一所高贵的学府，我们要培养精神高贵的人。奖学金不能沦为收买高分学生的工具。为了能够招收到真正适合北大培养、品学兼优的学生，借鉴世界一流大学颁发奖学金的通例，2013年北京大学新生奖学金将主要用于支持真正有需求、家庭经济困难，无法负担学生本科四年生活和学习的优秀学生,帮助他们顺利进入北京大学完成本科学业,并鼓励他们勤奋学习,实现德、智、体、美全面发展。

2013 年新生奖学金由原来的一、二、三等奖学金变为全额奖学金和半额奖学金。全额奖学金总金额 5 万元/生,覆盖本科四年学费和生活费;半额奖学金总金额 2.5 万元/生,覆盖本科四年学费。新生奖学金不是一次发放,而是分批逐年发放。

四、北京大学招生理念

高考昨天刚刚结束,阅卷工作已经开始,高考分数本月就会揭晓,招生录取工作即将展开。作为一个教育工作者,借这个机会,我想说几句心里话。

当前,中国大学——特别是“985 高校”——的招生工作正在面临着严峻挑战。一方面,国内基础教育在“分数为王”的指挥下,以培训替代教育的现象愈演愈烈,孩子的创造力、想象力和创新精神正在遭到扼杀。大学招收的学生,越来越缺乏远大理想,缺乏独立发现和探索问题的能力,只知道考试和做题,只关心分数和奖学金,不知道自己喜欢什么,兴趣在哪里,甚至不知道自己不喜欢什么,越来越难以适应大学培养优秀人才的要求。另一方面,越来越多的优秀中学生和家长开始“用脚投票”,直接选择去世界一流大学读本科,“弃考留学”现象日益突出。在这种情况下,国内顶尖高校如果仍不醒悟,继续沾沾自喜于招收所谓的“高考状元”,沉醉于所谓“高考状元”带来的虚假繁荣,将会使我们日益偏离教育的功能和本质,并逐步丧失判断能力。长此以往,国家和民族将面临人才荒芜的境地,在国际人才格局中也会丧失核心竞争力。

的确,北京大学招收了全国最多的包括“高考状元”在内的各省市分数最高的学生,这种状况已经持续多年。越是在这种情况下,我们越清醒地意识到其背后的巨大危害。其实,所谓状元只不过是在某一次考试中偶尔变成第一而已,他们不过是最优秀学生群体中的一个,不应当也不值得过分关注。再优秀的高中毕业生也都还只是十七八岁的孩子,社会过多的关注和赞扬,有时候会让他们无形中迷失自己,最终反而是害了他们。在中国,考上北大、清华是值得全家高兴的事情，但在一个人的一生中，这绝不是一件有多了不起的巨大成就。进了大学校园，一切都还要从零开始。我们千万不要在不断追求的过程中忘记了我们本来追求的是什么。教育是一个连续的过程，招生是教育培养的重要环节之一。在招生的过程中，学生们学会认识自己，认识高校的不同特点，认识专业之间的差异，认识到自己未来想成为一个什么样的人，也学会自己做出选择。作为教育工作者，我们在招生录取的每一个环节中都要帮助学生健康成长，绝不能为了争夺"高考状元"和高分考生，为了比拼分数线，为了所谓的"面子"而和学生讨价还价，使他们小小年纪就变成了凭借一次考试分数而斤斤计较的小市侩和精致的利己主义者。

所谓的"面子"毫无意义，反而会使我们迷失自己。"高考状元"和录取学生的高考分数高低不能作为评价一所高校生源质量的标准，更不能以此评价一所高校的人才培养质量。大学的人才培养质量应当取决于其毕业生在全球人才市场上的竞争力。（2012年，《纽约时报》对全球高校的毕业生竞争力进行了排名。北京大学位列全球大学第11位，亚洲高校第一。）从2011年起，北京大学不再发布任何关于所谓"高考状元"的录取信息。今年我们还要郑重宣布，不仅不发布"高考状元"的录取信息，也不再发布任何有关各省市文理科前十名等所谓体现学校招生工作"政绩"的数字化指标。我们欢迎高分考生报考北大，但我们绝不会为争取他们选择北京大学而和学生讨价还价。在招生过程中，我们不能丧失教育工作者的灵魂，更不能放弃自己的教育责任。北大要带个好头，和其他兄弟高校一起共同努力，扎扎实实去做正确的和应该做的事情，把大学、学生和社会从"唯分数论"的泥潭中解放出来，使教育回归到帮助孩子成长的本质轨道上来。

北京大学招生工作的目标在于招收到适合北京大学培养的优秀学生。缺乏主见和独立思考能力，只知道死读书的学生，即使高考分数再高，也不适合北京大学培养。2013年，我们的工作重点将放在宣传北大人才培养特色，为家长和考生提供个性化的指导服务，帮助学生根据自己的兴趣，理性填报志愿。北大的人才培养正在通过各种措施，从工业化的批量生产转向一个一个有针对性地培养——就像"老母鸡带小鸡"一样——北大的人才选拔也要相应一个一个有针对性地选拔。

教育不只是学校的事情,需要全社会的共同努力。为了我们的孩子,为了国家和民族的未来,我们恳请全国媒体界的朋友们,当2013年的高考分数揭晓以后,不要在自己的版面和频道上追踪所谓的"高考状元",各大网站不要再制作形形色色的"状元榜",博客、微博和微信上不要再转发"状元"的消息;我们恳请各级地方政府和教育行政部门不要把中学进入北大、清华的学生数量作为衡量基础教育质量的重要的甚至是唯一的指标,给他们丰厚的物质奖励;我们恳请企业家们不要给"状元"和考上北大、清华的学生超过他们学费和生活费的高额奖金,不要让学生有机会用高考分数来换钱。北大不会让任何一个学生因家庭经济困难而辍学。国家和大学已经建立了完备的资助体系,能够帮助学生顺利完成学业。从现在开始,让我们过一个安安静静、快乐祥和、没有压力、没有"状元"的高考年。

谢谢大家!

创新精神的保护*

——在首届“双高创新人才培养与选拔”高峰论坛上的致辞

（2013年8月3日）

尊敬的各位老师：

大家上午好！

受邀出席今天的论坛我感到非常荣幸。请原谅我没有习惯性地尊称各位为“领导”，这并非是由于我对各位的敬意不够，恰恰相反，我觉得在刚刚落成的李兆基人文学苑这样古色古香、充满了人文意蕴的殿堂，只有学术上的称谓才能与这里的气氛相匹配，只有“老师”才称得上是真正的敬语。

今天我想和诸位讨论的是“创新精神的保护”。自1912年美国著名经济学家约瑟夫·熊彼特在《经济发展理论》一书中首次提出“创新”概念以来，“创新”就被认为是推动社会进步的不竭动力而受到广泛关注。人们不断在追问：到底什么是创新？怎样才能创新？那么，什么是创新呢？《广雅》中说：“创，始也。”意思是创造新的事物。英文中Innovation（创新）起源于拉丁语。它至少包含了以下三层含义：首先是更新，就是对原有的东西进行替换；其次

---

* 本文删节版发表于《大学》（学术版）2013年第12期。首届“双高创新人才培养与选拔”高峰论坛由北京大学中文系、北京大学语文教育研究所、《课堂内外》杂志社和《大学》杂志社共同举办。“双高”指的是高中和高校。

是创造新的东西，就是创造出原来没有的东西；第三是改变，就是对原有的东西进行发展和改造。

其实，在我看来，创新并非是多么神秘或遥不可及的东西。任何一项事物，只要你做得比以前好，或者和以前不一样，就意味着是一种创新。比如，过去人们都是坐着拉二胡，女子十二乐坊突然站起来拉了，这就是创新；比如，人们过去只能靠两条腿走路，你发明了汽车，可以不靠两条腿了，这就是创新；再比如，以前通往这个会场有一条路，但今天这条路被封起来了，我只好另外再寻找一条路，由于不熟悉，找了很久，还走了很多弯路，最后从未名湖边的一条小路走过来，这也是一种创新。因为除了原来的道路之外，我还发现了通往目标的一条新的道路。

今天，随着我们对创新作用的认识不断深入，我们越来越强调创新精神的培养。今天论坛的主题正是要探讨创新人才的培养和选拔。但是，在我看来，创新精神本质上是不可能被培养的，充其量它只能受到保护。如果我们通过好的教育和制度保护了人们的创新精神，就实现了我们的目标。反之，如果我们一方面在不断强调培养创新精神，另一方面却在不断破坏人的创新精神，那么，不管我们的口号喊得多响亮，我们只会离目标越来越远。

你看，小孩子最具创新精神。他刚生下来，没有任何人教他，他就会哭，就会爬，慢慢地自己会走。相比以前不会哭、不会爬、不会走的状态，这就是最重要的创新。但遗憾的是，当我们慢慢长大成人，开始接受教育的时候，这种创新精神就慢慢地受到阻碍，甚至被扼杀了。我们接受的教育越多，我们被扼杀的创新精神就越多。

回想我自己的受教育经历，非常鲜明地体现出这一点。我就是这样的教育制度下的牺牲品。也许，原本我可能会成为一个伟大的物理学家，或者是数学家，而不是今天从事招生工作。在我很小的时候——小到我几乎没有任何记忆，是我的父母告诉我这件事的——家里很穷，唯一的奢侈品是一部收音机。有一天我指着收音机问妈妈："这个盒子里没有人，为什么会有人说话呢？"这个问题很重要，它涉及声学、电磁学等多项物理知识。遗憾的是，父母由于文化水平不高，当时只是慨叹我的聪明，却没有引导我走上物理研究的道路。这是我第一次和命运之神擦肩而过。后来,上小学学四则运算的时候,老师告诉我们:“零不能做除数。”我问老师:“零为什么不能做除数呢?”老师瞪大了眼睛看着我说:“零当然不能做除数了。零就是没有,怎么能做除数呢?”这样的回答其实等于没有回答。后来,我考上北大以后,有一天在图书馆里翻书翻到了极限的内容。我忽然激动起来,我小时候问过的关于除数的问题,不就是极限的问题吗?如果沿着零为什么不能做除数问下去,可以换一种思路,让一个数字无限趋近于零,看看会是什么情况?会是什么情况?那就是微积分了。因此,当年如果我不是受到老师的打击,很可能会独立发现微积分!那将是多么重大的发现!我可能会成为中国的莱布尼茨!(掌声,笑声)但是,老师的一句话,让我没有继续沿着这个问题思考下去,当然也就丧失了发现微积分的机会。这是我第二次和命运之神擦肩而过。再后来,上初中的时候,学习平面几何中的平行线,老师告诉我们:“平行线不能相交。”我又问了老师一个问题:“平行线为什么不能相交?”这一次,老师瞪大了眼睛看着我哈哈大笑,像是在看一个傻瓜。她说:“平行线当然不能相交了,相交了还能叫平行线吗?”这样的回答当然没有解决任何问题。问题的关键在于,老师在全班同学面前嘲笑了我。那时候,我已经进入青春期,班上有我心仪的女孩,这样没有面子的事情,当然使我彻底丧失了学习数学的任何兴趣。(笑声)当我考上北大之后,有一天在图书馆翻书时我才知道,其实两条平行线是可以相交的。人的目光就是两条平行线,在无限远的地方可以聚焦于一点,这就是相交了。而且,在平面上不能相交的两条平行线,在球面上就可以相交。沿着平行线为什么不能相交的路径问下去,很快就会接触到非欧几何的内容。也就是说,当时的我,正处在数学上重大发现的门口。我很可能会成为中国的罗巴切夫斯基!(掌声,笑声)一个人一生中如果能有一次这样的机会已经很不容易了,我却白白浪费了三个。后来上帝说:“这家伙不适合做数学家,还是去招生吧。”从此,这个世界上少了一个伟大的数学家,却多了一个招办主任。(掌声,笑声)

我的故事其实并不是一个笑话。我们的教育几乎每天都在扼杀着像我一样的“天才”。宋代伟大的哲学家程颐说过,“学原于思”①。这个“思”字,既意味着思考,也包含着提问的意思。思考了以后不明白的就要问,不断地提问,就有可能不断地发现和创造。遗憾的是,现在的学生越来越不会提问,越来越提不出问题。过去说“三棒子打不出一个闷屁来”,现在是无论你挥多少次棒子,也甭想让学生自己提出问题来。现在的学生,在高考唯一的“指挥棒”下,只知道做题,刷题,背题。无论多难的题目,只要有题型,都能解答出来;无论多简单的题,只要没有题型,就完全束手无策。今天的学生,只会做题,却不会思考;只会回答问题,却不会提出问题;只会解答有唯一答案的问题,却不会解答没有标准答案的问题。面对这样的学生,又怎么去培养他们的创新精神呢?

前不久,一篇在微信上流传甚广的文章引起了我的浓厚兴趣。作者提出了一个发人深省的问题:为什么一个只有 8000 万人口的德国,却贡献了世界上超过一半以上的诺贝尔奖得主?作者认为:这是因为,德国的宪法规定,不得对上小学以前的孩子进行知识上的超前教育。一定要给孩子的大脑留出足够的想象空间,小心翼翼地保护好他们的创造力,而不能像在硬盘中存储一大堆没有用的知识一样让孩子过早地接受知识教育,否则,他们就丧失了主动思考的能力。这的确对我们的惯常思维提出了挑战。试想,如果所有的学生都成了应付考试的机器,如果所有的大学教授都变成了发表论文的机器,那么,我们拿什么去和世界上的其他民族竞争呢?今天,世界上哪一个重要领域的标志性成果是中国人创造的呢?除了王选先生的汉字激光照排外,我们用的微博、微信、淘宝,甚至我们听的“中国好声音”都不是中国人自己的原创。我们早已习惯甚至麻木于抄袭和模仿。我们已经丧失了基本的创新欲望和能力。缺乏创新的繁荣是建立在沙砾上的繁荣,也是无法获得尊敬的繁荣。如果有一天,我们真的成为世界上经济总量最大的国家,但所有的产品都不是我们的原创,那将是我们这个民族最大的悲哀和耻辱。对此,我们必须要保持极为清醒的认识。

2013 年 8 月 3 日深夜初稿于倚林佳园

2013 年 10 月 7 日凌晨定稿于倚林佳园

① (宋)朱熹、吕祖谦撰:《朱子近思录》,上海古籍出版社 2000 年版,第 52 页。

附　　录

回归自主选拔的原点*

有这样一个孩子的故事，是我心中的遗憾，也是很多北大老师心中的遗憾。

北大附中有个叫季逸超的孩子，中学期间就在计算机科学领域表现出卓越天赋。高中三年级开始，他开发并发布了适用于苹果 iPhone 手机的猛犸浏览器，从设计到美工、开发、测试、运营等工作，全部独立完成。在 2011 年自主选拔过程中，这孩子获得多位北大计算机学科专家的高度评价，但当时，他的高考模拟考试成绩仅在北京一本线附近，按照当年制度要求，他没有办法进入北大。后来，他被另一所一本院校录取，但入学后不久便选择休学。就在 2011 年的“Macworld 数字世界亚洲博览会”上，凭借猛犸，季逸超获得了当晚最大奖 Macworld Asia 2011 Award 特等奖；2012 年 2 月 29 日，《福布斯》中文版首次推出“中美 30 位 30 岁以下创业者名单”，季逸超登上中国榜单。

如何做到既保证公平又兼顾效率，这是目前高校自主选拔必须要审视与思考的问题。

从 2003 年起，部分部属高校开始自主选拔录取改革试点工作，至今已走过 10 年历程。10 年探索，自主选拔打破了大一统的高考招生录取模式，为高校招生注入了新鲜活力，扩大了高校的办学自主权，也切实推动了中学基础教育由“应试教育”向“素质教育”的转变。

尤其值得肯定的是，自主选拔在大一统的冰山上撕开一道口子，在一定程度上打破高考录取分数的唯一性，为一部分综合素质优秀、学有所长，但不一

---

* 本文发表于《人民日报》2013 年 1 月 24 日第 18 版。

定能在高考中发挥出色的学生，提供了一个进入理想大学享受优质教育资源的机会。同时，多种类型的招生制度，为学生提供了多样化的途径，在一定程度上扭转了“应试教育”的不利倾向，并为下一步国家招生考试制度的多元化改革探索了方向。

但是，随着形势的发展，一些弊端也逐渐暴露出来，试点工作面临着新的挑战，特别是如何进一步从理论和实践两个层面明确自主选拔录取工作的总体要求，回归自主选拔录取试点工作的原点，成为摆在政策制定者和高校招生工作部门面前的重要问题。

高考是实现教育公平乃至社会公平的重要制度，是国家科学选拔高素质人才的重要途径，自主选拔录取作为高考制度的重要补充，决不能替代高考，对此，要在思想认识上统一。既在制度上确保自主选拔录取改革试点工作不偏离基本定位，同时适当探索高考后面试录取，既可以保证自主选拔不脱离高考的基础，也可使得高校在选拔人才方面拥有更多的主动权。

鼓励各高校积极探索具有自身特色的选拔机制和选拔程序也是重中之重。自主选拔录取改革试点的核心是打破分数作为唯一录取依据的桎梏，以学生的综合素质评价为基础而不是以考试成绩为基础进行录取，从而打破“唯分数论”的窠臼，改变人才培养千校一面的现状。

自主选拔录取在我国还是一个新鲜事物，没有现成的模式可以借鉴移植，只能依靠各试点高校根据自身办学特色进行探索。探索的重点应当是按照本校人才培养的特点和需求，建立个性化的公平选拔机制和选拔程序。要允许操作规范、有条件的高校先行先试，其他高校百花齐放，不搞一个模式。

为自主选拔录取试点工作创造条件，还需要营造良好的舆论氛围和社会环境。当前中国正处于社会转型的关键阶段，利益格局调整剧烈，社会心理复杂多变，民众诉求日益多元，使得招生考试制度的改革面临巨大的压力，也容易导致集体非理性的改革话语成为主流，从而使改革偏离科学正确的航道。应深入研究和科学阐明招生考试制度改革的正确方向和发展规律，逐步引导社会舆论，形成拥护改革、支持改革的良好舆论氛围，为最终实现科学选拔人才的招生考试制度奠定坚实的社会基础。

后　　记

从2009年10月15日上任到2013年11月11日卸任，我在北京大学招生办公室主任岗位上一共工作了4年零26天。4年多的时间里，从一开始只是被动地服从组织安排按部就班地做好工作到对人才选拔工作产生浓厚的兴趣再到进入一种近乎狂热的痴迷状态，我的思想经历了一个很大的变化。现在，我每天无时无刻不在思考人才选拔和培养的各种问题，看到生活中的任何一个现象都会不由自主地和教育联系起来。教育是我的工作，但同时也就是我的生活。

我从来没有想到过有一天我会对教育问题如此迷恋。它深深地吸引了我。我想这和我个人的经历有很大关系。我从小成绩不错，属于公认的“好学生”。我没有上过幼儿园，学前教育是由我的母亲完成的。由于自身的局限性，她没有能够教给我更多的知识，但她至少教会了我三样东西。一是认字。我上小学前大约已经认了两千个汉字，所以一般的文章我基本上都能囫囵吞枣地读下来。更重要的是，我由此养成了终身喜欢阅读文字——不一定是读书，而是喜欢读字，对一切有字的东西感兴趣，没有书看的时候甚至喜欢翻旧报纸和字典——的习惯；二是写毛笔字。小时候因为家里穷，买不起昂贵的家什，不能发展费钱的兴趣，写毛笔字是成本最低的爱好——毛笔和墨汁很便宜，可以用很长时间；可以正反面使用的废旧报纸不用花钱。我由此养成了终身喜欢写字的嗜好。即使没有笔墨纸砚,在开很无聊的会时我也可以在笔记本上写写画画,看起来像是很认真地记笔记——真的是在记笔记——但实际上享受的是写字的乐趣。三是做人。母亲从小教给我做人要诚实、善良,懂得吃亏是福的道理,尽己所能去帮助有困难的人,"自大一点就是臭",等等。我至今还记得,在家里经济条件最困难的时候,她还是会把刚出锅的白面馒头送给上门来要饭的乞丐。这样的教育使我的心变得很软,从来没有一次能够硬下心来做出什么"狠事"。现在回想起来,父亲母亲没有给我更多的金钱和知识,但这三样东西却是世间最珍贵的财富。它们使我在任何时候都不会寂寞——因为有书相伴;也不会长时间地陷入忧伤和沮丧——因为可以通过写字来修身养性;生活得比较真实坦然,内心比较平静——因为总是在做自己认为正确的事情。

但我从来都不清楚我真正想要的东西是什么。小时候刻苦学习是因为考了好成绩可以让父母高兴;上北大是因为高考成绩好;读国际经济是因为当年北大在我们省只招收这一个专业;上研究生是因为被保送了;留校是因为学校领导的建议……我总是处于被动的被选择之中,却总是幸运地发展得比较顺利——至少在别人眼中是如此。然而,我从来不清楚我自己真正喜欢的东西是什么,我这一生要做什么事情,我为何而来。是的,我可以尽心尽力地把每一件事情都做得看起来还不错,但没有哪一件事是真正令我兴奋、着迷甚至是狂热的。我从来没有进行过主动的选择,因而也从来没有从选择中享受过真正的乐趣。我知道很多事情我都无法控制,唯一能控制的是我可以努力地去学习。但当有一天我收到博士后证书——虽然它不是一个学位,但却意味着一段完整的学习时间——的时候,我突然间感到一阵茫然:以后,再也不会有任何制度性的学习阶段了。我又该做些什么呢?

也许是命运的启示,有一天我终于彻底想清楚了这个问题。2010 年,我生命中最重要的奇迹——女儿出生了。和周围的同事、朋友一样,我们也把她送到了亲子班。倒不是为了让女儿学什么东西,而是希望她能够有和别的小朋友在一起玩和相处的机会与时间——一个孩子的确是太孤单了。但亲子班的第一堂课就让我们崩溃了。别的小朋友在课堂上会做很多很多东西,我女儿一个也不会——因为我的坚持,她从来没有接受过任何有意识的训练。她因此感到紧张和害怕,一个劲儿往妈妈怀里钻。回家后我爱人立即翻箱倒柜找出一大摞亲子班教材,咬牙切齿地开始教孩子。我一再表示强烈反对也没有用。她说,我再也不相信你那一套鬼理论了。我得承认现实:咱女儿不能输在起跑线上。

当她说这句话的一瞬间,我似乎清晰地看到了今后十几年里我们这个小家庭可能将走上的道路:女儿要被送去学各种各样的兴趣班;小学、初中要打破头找关系——我爱人曾经非常明确地提出我在女儿上高中之前不能离开学校,因为北大有附小附中;周六周日带孩子去上奥数和英语;孩子每天做作业到一两点;没有时间锻炼身体;鼻梁上早早就架上了一副眼镜;每天要做大量的谁也看不懂的习题,只是为了一个高考时的好成绩;填报志愿时忧心如焚,成绩没出来前提心吊胆,等等——不要以为我担任过大学的招办主任就可以躲过这些。世界上最优秀的医生也没办法给自己的直系亲属动手术。她是你的孩子。教育她是你的责任。不,这绝不是我想要过的生活,更不是我想要带给女儿的生活。她那么小,未来应该充满了希望。但这条路显然是一条不归路,它带给我的只会是越来越强烈的绝望而绝不可能是希望。

我并非杞人忧天。我的幻象正是今天中国成千上万个家庭正在经历的事实。因为工作关系,我曾经为许多家长提供过招生咨询服务。我永远忘不了他(她)们眼中的悔恨、伤心、失望和绝望。就像一个医生对病患的亲属艰难地解释手术失败的原因一样,我常常会产生强烈的无能感和挫败感。夜深人静的时候,我会突然从床上坐起来问自己:为什么你就不能做得更好一些呢?为什么我们的孩子就不能按照教育的本质去接受教育呢?推本溯源,以高考成绩作为唯一录取依据的日渐僵化的招生考试制度可能是造成这一切问题的根源。它导致了基础教育领域一系列扭曲甚至是荒诞的行为和现象。它应当得到改变。它必须得到改变。也许我可以为这一改变做些什么,哪怕是一些微不足道的事情。这赋予了我正在从事的工作以新的意义——它正在真实地改变着一些人的人生和命运,当然是朝向好的方向。从此,我更加努力地工作,几乎将家置于完全不管不顾的地步。终于有一天,我爱人实在受不了了。

她说,你就是把家当旅馆,也要给服务员打声招呼吧?真不知道你一天到晚在忙些什么?我告诉她,我现在所做的每一件事都是为了18年后咱家闺女考大学的时候,不会像现在的学生这样辛苦。人总是自私的。我想我这句话说服了她。因为自此之后她再也没有抱怨过,即使我回家回得再晚。

幸运的是,我担任北京大学招生办公室主任这几年,恰好是中国高校招生考试制度发生深刻变革的时期。肇始于2003年的高校招生自主选拔录取改革试点工作已经进行了10年,引起了社会公众的广泛关注;试点工作本身也出现了一系列复杂和出乎预料的变化;高校招生的效率与公平的冲突和矛盾日益激烈;各省市的高考改革方案令人应接不暇;社会公众对于高考制度改革的呼声、意愿和期盼越来越强烈,等等。这一切使我们的个体意义的探索被赋予了更具普遍意义的时代特征。中国的招生考试制度改革任重而道远,我希望我和同事们的努力能够为这一进程略尽绵薄之力。

四十不惑。真的是一个年龄要去做一个年龄该做的事。时候未到,你就只能困惑。

这本书记录了我这几年关于高校招生考试制度改革的一些粗浅思考。我没有接受过一天的教育学专业训练,因此它很难说是一部教育学著作;但我的确是运用了经济学——特别是制度经济学,我的专业——的研究方法在思考教育领域的现实问题,也略带了一些社会学研究——我最感兴趣的专业领域之一——的色彩。我力求它能够具有一些理论上的张力,同时又能对真实世界中发生的事情有所解释。这些文章绝大多数已经在纸质媒体上发表过,也可以在我的博客 http://blog. sina. com. cn/richardpku 上看到全部文稿。当初写作这些文章的时候只是单纯记录下我的工作思考,并没有想要公开发表,更没有想到要结集出版。然而,后来看到的我认为是不正确的现象和似是而非的观点太多了,感到有必要提出我自己的观点,以期引起社会公众更加充分和深刻的讨论,进而推动招生考试制度的改革。因此,这些文章的体例和风格都不尽相同,只是勉强把相关主题的文章相对集中在一起以便查阅罢了。另外,纸质媒体的版面有限,发表的多数都是只有观点的删节版。为了让读者看到更全面的分析过程,这次结集使用的都是原稿。除了个别字句的调整外,基本保持了原貌,因此难免有些部分有所重复。有些发表时文字改动比较大的文章列为附录以备检索查阅之用。

在 MIT(麻省理工学院)访学期间,我曾在风光秀丽的查尔斯河畔问过我的好朋友,工程系统系的 Richard Larson 教授一个问题,你是一个科学家,为什么会对教育项目如此感兴趣? Larson 教授想了想回答说,因为他有了孩子。我亦如此。巧合的是,我的英文名字和他一样,都叫 Richard。

秦春华

2014 年 5 月 14 日于查尔斯河畔的 MIT

致　谢

本书的整理修订工作是我在美国访学期间完成的。我要特别感谢芝加哥哥伦比亚学院(Columbia College Chicago, CCC)中国事务办公室主任张新亚博士。他不仅为我赴美研修提供了不可或缺的帮助,同时,也为我的研究工作提供了许多第一手的珍贵资讯。他是北京大学物理系校友,曾任北京大学美中校友会会长,是个古道热肠之人。在我们一家人刚到芝加哥的日子里,他和夫人朱永芳女士为我们解决了许多生活上的困难,使我们消除了初到异国的陌生感和紧张感。而那时,他们的第二个孩子刚刚出生一个多月。

感谢芝加哥哥伦比亚学院董事会资深主席 Allen M. Turner 先生。他对艺术品和中国文化的热爱与精通令我深感敬佩。感谢芝加哥哥伦比亚学院校长 Kwang-Wu Kim 博士、教务长 Louise Love 博士、协理副校长 Debra Mcgrath、助理副校长 Murphy D. Monroe、国际学生事务办公室主任 Gigi Posejpal 女士等人对我无私的帮助。

感谢芝加哥大学北京中心副主任袁霁,在我最困难的时候向我提供的高效率的支持,以及对我的研究工作提出的卓有成效的建议。感谢芝加哥大学北京中心主任杨大利教授的帮助。感谢芝加哥大学化学系何川教授为我介绍并引见了多位有影响力的教授以及提供的诸多便利。感谢芝加哥大学副校长 Ian H. Solomon 的关心和支持。

“北京大学招生考试研究丛书”的顺利出版离不开北京大学出版社的有力支持。衷心感谢社长王明舟、总编辑张黎明对我的关心和帮助。北京大学出版社是我的精神栖息地,我所有的学术著作都是在这里出版的。感谢责任编辑为本书出版所付出的努力。

感谢教育部各位领导对我的关心和支持。教育部党组成员、副部长林蕙青专门为本书写了序言。她长期分管招生工作，是我十分敬重的领导。教育部高校学生司司长王建国、副司长王辉、本专科招生处处长范卫宏、副处长蔺为民、平伟等领导对北京大学的本科招生工作给予了一贯的支持，在和他们的工作交流中我受益良多。

教育部考试中心主任姜钢和纪委书记杨松曾长期分别担任过教育部高校学生司主管招生的领导，现在继续工作在招生考试领域，并且应邀担任了北京大学考试研究院的理事。他们既是我的领导，也是我非常要好的朋友。他们的思想、观点和经验对我启发很大。

衷心感谢北京大学党委书记朱善璐教授、校长林建华教授，常务副校长吴志攀教授、柯杨教授、刘伟教授，副校长王杰教授、党委副书记兼纪委书记于鸿君教授，党委副书记敖英芳教授、叶静漪教授，副校长李岩松教授，副校长兼教务长高松院士、王仰麟教授以及其他领导对我工作的支持和生活上的关心。感谢前校长、中国科学院副院长王恩哥院士、厦门大学党委书记张彦教授、南方科技大学校长陈十一院长对我的培养。王恩哥院士十分重视北京大学考试研究院的工作，专门为“北京大学招生考试研究丛书”写了序言。

感谢北京大学考试研究院副理事长初育国博士。将近20年前，初育国博士曾两度担任北京大学招生办公室主任，从此与招生工作结下不解之缘。成立北京大学考试研究院和出版研究丛书也是他毕生追求的事业之一。同时，我也要感谢曾经担任过北京大学招生办公室主任的各位前辈，虽然他们中间已有两位英年早逝。

感谢北京大学教务部、北京大学招生办公室的各位同人。谢谢你们对我工作的支持。感谢北京大学自主选拔录取专家委员会的各位专家，和你们一起工作的日子是我一生中最快乐的时光之一。感谢全国各兄弟院校的招办主任，我们曾经在一个战壕里奋斗过。这里记录了我们的痛苦、欢乐和难忘的记忆。

感谢我的导师陈德华先生和师母尹惠芬女士。先生教给我的经济学知识我现在直接运用的比较少了,但先生教给我的研究方法以及治学态度却是我一直努力去遵循的。

感谢我的岳父毛如柏先生和岳母张蜀华女士。这几年工作任务繁重,几乎不曾顾得上家,孩子又小,没有你们的帮助,我们是支撑不下来的。

感谢我的父亲秦孝先生和母亲王芝芳女士。谢谢你们的养育之恩。感谢我的弟弟秦春来先生。我常年在外,你承担了更多照顾父母的责任和义务。

感谢我的妻子毛韵卿女士。谢谢你为家庭做出的贡献和牺牲。如果没有你的支持,这本书是不可能问世的。

最后要谢谢我的女儿霖霖。我之所以对教育产生如此浓厚的兴趣,全部都是因为有了你。

秦春华

2014 年 6 月 18 日

于 Stanford University